国家社会科学基金教育学青年课题“依法治教视域下中小学校园安全风险防控机制研究”（批准号：CHA150178）研究成果

中小学校园安全风险规制研究

方芳 等 / 著

中国法制出版社
CHINA LEGAL PUBLISHING HOUSE

前言

一

随着自然环境和社会环境的日益复杂化，社会制度与社会关系日益多元，这导致我们的社会充满了不确定的风险因素。在我国正处于迈向全面小康社会并加快社会转型的决定性阶段，如何在这样的风险社会防范和化解各类风险，为公民提供务实、有效的公共安全，不仅考验国家和政府的公共安全治理智慧，而且是推进国家治理体系和治理能力现代化的重要体现。

习近平总书记指出，“公共安全连着千家万户，确保公共安全事关人民群众生命财产安全，事关改革发展稳定大局”。[①]校园安全作为公共安全的重要组成部分，其所面临的风险同样日益多元且复杂。校园安全是学校开展教育教学活动的基本保障，是教育改革发展稳步推进的重要保证。校园安全不仅关系着每一位师生的人身权和财产权，更牵扯着千万家庭的幸福安定和社会的和谐稳定，而校园安全的不确定风险给学校的安全治理不断带来新的挑战。

中小学校园安全作为社会公共安全的重要组成部分，其又具有一定的特殊性。从主体上来说，中小学校园的学生主体多为十八岁以下的未成年人。未成年人的自我保护能力和分辨能力都比较差，容易受到外来伤害。未成年人由于生理、心理发展不足，缺乏社会经验，他们对风险的识别能力、避险能力、自

① 2015年5月29日，习近平同志在中共中央政治局就健全公共安全体系进行第二十三次集体学习时的讲话。

身的防卫能力都十分欠缺。目前中小学校园安全风险来源广泛，类型多样，给校园安全风险防控不断带来新的挑战。同时，由于学生牵涉家长和家庭，家长的情绪容易激动难以控制，易出现人员聚集，甚至过激行为，如果得不到有效的控制和处理，容易被别有用心的人利用，激化社会矛盾，致使校园安全风险升级发酵。

二

目前我国的中小学校园安全风险防控体系尚未完全形成，一些环节依然存在问题。首先，校园安全立法呈现滞后性。从我国中央和地方层面的校园安全立法现状来看，我国的学校安全立法存在立法体系不完善、立法内容比较原则、缺乏可操作性、立法内容明显滞后、法律效力层级比较低等问题。建立适合我国国情的学校安全立法体系，运用法律所具有的稳定性、强制性、规范性特征推动和保障校园安全风险防控建设具有重要意义。

其次，校园内部风险防控标准有待明确。建立中小学内部校园安全风险防控的标准化机制是对学校安全管理的基本要求，以标准化机制的要素来要求所有学校应当在安全管理中达到一定的基本要求，可以最大限度地减少学校安全事故带来的损失。学校通过标准化的建设，可以实现优化创新，用较少的人员和成本实现平时需要更多人力和成本才能解决的安全问题。而目前我国校园安全相关标准尚未形成统一的体系。

再次，学校在校园伤害事故中承担责任的合理限度尚未明晰。学校在不同类型学生伤害事故中所承担的责任比例并不相同。并不是所有的学生伤害事故学校都要承担全部责任。学校对学生具有教育、管理的职责，但这种职责不是没有限度的。事实上，在学校对学生教育、管理的过程中，要求学校承担所有安全风险是不现实和不公平的。如果过分倾斜保护学生的权利，而完全漠视学校的客观条件和合理诉求，其最终并不是保护学生利益，而是破坏了学校正常的教学秩序。对学校注意义务的要求过高，可能导致教育活动的萎缩，也可能导致学生主动降低自身的注意义务，从而造成因为学生主动破坏规则而引发的事故增多。所以，学校基于自身管理者、教育者的身份既要充分承担起应承担的安全注意义务，同时又要对这种注意义务设定一个合理的限度范围。

最后，校园安全风险化解机制存在不同程度的缺失。校园安全纠纷的不同解决方式具有不同特点，双方协商及校内申诉具有成本低、效率高的特点，行政调解和行政申诉具有程序规范、相对便捷的特点，诉讼途径则公正性强、可执行程度高，但时间和精力成本较大。目前的纠纷解决途径中，还存在校内申诉制度不够健全和完善，教育行政调解制度立法模糊，行政申诉制度运行程序不明确等问题，需要建立和完善多元化的纠纷解决机制。另外，伴随着社会风险的波及范围不断扩大、影响程度不断增加，传统的、单一的侵权损害赔偿救济机制不能完全满足风险社会对于“完全损害赔偿”的基本要求。

从总体来看，校园安全治理的模式也需要转变，迫切需要从传统的单一治理转变为现代的多元治理模式。中小学校园安全治理作为公共治理的重要组成部分，需要调动政府、学校、企业、家庭、社会的多元参与，充分发挥各个层次主体的积极作用，构成多元主体协同护校的模式。除了政府及学校是校园安全的责任主体，市场机制中的企业、社会专业机构、媒体、家庭、社区等都应在校园安全风险防控体系中发挥作用，形成协同合作的治理体系。

三

基于此，本书试图建立全面而专业的中小学校园安全风险规制体系。通过对目前中小学校园安全现状的描述和分析，探讨中小学校园安全治理存在的问题与障碍；从学校安全立法的角度来探讨法律规制对中小学校园安全风险防控的重要作用；从政府主体、学校自身主体、社会主体三个维度来分析其各自在校园安全风险防控机制中的作用发挥和协同治理；从风险发生后的应对与化解角度，寻求校园安全伤害事故责任认定的规律，建立第三方纠纷调解机制、保险制度和救助基金为校园安全风险提供保障。具体来说，本书的章节内容如下：

第一章“概述”，主要从风险社会和公共安全的视角，研究中小学校园安全所面临的社会背景，以及校园安全本身在保护对象、事故类型、社会影响性等方面的特征。从风险来源、教育舆情、司法判例等多重视角呈现中小学校园安全现状。系统梳理和分析关于校园安全风险规制研究的理论基础与研究现状。

第二章“学校安全立法”，主要从我国目前的校园安全立法现状入手，分析国家层面和地方层面校园安全相关立法情况、存在的问题及现实需求。通过研究美国、英国、日本等国外校园安全立法的状况和特点，总结可借鉴的经验与启示。重点探究我国校园安全立法的模式及具体立法框架与内容。

第三章“校园安全风险的政府规制”，主要研究政府在校园安全风险防控中的特殊地位及其职责存在的合法性与合理性。重点探讨与校园安全治理密切相关的教育、公安、工商、卫生等行政部门在中小学校园安全风险规制中的具体职责。研究政府及行政部门在规制校园安全风险中应当遵循的原则及决策的程序。

第四章“校园安全风险的内部规制”，基于对中小学校园安全的现状调研，根据国家法律法规及政策对学校安全治理工作的要求，围绕学校安全的“人防建设”“物防建设”“技防建设”“安全教育”和“安全事故”等方面，研究学校内部风险防控的标准。同时，选取“学校体育运动风险”和“校园欺凌风险”两类安全风险进行预防与治理的专项研究。

第五章“公共治理视角下的校园安全协同治理”，主要从政府及学校主体之外的视角，审视可以参与校园安全风险规制并发挥其独特作用的主体。包括三大类型主体：一是市场机制中的企业专业化服务，如校园保安、法律顾问、技防企业等。二是新媒体趋势下不同类型媒体的影响效果及规范发展。三是家庭、社区及专业社会组织等在校园安全风险规制中的价值探索。

第六章“学生伤害事故的责任认定”，通过分析2015—2017年全国学生伤害事故司法判例的大数据，归纳和总结校园安全事故的主要类型及容易发生事故的风险点。聚焦于学生伤害事故的责任认定问题，分析实践中法院认定双方责任的依据、原则及最终结果，探究学校责任承担的限度问题。

第七章“中小学校园安全事故纠纷解决机制”，通过对校园安全事故纠纷解决不同方式特点的分析，探究各自改进的空间。择取校内调解机制和第三方专业调解机制的构建和完善进行深入研究，力求实现校园安全风险化解的公平和高效。通过探讨校园安全相关责任保险制度和社会救助基金制度，将侵权损害赔偿责任进行社会化分担，为风险化解提供物质保障。

四

本书主要立足于教育法学的视角进行研究，试图打破传统教育学及法学学科对学校安全问题研究的框架，在紧密贴合教育领域学校安全场域的基础上，建立包括风险预防、风险应对、风险救济的风险防控体系，同时也按照“法的运行”路径探讨校园安全风险规制不同阶段的立法、执法和司法问题，通过研究学校安全立法的内容、政府在风险规制中的执法、法院在判定校园安全事故责任的司法认定方面，统筹分析校园安全风险规制体系，拓展学科研究视角，丰富教育法学的学科内容。

同时，根据校园安全风险影响因素的多元化及不同环节的复杂特性，本研究综合运用了管理学中的公共治理理论和危机管理理论阐述中小学校园安全治理的模式与应对；运用社会学中的风险社会理论阐释中小学校园安全面临的社会背景；运用经济学中的利益相关者理论与成本分担理论来强调多元主体参与校园安全风险防控的必要性；运用行政法学中的风险规制理论论证政府规制在校园安全风险中的作用等。总之，通过多学科视角的分析，为校园安全风险规制研究提供相应的理论支撑。

本书作者期望通过对中小学校园安全风险规制的研究，推动实践中中小学校园安全管理的法治化和科学化，提高学校处理安全事故的能力，保障学校、教师和学生的合法权益，维护教育教学秩序和社会稳定。

目录

CONTENTS

第一章

概　述

第一节 风险社会中的校园安全

随着自然环境和社会环境的日益复杂化，社会制度与社会关系日益多元，这导致我们的社会充满了不确定的风险因素。校园安全作为公共安全的重要组成部分，其所面临的风险日益多元且复杂。校园安全是学校开展教育教学活动的基本保障，是教育改革发展稳步推进的重要保证。校园安全不仅关系着每一位师生的人身权和财产权，更牵扯着千万家庭的幸福安定和社会的和谐稳定，而校园安全的不确定风险给学校的安全治理不断带来新的挑战。

一、风险社会中的公共安全

（一）风险社会的来临

风险，指特定时间内某种特定危害发生的可能性或者某种行为、物质引发危害的可能性。风险是发生危害的一种概率，其与损害之间具有高度的不确定性。风险是人类生存和发展的伴随物。自有人类文明以来，风险现象就一直存在。它是一种社会历史现象，在不同历史阶段有不同的表现形式。在前农业时代，人们生产力水平低下，生存随时可能受到威胁，凶猛的野兽、肆虐的山洪、蔓延的林火等就构成了他们风险的来源，在强大的自然面前，人们只能顺从于自然，听命于自然，吉登斯称为“外部风险”[①]；进入农业社会，社会生产力有了

---

① Anthony Giddens，Runaway World：How Globalization Is Reshaping Our Lives，London：Routledge Press，2000.

较大的进步，人类开始主动利用自然。“所到之处，砍伐森林，毁烧草原，种植庄稼，灌溉耕地，这意味着人类以局部性的能力优势，在对自然界的斗争中取得了局部性的‘胜利’”。[①]工业革命以后，人类理性和科学技术得到空前的发展，人类生存状况也经历了深刻的变化，科学技术的“双刃剑”效应带来了空前的社会风险：一方面，人类在短短的数百年时间里创造了日益丰富的物质财富，提高了改造自然的能力；另一方面，加重了破坏自然的程度，造成了日益严重的生态恶化、环境污染等问题，以及核风险、基因风险、生化风险等空前的科技风险。纵观人类发展的历史，其实就是人类不断适应和改造自然，消除外部风险，社会内部的矛盾和冲突不断加速的历史，风险问题不断复杂化、人为化和尖锐化的过程。[②]德国社会学家乌尔里希·贝克（Ulrich Beck）在1986年出版的《风险社会》一书中，首次提出了风险社会的概念，明确将未来社会界定为一种风险社会，指出现代社会正处于从工业社会向风险社会的转变之中。他认为：“风险社会至少是伴随着工业社会的产生而产生的。人类社会正经历着从传统工业社会向现代风险社会的转型。”依据风险社会理论，现代社会就是风险社会，这种风险主要是来自“被制造出来的风险（manufactured risk），即由我们不断发展的知识对这个世界的影响所产生的风险，也是指我们在没有多少历史经验的情况下所产生的风险”。[③]也就是说，传统社会的风险更多来自外界（自然界），来自人类社会之外，如洪灾、干旱等，是从“外部”降临到人类身上的；现代社会的风险多源于人类行为（如现代化、全球化、科技发展），更多来源于现代工业社会风险，如交通事故、矿难等，更多内生于人类社会，是人类自身活动的伴随物。现代化发展越快，风险也越多，这也是现代化的“悖论”之一，由此形成了现代社会风险的不稳定性、不确定性和难以控制性等特征。其中，“不确定性”是风险社会的核心特征。“不确定性”从某种程度上带来了“不安全性”——贝克精辟地指出：“如果说阶级社会的推动力可以用一句话概括：我饿！风险社会的

① 林兵：《环境伦理的人性基础》，吉林人民出版社2002年版。

② 黄丽：《风险社会理论对我国学校安全问题的启示》，载《学术探索》2013年第12期。

③ Anthony Giddens，Runaway World：How Globalization Is Reshaping Our Lives，London：Routledge Press，2000.

驱动力则可以用另一句话概括：我怕！”[①] 因此“不安全性”实际上也是风险社会的一个重要特征，从这个意义上讲，风险社会追求的目标实际上是“安全”。

（二）公共安全所面临的风险

所谓公共安全，是指社会和公民个人从事和进行正常的生活、工作、学习、娱乐和交往所需要的稳定的外部环境和秩序。公共安全是社会不同要素矛盾运动的过程和结果。从法学视角来看，公共安全源于公共利益，涉及“不特定多数人的生命、健康、重大公私财产以及公共生产、工作和生活的安全”[②]。从管理学视角来看，公共安全是一个复杂的系统工程，“由自然因素、生态环境、公共卫生、经济、社会、技术、信息等多重侧面所组成，囊括了人民身体健康、生态环境、互联网络安全、生物物种安全、科学技术保密、矿产资源保护、国际贸易畅通、货币金融稳定、公众心理稳定等方面”[③]。

进入 21 世纪，以美国“9·11”事件为标志的安全问题急剧凸显，全世界都在反思和调整国家与国家之间以及国家本土内的安全战略思路和框架体系，各国安全的预算投入都在急剧增加。在传统认识里，安全仅指国家安全、社会安全、个人人身安全等内容；危及安全的主要内容是敌对的力量，而这种敌对的力量可能以国家、民族、阶级以及个人的违法犯罪行为等形态出现。而在全球化背景下，安全问题已经表现得越来越复杂，越来越渗透着新的因素。安东尼·吉登斯（Anthony Giddens）认为，尽管安全的外表还在，但是内容已经发生了重大的变化。“今天，国家所面临的是风险和危险，而不是敌人，这二者在性质上发生了巨大的转变。”“这个世界性社会不是固定安全的，而是充满了焦虑，并被深深的分化所影响。我们中许多人都感受到许多我们无法控制的力量。我们还能够将我们的意志强加于它们吗？我认为，我们可以。我们所体验到的那种无能为力并不是我们个人失败的标志，而是反映出我们的制度无能为力。我们需

---

① Ulrich Beck，Risk Society：Towards a New Modernity，p. 44.

② 赵廷光主编：《中国刑法原理（各论卷）》，武汉大学出版社 1992 年版，第 174 页。

③ 刘铁：《公共安全与公共管理》，载《学习与探索》2004 年第 5 期。

要重构我们曾经有过的这些制度，或者建立全新的制度。”[①] 安东尼·吉登斯认为当今社会的安全问题已经不是某个具体的敌人，而是表现为风险和危险，而防范这些不确定风险的方法就是通过重构完善制度。

以工业化、城市化为标志的现代社会，各类安全事故数量居高不下，生态环境恶化，群体性公共安全事件持续增多，这种同时集中爆发的公共安全问题在世界发展史上实属罕见，这对我们能否积极应对和有效治理是极大的挑战。多元、混合、共生的社会形态结构决定了我国公共安全问题产生的领域广泛，在政治、经济、文化、社会、生态等各个领域都有涉及；地区分布广泛，东、中、西部都有发生；问题种类繁多，既有传统社会外部的公共安全问题，也有现代社会被制造出来的公共安全问题，而且这些问题相互交叉，共振频率强，扩散速度快，放大效应高，给治理的有效性、稳定性和准确性增加了巨大难度。

当前我国处于迈向全面小康社会并加快社会转型的决定性阶段，各种风险和引发风险的因素众多。如何在这样的风险社会防范和化解各类风险，为公民提供务实、有效的公共安全管理服务，不仅考验国家和政府的公共安全治理智慧，而且是推进国家治理体系和治理能力现代化的重要体现。公共安全管理，主要指国家有全方位及完善的立法，政府组织成立专门处理机构，并且有一套完整的标准作业流程，以及成型的指导性理论体系，其主要目标就是建设一个相对安全的社会。[②] 公共安全是全体公民和社会的安全，公共安全管理旨在追求社会安全，保障社会和公众不受危险或事故威胁，其生命健康和财产安全有保障。公共安全管理不仅包括对突发公共事件的紧急应对处置，还包括为应对突发事件所采取的日常性的管理行为；不仅强调政府的主导地位，而且要最大限度地调动社会资源，形成全民动员、集体参与、上下联动、网络应对的综合治理格局。因此，要建立公共安全管理机制，形成“为应对突发事件的各种制度化、程序化的方法与措施，形成一组以相关法律、法规和部门规章为依据的包括监

---

① ［英］安东尼·吉登斯：《失控的世界》，周红云译，江西人民出版社 2001 年版，第 14-15 页。

② 官关：《我国公共安全管理存在的问题及其对策研究》，东北师范大学 2013 年硕士学位论文。

测预警、信息报告、应急处置、反馈评估、社会动员等环节在内的工作流程”。[①]

公共安全管理的核心是社会公共安全的风险防控，就是针对社会领域的公共安全危机，开展预防发生、源头治理、控制危害、降低负面影响等一系列风险管理工作。从全球实践来看，各国普遍建立了社会公共安全风险防控机制，但防控机制面临着新生风险、交叉风险、复发风险带来的压力，并且交会成为系统风险，综合导致了防控机制的困境。当传统的防控机制的成效式微，社会公共安全风险又呈现综合发展趋势，势必要求风险防控机制的集成建构。[②]

二、公共安全视野中的校园安全

（一）校园安全的界定

“安全”在《辞海》中的解释为：没有危险；不受威胁；不出事故。《汉语大词典》对安全的解释，主要是平安、无危险，保护、保全。从字面意义上来看，安全的定义比较明确，主要是平安、稳定及不受危险的一种状态。从安全的基本属性来看，一般认为，安全具有主客观二元属性，主观方面是指人们的“心理状态”，客观方面是指外界的“现实状态”。美国耶鲁大学阿诺德·沃尔夫斯教授认为，从客观意义上讲，安全是指所拥有的价值不存在现实的威胁；从主观意义上讲，安全是指不存在价值受到攻击的恐惧感。[③]这个说法被概括成广为接受的安全概念，即安全是指客观上不存在危险，主观上不存在恐惧。

除了从主客观属性上来概括安全的定义，也有学者从法律上对安全予以内涵界定：“安全就是生活在特定自然、社会环境中的人的各种权利，特别是人身权利和财产权利受到保护，尤其是法律保护的平安、无危险状态；其危害因素能够得到抑制、消解；其权利受到侵犯，能够得到救济；其侵犯行为能够得到处罚、矫正；安全是法律的基本价值之一。”简言之，安全就是人的权利不受威胁和侵

① 刘星：《中国公共安全管理机制：问题与对策》，载《经济社会体制比较》2009 年第 5 期。

② 唐钧：《社会公共安全风险防控机制：困境剖析和集成建议》，载《中国行政管理》2018 年第 1 期。

③ Anold Wolfers，Discorf and Collaboration，Johns Hopkins University Press，1962，p.13.

犯。[①] 从中可以看出，安全属于人的一项权利，受法律保护的权利，安全也是法律的价值之一。

“比个人的任意行为的自由更为优先的价值首先是安全。它包括个人的生命、人身、财产安全、国防安全、自然环境、自然生态、自然资源的安全等。个人的生命、人身安全等是一切幸福和价值的基础。如果人的生命不存在，那么包括自由在内的一切幸福和价值的实现都谈不上。安全也是个人行为自由的前提——如果个人的生命、人身、财产随时处于可能被侵害状态，每个人随时都要准备为保卫自己的生命、人身、财产而与他人搏斗，这就不存在个人的自由”。[②] 可见，一个国家，一个公民所拥有安全受到保障的权利，是国家法律所要实现的价值。

基于安全在法律上的定义，本书认为的校园安全，是指在校园及校园周边这一特定公共环境中学习、工作、生活的成员个人的人身权利和财产权利不受威胁、危害、侵犯的平安状态。

从校园安全的成员主体来看，包括学校、教职工、学生三大主体。当然，相对于教职工和学生作为自然人来说，学校属于法人主体，但是学校同样享有安全秩序不受侵犯的权利。这里的学校应当包括幼儿园、中小学和高等学校等在内的各级各类学校。

从校园安全的区域来看，不仅包括学校校园内部的独立环境，也包括学校周边的相关环境场所。因为学校周边区域与学校具有密切关系，学校周边环境的复杂化和易受忽视性，导致了很多学生伤害事故的发生，如交通事故、校园暴力等都更易发生在校园周边。所以，校园安全的界限不能仅仅局限于学校的一墙之隔，而应相对地扩大到校园周边。

从时间维度来看，维护校园安全的时间不仅局限于师生在校园内的教育教学活动期间，还包括寄宿制学生住宿期间的非教育教学阶段（如住宿学生晚间在宿舍内打架斗殴）以及学校组织安排的校外活动期间（如学校组织学

---

① 王鹰：《创建安全的学校——学校安全管理与法律研究》，北京师范大学出版社 2010 年版。

② 张恒山：《法理要论》，北京大学出版社 2002 年版，第 296 页。

生春游、校外实践活动时发生的意外伤害），而后者正是实践中容易发生伤害事故的时段。

从学校安全保护的客体来看，包括成员主体的人身权利和财产权利。人身权利，主要指与人身直接相关不包含经济利益的权利。如公民的姓名权、生命健康权、名誉权、肖像权等。现实中可能发生的侵犯学生人身权的事件，如对学生实施暴力行为，侵犯了学生的生命健康权；侮辱诽谤学生，侵犯了学生的名誉权。财产权利，指以财产利益为内容，直接体现财产利益的民事权利。现实中可能发生的侵犯学生财产权的事件，如对学生敲诈勒索，偷窃、抢夺学生的财物等。

从校园安全的内容来看，校园安全不仅涉及教育教学活动中的安全，如体育课上的运动伤害事故，还涉及其他领域安全事项，如食品安全（学生餐饮）、医药卫生安全（传染病）、消防安全等，且不限于人身安全，还包括财产安全，甚至已经从传统人身安全发展到情感安全，由物理实体空间安全延伸至网络虚拟空间安全。

（二）校园安全的公共属性

校园安全属于公共安全的范畴。学校是一个公共场所，是一个公共机构和组织。从举办主体来看，学校是由政府举办，承担着培养社会主体的公共职责，具有公共服务的属性。从空间上来看，学校是多人聚集的公共空间场所，具有公共性所包含的不特定多个对象的内涵要素。校园安全同其他公共安全领域一样，面临的安全风险来源多样化。校园安全既可能受到自然灾害（如地震）、事故灾难（如校车事故、环境污染）、公共卫生事件（如食品污染、传染病）和社会安全事件（如校园欺凌、招生欺诈、报复社会的极端行为、学生非正常死亡）等各种突发事件的威胁，也需要事故预防、灾害减缓、安全监管、预警预报、应急响应和善后处理等各个环节的共同努力。

公共安全管理和校园安全管理的基本目的都是保障对象的安全，校园安全管理是公共安全管理的重要组成部分。公共安全管理追求社会安全，管理对象是社会和全体公民，管理内容包括整个社会的意识形态、价值观念、文化水平、社会经济、政治与法律现状等。校园安全管理聚焦于教育领域，追求校园安全，管理对象是在校的教师和学生，管理内容包括学校的人、物、心理素质、信息、政治等。校园安全管理同公共安全管理一样，追求安全的环境和秩序，校园安全管理致力于保障师生的生命安全和人身安全，为师生提供一个安全、稳定、愉快的学习场所与秩序。因此，校园安全的管理水平和国家公共安全的管理水平密切相关。一个国家的公共安全管理水平越低，则校园安全的管理水平也可能越低。我们可以在校园安全管理的分析中借鉴公共安全管理的理论，当然在运用的过程中要注意校园安全管理的特殊性。

（三）中小学校园安全的特点

与其他公共安全领域相比，中小学校园安全又具有一定的特殊性。

首先，校园安全保护对象具有特殊性。从主体上来说，中小学校园的学生主体多为十八岁以下的未成年人。未成年人无论是身体上还是心理上都有别于社会中的成年人。未成年人的自我保护能力和分辨能力都比较差，容易受到外来伤害。未成年人由于生理、心理发展不足，缺乏社会经验，他们对风险的识别能力、避险能力、自身的防卫能力都十分欠缺。中小学生生理发育尚未成熟，心理和人格都没有定型，容易冲动，不计后果，社会经验不足，比较缺乏安全常识，对突发安全问题往往无法做出准确判断和正确应对。遇到侵害时通常不能有效地进行自我保护，对于是非的判断能力也未真正形成。在生活中有些学生缺乏有关饮食与环境方面的卫生习惯，有的学生沾染社会上的不良风气，比如打架斗殴、沉迷网络等。这些不良习惯给学生的人身安全带来较大的风险隐患。从承灾体的社会脆弱性来看，校园安全涉及的社会脆弱群体主要是青少年和儿童。中小学和幼儿园的社会脆弱性水平更高，更容易发生安全事故。因此，从公共安全管理的收益来看，提升校园安全具有更高的边际收益。

中小学校园的另一大群体是教职工，同样具有一定特殊性。教师和职工一方面作为被管理者，另一方面也扮演了管理者的角色。教师尤其是班主任是每个班集体的负责人，确保班级学生的身心健康是班主任工作的重要组成部分。

学校中的其他职工，诸如后勤劳动员工也与在校师生的安全健康息息相关，其中三个重要岗位，即食堂、宿舍、保卫人员的工作与校园安全关系十分紧密。由于教职工所从事的是教育教学及教育管理活动，社会大众对其具有极高的道德要求和角色期待。同时，教职工在校园安全事故中也可能成为造成事故的危险来源，所以需要特别关注。

其次，校园安全事故类型复杂多样。校园安全事故既有因自然环境导致的安全事故，如地震、台风、洪水等，也有因社会环境导致的安全事故，如学生之间人为故意伤害导致的事故等。既有因体育运动所带来的安全事故，如体育课、运动会、足球比赛等场合发生的伤害事故，也有因学校设施、场地等存在安全隐患导致的安全事故。既有他人侵害受害人导致的伤害事故，如教师对学生体罚，也有受害人自身原因导致的事故，如学生自杀、自身疾病导致的伤害等。在我国占学校安全事故比率较高的踩踏、建筑物坍塌、食物中毒、交通事故、校园暴力等事件中较多体现了“人为性”特征，使得事故原因变得更为复杂，给校园安全风险防控带来更多挑战。

最后，校园安全的危害性和社会影响力大。由于校园内群体多为教师和学生，人员密度大，自护能力弱，容易出现群死群伤事件。另外，由于学生牵涉到家长和家庭，家长的情绪容易激动难以控制，易出现人员聚集，甚至过激行为，如果得不到有效的控制和处理，容易被媒体或别有用心的人利用，激化社会矛盾。孩子的生命安全牵动着千家万户的心，一旦学校发生恶性突发暴力事件，消息便会在人群中迅速传播，引起每个父母的恐慌和不安。同样，教育问题在诸多社会问题中属于敏感话题，多起校园惨案的发生，学校成为社会舆论的焦点，媒体的频繁报道、家长的理赔要求必然会影响学校正常教学秩序和管理秩序。同时，学校面对如此大的社会舆论压力势必会影响到处理此类事件的进度。因此，我们说，一旦发生这种突发性安全事件，对学校安全管理来说压力是巨大的，同时对学校安全管理也提出了更高的要求。

三、中小学校园安全现状

随着风险社会的到来，传统的“象牙塔”不复存在。“象牙塔”的土崩瓦解使得原来生活在这个“象牙塔”里的人们面临着无处不在的社会风险和各类不安全因素。

（一）中小学校园安全风险来源

安全事故的发生总是由不同因素相互作用形成，探究这些因素的组成及如何作用是预防事故发生的前提和基础。海因里希（W H Heinrich）提出了事故因果连锁理论（Accident-Causing Theory），他认为伤亡事故的发生不是孤立事件，尽管伤害可能在某瞬间突然发生，但却是一系列事件相继发生的结果，人的不安全行为和物的不安全状态是事故发生的直接原因。人的不安全行为或物的不安全状态是由于人的缺点造成的，人的缺点是由于不良环境诱发或者是由先天的遗传因素造成的。依据该理论，我们可以把校园安全风险致因归纳为“人—机—环境事故系统”（Man-Machine-Environment System，MMES），系统要素包括：人——人的不安全行为，机——器械、设备的不安全状态，环境——活动环境会对人的行为和机器设备产生影响。[①]据此，我们可以把影响校园安全的风险来源归纳为三大因素，即环境因素、物的因素和人为因素。

1. 环境因素

环境因素从传统来看主要指自然环境，但随着社会的快速发展，社会环境在校园安全风险中的重要性日益凸现。但从我们对校园安全风险的分类来看，社会环境风险在校园中更多地体现为人为因素导致的伤害。自然环境在校园安全风险中通常体现为自然灾害。例如，台风、洪灾、地震、山体滑坡、火灾、冰雹和暴雪等因素造成学校校舍倒塌、校园淹没、道路阻塞等危及学校师生安全的风险。社会环境给校园带来的风险也逐渐增多，如外来暴力残杀师生、性侵幼童、校园投毒等，此类事件的危害尤为严重。中华社会救助基金会儿童安全基金女童保护项目发布的数据显示，2014年1月1日至12月31日，被媒体曝光的性侵儿童案件高达503起，平均0.73天就曝光1起，也就是每天曝光1.38

---

① Firenze B，Labor Safety System Research，Safety Science Journal，2001（2）：31-37.

起，是2013年同比的4.06倍。[①]2018年10月26日，重庆巴南区人刘某在巴南区鱼洞巴县大道一幼儿园门口持菜刀行凶，致做早操返回教室途中的14名学生受伤。2019年1月8日，北京宣师一附小右安校区一名劳务派遣人员为了发泄不满情绪，手持日常工作用的手锤，将20余名学生打伤。这些极端暴力事件的发生，不再局限于校园内部的某种单一因素影响，而是受到社会环境各种因素的多元影响。

2. 物的因素

物的因素在校园安全风险中主要表现为由于学校提供的场地、设施、产品等存在安全隐患导致安全事故。学校场地，指学校提供的学生活动的场所，例如，学生操场的塑胶跑道，近年全国各地频发的“毒跑道”事件即是学校提供场地的安全隐患。学校设施，主要指由政府、学校或者社会资金等兴建的校舍及装备，主要用于保障学校师生校园活动正常进行，包括教学设施、运动设施、交通工具（如校车、外来车辆）等设施。因设施缺陷以及管理不善等原因容易危及广大师生人身、财产安全。学校提供的产品也有可能给学校安全带来风险，如学校提供的校服，不合格布料产品标准导致学生人身伤害；学校提供的食品，不符合卫生安全和产品质量安全标准，也会给师生带来伤害。

3. 人为因素

校园安全风险的人为因素所带来的风险，在实践中广为存在。这种人为因素既包括教师的人为教育、管理不善，也包括学生缺乏安全意识，不遵守安全纪律的情况。例如，校园欺凌与暴力事件，校园欺凌是发生在学生之间，倚强凌弱，集中、持续地故意伤害或欺压其他学生，造成受害学生身体和精神上痛苦的行为。很显然，这种不安全因素来源于同学之间。还有教师对学生的管理不善，同样来源于人为因素。如体育课教师不按照大纲教学，大型集会之前教师没有对学生进行安全教育，发生危险时教师没有及时制止等。人为个体影响

---

① 《调查：2014年每天曝光1.38起性侵儿童案》，载网易教育，http ://edu.163.com/15/030218AJNL9N7V00294N01_all.html. 最后访问时间：2019年1月10日。

安全的因素主要在于个体安全意识的缺乏。我国早期基础教育中缺乏安全教育、生命教育，导致大部分的个体缺少安全防范意识。另外，个体对行为安全管理的认识不足导致安全行为规范高度缺失。再之，目前中小学校生源多为独生子女，其在父母的呵护下成长，对社会认识不足，缺乏自我保护意识和防范意识。

（二）教育舆情中的校园安全现状

根据中国教育网络舆情发展报告[①]2014年的数据显示，涉及校园安全相关网络舆情主要体现为对非正常伤亡事件的统计。非正常伤亡类网络舆情事件可分为自杀事件、校园事故、意外伤害、意外死亡、交通事故以及其他事件，分别占比28.77%、23.08%、28.21%、9.69%、5.41%以及4.84%（见表1-1）。其中，自杀事件、校园事故、意外伤害等事件类型是教育网络舆情非正常死亡类事件关注的焦点。2014年，据不完全统计，共有127起有关校园欺凌事件被相继曝光。

表1-1　2014年中国教育网络舆情——非正常死亡类事件分类表

非正常伤亡类	自杀事件	校园事故	意外伤害	意外死亡	交通事故	其他事件
数量	101	81	99	34	19	17
占比	28.77%	23.08%	28.21%	9.69%	5.41%	4.84%

数据来源：湖南大学网络舆情研究所

2015年中国教育网络舆情显示，伤亡类舆情事件以学生群体最为突出，507起以学生为涉事主体的舆情事件中有329起涉及伤害或死亡，涉及伤害或死亡的舆情事件占到该群体舆情事件超过一半的比例，达到55.29%，其中涉及死亡的事件有205起，所占比例为34.45%（见图1-1）。学生群体伤亡类舆情事件的比例之高应引起教育部门的强烈关注。

---

① 唐亚阳：《中国教育网络舆情发展报告2015》，北京师范大学出版社2016年版。

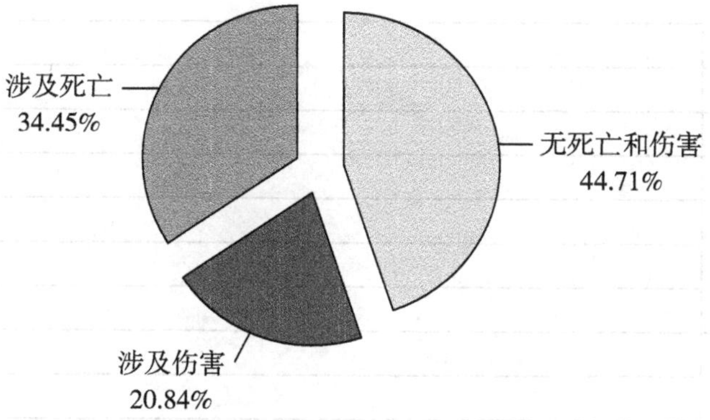

图 1-1 2015 年教育网络舆情事件学生群体死伤占比图

数据来源：湖南大学网络舆情研究所

网络舆情所呈现的学生死亡事件以学生自杀为主，根据 2015 年湖南大学网络舆情研究所收集的事件影响范围数据显示，校园内出现学生跳楼等自杀死亡事件时，其影响力的特点为“冲击集中，范围有限”，具体表现为学生死亡事件一般会在所涉学校范围内引起强烈关注，对其所在学校造成较为严重的舆情危机。但此类事件学校以及教育管理部门对信息把控一般比较严，所以通常不会发展成影响较大的跨地域舆情。但值得注意的是，学生自杀事件一旦与其他因素如师生关系或情感纠纷等相联系，便会迅速跨越学校范围，成为大面积讨论的公共话题。不仅如此，学生自杀事件在经过媒体大面积报道以后，极有可能引起其他学生的模仿行为，形成连锁反应。

将各个教育阶段伤亡类事件的发生率进行对比后发现，幼儿园、小学、初中、高中等基础教育阶段虽然涉及死伤的舆情事件绝对数量较高等院校少，但是死伤舆情事件的占比却较大，均在 50% 以上。初中阶段死伤舆情事件的占比更是高达 80.43%，小学阶段紧随其后，占到 66.67%。幼儿园和高中死伤舆情事件的占比保持在一半左右，分别为 52.17% 和 51.69%（见图 1-2）。

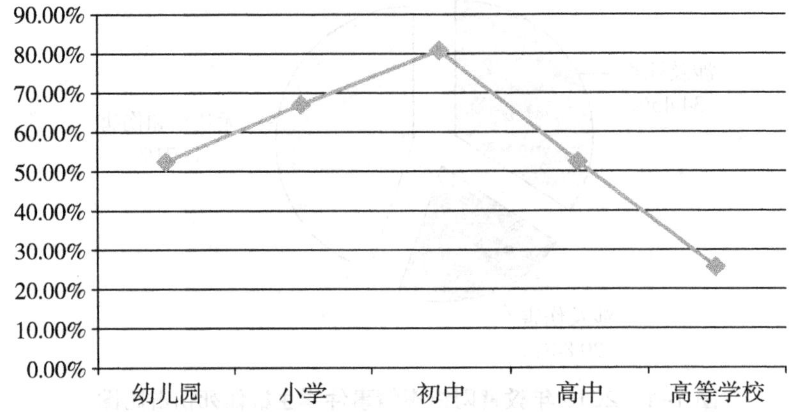

图 1-2　2015 年教育网络舆情中各教育阶段死伤事件占比趋势图

数据来源：湖南大学网络舆情研究所

2016 年，湖南大学网络舆情研究所共收录了较为典型的教育网络舆情事件 467 起。其中，涉及校园安全的教育舆情累积效应明显，对于相同类型的事件，前期事件对后起舆情具有一定的影响，因此，下半年舆情持续平均长度整体大于上半年。比如，2016 年被陆续曝出的“毒跑道”事件。5 月 19 日，浙江温州毒跑道引发一定关注，在该省教育厅成立调查组之后，该事件关注度明显下降。5 月 31 日，新华网报道成都市一小学疑因跑道有毒，致学校多名学生出现中毒症状，经区教育局协商处理后事件逐渐平息。6 月 3 日，北京一小学同样出现毒跑道事件后，相关事件关注度直线上升，相关舆情出现井喷。6 月 7 日，大连理工大学附属学校又被曝出疑现毒跑道，致数十名小学生出现流鼻血等中毒症状。随后，杭州、上海、石家庄、南京等多地学校毒跑道被曝出，一时间舆论哗然。

（三）中小学校园安全调查现状

1. 全国性调查数据

近年来，我国理论与实践领域的研究者在不同区域进行了校园安全现状调查。一项针对 2000—2013 年媒体中出现的 1.4 万个（截至 2013 年 12 月 31 日，其中我国大陆省份事故案例 12390 个，省份不明确、国外及港澳台地区事故案例

1610个）[①]校园安全事故案例的统计报告显示：近年来，我国校园安全事故的发生率总体平稳，但有上升趋势，特别是2010年以来校园安全事故数量上升较快（见图1–3）。

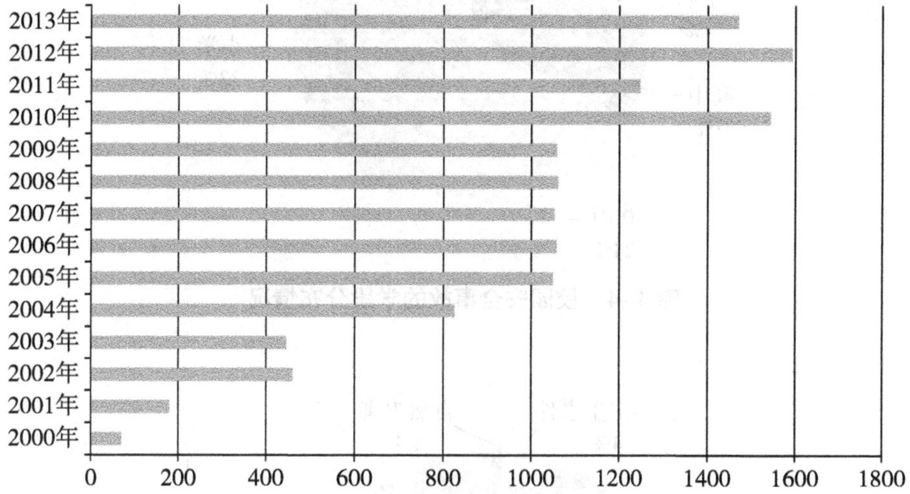

图1–3 校园安全事故年度分布图

各类安全事故中，小学生受伤害最多，初中生最容易实施伤害（侵害）。对受害人、施害人年龄的分析表明，幼儿受伤害总体较少，小学阶段学生受害、施害人数总体平稳，从小学毕业到初高中衔接阶段，学生受害、施害人数随年龄增长而增多，到16岁达到顶峰，高中生、大学生随年龄增大受害、施害人数大幅回落（见图1–4）。

在统计到的1.4万个安全事故中，自然灾害引发的事故只有173个，不到所有事故的2%，其他各类事故绝大部分都是由人的主观因素引起的，体现在诸如安全意识淡薄、日常管理中人员、经费、硬件支持不到位，防范措施不足，安全教育、检查监督、整改不力，事故应对上师生安全防护、自救自护能力低下等方面（见图1–5）。[②]

---

① 程天君、李永康：《校园安全：形势、症结与政策支持》，载《教育研究与实验》2016年第1期。

② 蔡之青：《学校安全事故有何显著特征》，载《中国教育报》2014年7月。

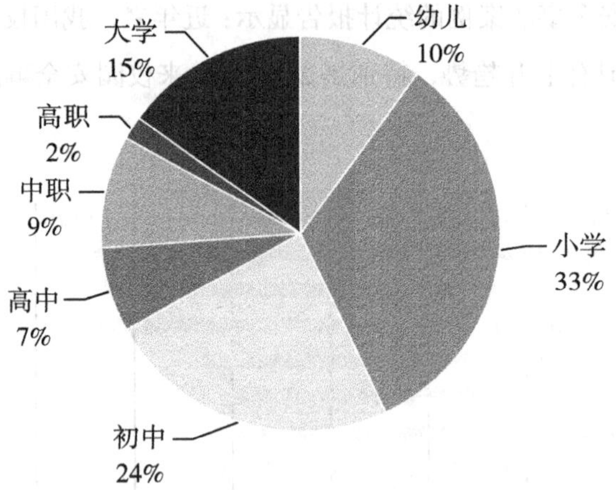

图 1-4 校园安全事故的学段分布情况

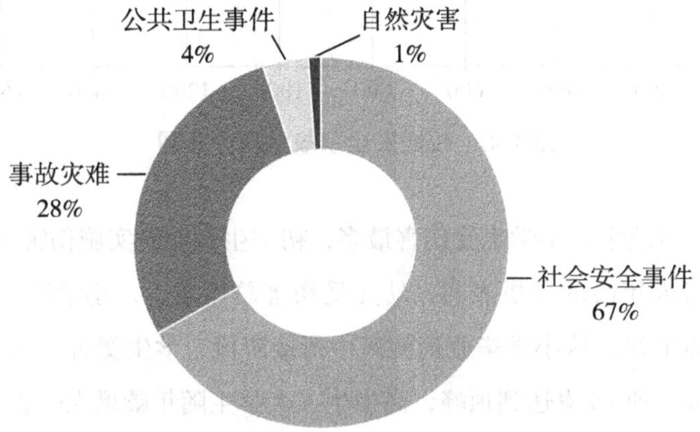

图 1-5 校园安全事故的类型分布情况

2. 区域性调查数据

为深入了解和分析中小学校园安全治理的现状与问题，我们于 2016 年针对天津市 16 个区县的 84 所中小学校进行了关于校园安全的问卷调查。根据 2015 年 3 月公安部办公厅、教育部办公厅联合发布的《中小学幼儿园安全防范工作规范（试行）》（公治〔2015〕168 号）对学校安全治理工作的要求，调查主要围绕学校安全的"人防建设""物防建设""技防建设""安全教育"和"安全事故"五个方面。根据调查对象的不同，我们设计了两种类型问卷，一份由学校安全管理者填写，侧重于对学校安全管理体制机制建设的调查，另一份由学生填写，侧重于对安全教育和安全事故的调查，最终综合了解目前中小学校安全治理的现状。

学校安全人防建设。主要通过对安全管理机构的设置和人员的配备来保证安全工作的顺利开展。首先，从机构设置来看，目前学校设有专门独立机构管理校园安全的占 29.76%，该专门机构名称一般为保卫处、学校安全工作领导小组、校园安全办公室或安督办公室等。学校有专门的机构管理校园安全，但不是独立机构的占 65.48%，一般由学校总务处、德育处、后勤处、办公室等部门兼管。其次，从安全管理人员配备来看，21.43% 的学校有专门人员管理校园安全工作，并且不兼任其他岗位工作；76.19% 的学校配备有专门安全管理人员，但同时也兼任其他岗位工作。最后，从聘用途径来看，86.90% 的学校是从保安服务公司聘用，13.10% 的学校是向社会公开聘用。从学校人防建设总体情况来看，学校均配备有专门的管理机构和管理人员，但是在岗位和职责设置方面有所不同。

学校安全物防建设。主要指学校通过安装配置物质实体来提高安全保护的实效性。首先，从安装防盗安全门及窗户金属防护栏等防护设施情况来看，95.24% 的学校在学校视频监控室、财务室、实验室、计算机室等贵重物品和设备点进行了安装，72.62% 的学校在档案室、中考高考试卷保管室等保密资料存放点进行了安装，59.52% 的学校在有毒、有害、易燃和其他危险品存放场所的出入口进行了安装。其次，从消防设施的配备来看，89.29% 的学校在教学楼、学生宿舍、食堂等学生集中学习和生活场所按国家有关消防技术规范配置了消防设施和消防器材。95.24% 的学校在安全出口、疏散通道、消防通道设置了消防疏散指示标志和应急照明装置。可见，目前学校对于消防安全配备基本上符合国家规范要求，这也与消防事故的危险性大和国家的强制性要求有关。

学校安全技防建设。随着科学技术的快速发展，通过现代化科技手段提升学校的安全防范能力成为目前校园安全治理的发展方向。从学校设置视频图像采集装置情况来看，在学校大门口、教学楼、学生宿舍楼主要出入口、走廊、操场等人员聚集场所安装的比例均达到了 90% 以上。100% 的学校在门卫室设置了紧急报警装置，46.43% 的学校在财务室也设置了报警装置。根据《中小学幼儿园安全防范工作规范（试行）》要求，学校各部位的视频监控要不间断进行图像采集并保存不少于 30 天。从此次调查的保存期限来看，超过半数的学校保存时间为 30 天以上，但还有 38% 的学校保存时间仅为 15—20 天。

学校安全教育。学校安全教育是提高学生安全意识，提升学生安全防范和救助能力的重要活动。调查显示，目前 90% 以上的学校均将安全教育纳入学校教育活动，安全教育的内容包括社会安全、公共卫生安全、意外伤害防范、网络信息安全、自然灾害防范等；从安全教育的形式来看，90% 以上的学校采取学校教师课上授课，利用班团会、升旗仪式等宣传，利用墙报、板报宣传教育，聘请校外专业人员专题讲座，52.38% 的学校会通过参观消防队、公安局等实践活动进行安全教育。另外，应急疏散演练是每所学校都有的教育形式，从学校组织应急演练的频率来看，60.71% 的学校每月一次，32.14% 的学校每学期一次。

学校安全事故。从学生安全事故发生的场景来看，学校管理者和学生均认为体育课或体育活动、课间休息和大型集体活动是最容易发生事故的时段。从导致学生受伤的情形来看，学生与学校管理者均认为学生之间打闹、体育课或体育活动以及学生自身疾病和行为引发伤害的可能性最大。从安全事故的处理来看，调查显示，16.67% 的学校近五年内发生过因学生伤害导致学校赔付的情况。在已发生的诉讼案件中，4.76% 的案件判决学校不承担赔付责任，大多数情形下法院判决学校要承担相应的责任。从学生伤害事故的纠纷解决途径来看，73.81% 的学校倾向于协商不成时诉讼解决，69.05% 的学校倾向于协商不成时向行政部门寻求帮助；还有 53.57% 的学校认为，尽量协商，协商不成时，学校妥协解决。同时，96.43% 的学校希望能在教育行政部门牵头下组建学生伤害事故调解委员会专门机构来解决此类纠纷，调解委员会的组成应当包括教育管理部门人员、学校代表、学生家长代表，还可以吸纳法律专家、公安及司法人员、人大代表等参与。

（四）司法案例大数据所呈现的校园安全现状

司法案例，是指真实发生的，且已经法院审判形成正式生效判决书的案例。司法案例既不同于媒体的报道，也不同于当事人的主观陈述，而是由法院这一具有司法权威的国家机关经过缜密的审理和判断，最终依法形成判决的案例，从而保证了数据的客观性、真实性和公信力。通过对判决书的分析，我们可以了解到法院最终认定的客观事实、法院审判的理由和最终的判决结果，从而挖掘出该类案件的主要类型、案件特点、事故发生的原因以及学校安全风险防控的关键点。

课题组利用威科先行法律信息库作为检索工具，采用法条检索法，即通过分别输入学生安全事故案件所适用的法律条款，即《中华人民共和国侵权责任法》(以下简称《侵权责任法》)第38条、第39条和第40条为关键词，检索在2015年1月1日到2015年12月31日做出裁判的学生安全事故案件，最终检索出1095例案件。笔者从中择取了25%的案件量，即244例中小学案件作为分析样本，样本案例发生地涉及全国29个省市自治区。通过对案例样本的研究，笔者按照引发事故原因的不同把学生安全事故划分为五种类型（见图1-6）。

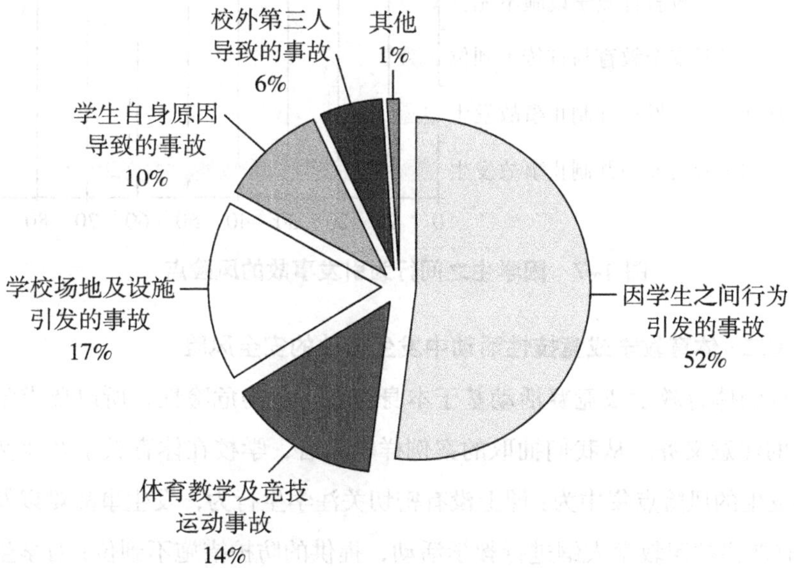

图1-6 学生安全事故的主要类型及所占比例

类型一：因学生之间行为引发事故的安全风险

从图1-6可以看出，案例样本中过半的学生安全事故是因学生之间的行为引起的。通过对判决书中案件事实的描述，我们可以把学生之间的行为分为三种不同类型。第一种是双方均无过错的玩耍打闹行为，该种行为最为常见。第二种是同学之间一方或双方主观上具有过失，即应当预见自己的行为可能发生损害后果，因为疏忽大意而没有预见，或者已经预见但轻信能够避免，最终导致事故发生。第三种是同学之间一方或双方具有主观故意，即明知自己的行为会带来损害后果，而希望或放任这种后果的发生，如故意找人打架致对方人身损害。从法院判决来看，在因学生之间行为引发的学生安全事故中，学校容易忽略的风险点贯穿事故发生的事前、事中和事后（见图 1–7）。

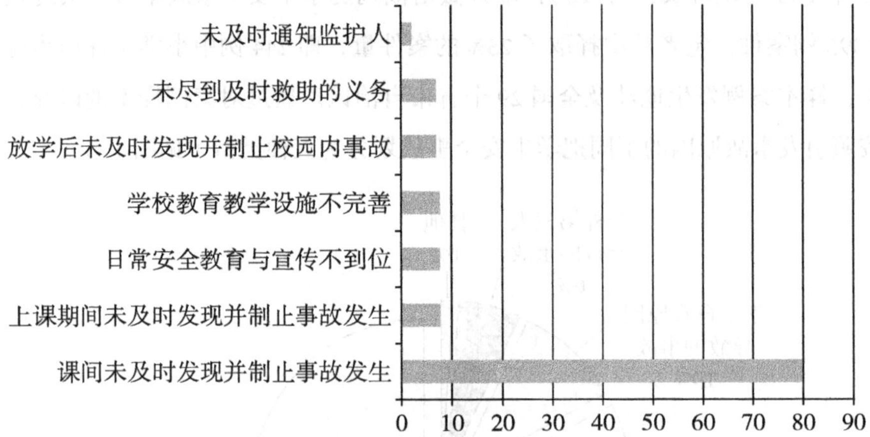

图 1–7　因学生之间行为引发事故的风险点

类型二：体育教学或竞技性活动中发生事故的安全风险

学校的体育教学或竞赛活动基于本身存在一定的危险性，所以要求学校具有更高的注意义务。从我们抽取的案例样本来看，学校在体育教学及竞赛活动中容易发生的风险点集中为：课上没有密切关注学生行为，发生事故难以及时制止；没有严格按照教学大纲进行教学活动，提供的防护措施不到位；对学生课前进行的安全教育不够全面、具体等（见图 1–8）。在张某与北京教育学院附属中学教育机构责任纠纷中[①]，即是因为学校在课堂组织中未做好安全防护措施，在事故发生时亦未对学生采取有效的保护措施，从而最终对学生的受害承担全部

① 案号：(2015) 西少民初字第 23916 号。基本案情：张某系附属中学学生。2014 年 5 月 9 日的体育课上，训练项目为单杠引体向上。原告在下杠时膝盖与地面接触受伤。事发时，老师未能给予有效的保护，且单杠下的地面上并未铺设防护垫。

赔偿责任。在龚某与四川省绵阳普明中学责任纠纷案中[①]，由于学校在组织比赛前未对球员如何规避风险、如何尽量减少对对方球员可能造成的伤害进行系统培训，也没有向学生提供合格的护腿板，导致学生在比赛中受伤，最终法院判令学校对该事故损失承担全部责任。从上述两个案例可以看出，基于体育活动本身所具有的高风险性，司法对学校提出了更高的要求，如果学校在事前没有尽到自身的注意义务，那么一旦发生事故其承担责任的比例会非常高。

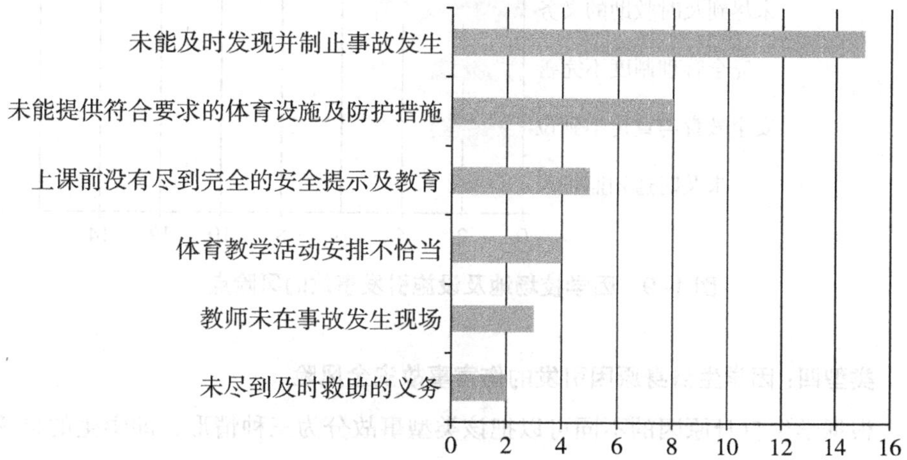

图 1–8 体育教学及竞技性活动事故中的风险点

类型三：因学校场地、设施问题引发的事故安全风险

根据《学生伤害事故处理办法》的规定，学校具有保证学校的校舍、场地、其他公共设施，以及学校提供给学生使用的学具、教育教学和生活设施、设备符合国家规定标准的义务。根据《中小学幼儿园安全管理办法》的规定，学校应当建立校内安全定期检查制度和危房报告制度，按照国家有关规定安排对学校建筑物、构筑物、设备、设施进行安全检查、检验；发现存在安全隐患的，应当立即停止使用，及时维修或者更换；维修、更换前应当采取必要的防护措施或

① 案号：(2014) 绵高新民初字第1540号。基本案情：龚某系普明中学高2015级学生。2013年4月23日龚某在学校组织的运动会足球比赛中担任守门员一职。侧身扑球时被对方进攻球员踩到右小腿，当即致护腿板破裂、腿部受伤。经绵阳富临医院诊断为右胫腓骨中下段骨折。

者设置警示标志。学校无力解决或者无法排除的重大安全隐患，应当及时书面报告主管部门和其他相关部门（见图 1-9）。

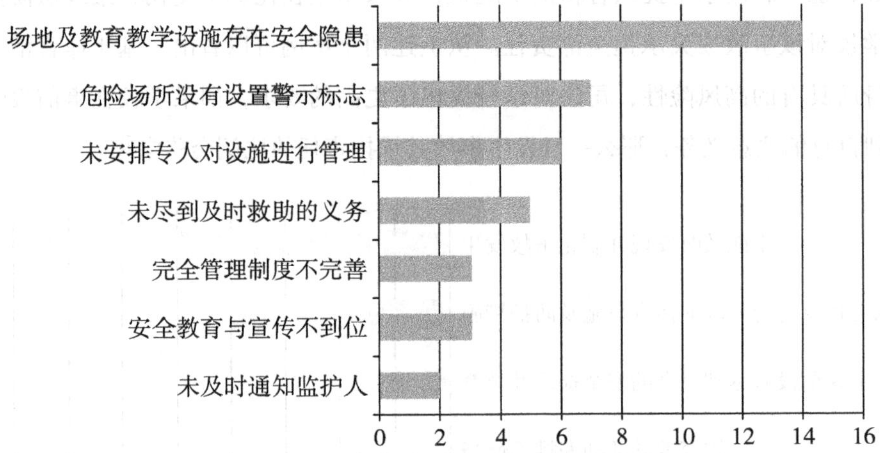

图 1-9　因学校场地及设施引发事故的风险点

类型四：因学生自身原因引发的伤害事故安全风险

根据学生自身原因的不同可以把该类型事故分为三种情形，即学生的自杀行为，学生的危险行为，以及学生自身疾病引发的事故。从法院判例中所指出的学校未尽到的注意义务可以看出，该类型事故的风险点主要围绕在事前是否可预见和事后的救助义务方面（见图 1-10）。

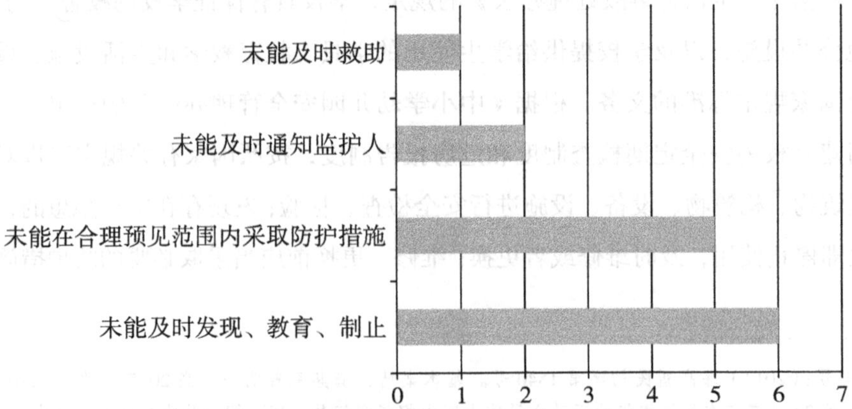

图 1-10　因学生自身原因引发事故的风险点

对于学生自杀事件来说，风险点来源于两个方面，一是自杀事件发生前，如果学生向老师或学校明确表示要实施自杀行为，或者有明显的自杀征兆，学校应及时发现并做好心理疏导工作。二是自杀事件发生后，学校要尽到及时救助、及时通知监护人的义务。对于因学生自身危险行为引发的事故，如果是可以预见的，应当提前进行安全教育，采取尽量避免事故发生的防护措施，如果学校尽到了注意义务则在事故中不承担责任。在学生自身疾病引发的事故中，包括两种情形：第一种情形，家长已经将学生具有特异体质的情况提前告知了学校，这时学校就具有针对该学生采取适当教学方式的注意义务，避免采取诱发学生疾病产生的活动。第二种情形，家长没有提前告知学校学生具有特异体质，学校也没有进行不恰当的教育教学行为，那么学校的注意义务主要是事故发生后及时、恰当地救助和通知监护人。

上述四种事故类型是学校安全事故的主要类型，除此之外，还有校外第三人导致的事故。校外第三人是指与学校存在劳动关系、雇佣关系、教育管理关系之外的人，即学校教职员工和学生之外的人，如学生家长、学校送货人、维修校舍的工人等等。该类型伤害事故中，校外第三人应当是直接的侵权人和责任人，一般学校承担责任的比例相对较小。但是，这并不代表学校不需尽任何注意义务。因为，该事故的发生仍然是在学校学习、生活期间，学校仍然具有教育管理职责，如果其未尽到相应职责，要承担相应的补充责任。所以，学校依然要注意校园安全风险的防控。

第二节 校园安全风险规制的客观需求

一、风险规制概述

在每一个社会中，保障公民的生命、健康和财产安全是政府的根本任务。因此，从 20 世纪初开始，风险规制（risk regulation）活动在主要资本主义国家开始兴起，并迅速发展为风险治理的主流模式，通过理性的制度设计和官僚机构来防范、消减风险成为所有国家的共同选择，并形成了环境保护、安全监管、卫生保健、灾害预防等庞大的公共部门。此时的风险规制主要指“设立专业的行政机构，对可能造成公共危害的风险进行评估和监测，并通过制定规则、监督执行等手段来消除或者减轻风险”[①]。何为“规制”？研究者的确很难对“规制”（Regulation）作出一个精确的定义。近年来，我国行政法学者也开启了对行政规制和规制法理论的研究，[②]以及具体的对经济性规制[③]、社会性规制[④]的研究。风险规制更多地强调政府规制，但不可否认的是，随着风险的复杂化，单一的政府规制在防范风险的过程中并不十分完美，需要不同非政府主体的自我规制。所以，随着对风险规制认识的逐步深入，风险规制不仅局限于政府的单一规制主体，越来越多的利益相关者也参与到风险规制中来，形成了多元主体合作规制的态势。有学者从规制的视角来看政府规制与合作治理的关系，讨论如何通过多元治理体系来实现规制任务。[⑤]规制的主体可以是行政主体，也可以是行业协会，可以是企业，也可以是公众（由公众来参与规制执法）。规制治理是要利用企业、行业协会和公众的知识和资源，以最有效的方式来应对复杂的快速变迁的问题。

从事风险规制的研究者都认为，风险规制是一项复杂的系统工程，已经成为科学界、产业界和公共政策领域的重要主题。“在现代国家所依赖的正当性基础中，有少数几个当属确定无疑、毫无争议，保护其成员的外部和内部安全这个目的就属于其中之一。”[⑥]风险规制，是人们解决或应对风险问题的一种努力。这就意味着，风险规制以将风险“问题化”为前提。如何以法律手段防控各类风险也由此成为摆在各国立法者、法学研究者和法律实务者面前的重要课题。

---

① 沈岿主编：《风险规制与行政法新发展》，法律出版社2013年版。

② 胡敏洁：《规制理论是否足以解释社会政策》，载《清华法学》2016年第3期。

③ 李洪雷：《走向衰落的自我规制——英国金融服务规制体制改革述评》，载《行政法学研究》2016年第3期；骆梅英：《通过合同的治理——论公用事业特许契约中的普遍服务条款》，载《浙江学刊》2010年第2期；喻文光：《论铁路改革的法治化路径》，载《国家行政学院学报》2013年第4期。

④ 宋华琳：《药品行政法专论》，清华大学出版社2015年版；宋华琳、李鸻、田宗旭：《中国化妆品监管治理体系的制度改革》，载《财经法学》2015年第3期；杜仪方：《日本预防接种行政与国家责任之变迁》，载《行政法学研究》2014年第3期。

⑤ 宋华琳：《论政府规制中的合作治理》，载《政治与法律》2016年第8期。

⑥ 刘刚：《风险规制：德国的理论与实践》，法律出版社2012年版。

风险规制具有技术性和公共性两个属性，因此应当符合两个基本要求：一是价值合理性，即风险规制的目标被公众接受，符合公众的需要，反映公众的偏好，体现公意的要求，从而具有正当性；二是工具理性，即风险规制措施基于预测和计算，追求功效最大化，具有科学性。[①] 因此必须实现风险规制中科学与民主的统合，统合的前提是基于风险的二重性对风险规制中事实与价值予以界分，进而实现公众、专家的各司其职。风险规制中涉及大量的事实判断，例如，风险的成因、规模、概率、性质以及规制风险手段的成本、效益等，这些都需要由专家解答，并通过规制立法的程序设计，确保专家理性的客观性。风险规制中还涉及大量的价值选择，如风险规制的目标选择，这些需要广泛听取公众的意见，在利益公平博弈的基础上进行价值权衡，并通过规制立法为公众提供多样化的参与渠道。

二、校园安全风险规制的社会背景

当前，我国正处于社会转型期，多元利益冲突与风险社会的特征凸显，进一步促使校园安全风险从单一外部环境转变为多元复合的环境，校园安全呈现事件频发、种类多元、诱因复杂、方式多变等特征。

（一）社会环境带来的学校不安全因素

快速城镇化的发展在推动我国教育事业发展的同时，也伴随着大量现代意义上的校园安全风险，同时快速城镇化与校园安全硬环境需求之间的差距使传统校园安全风险依旧大量存在。一方面，随着人口的流动，大量的学生涌入城镇的学校，使本来就因人口过多而脆弱的校园安全环境更加复杂，进一步加剧城市校园安全风险。另一方面，社会结构更加复杂化，各种利益主体充斥着校园周边环境，加大了校园突发事件的发生概率。随着教育体制的不断改革和发展，我国学校与社会越来越融合，与社会的交往越来越密切，学校周边环境变得日益复杂。随着校园的逐步开放，校园与社会的界限越来越模糊，使有危险

① 戚建刚：《风险规制过程合法性之证成——以公众和专家的风险知识运用为视角》，载《法商研究》2009 年第 5 期。

倾向、身份不明确及素质不高的外来人员可以随意出入校园，同时，为了满足校园师生的需求，校园周边各类商铺琳琅满目。而这些地方又不属于学校的管辖范围，往往是最难管理以及犯罪滋生的场所。

（二）社会信任危机阻碍安全风险的控制

在风险社会中，校园安全信息的不确定性和不对称性在一定程度上破坏了以传统共同体为单位的信任结构，加快了非社会化、私人化和非理性化等社会信任危机的蔓延。随着现代网络媒体的快速发展，师生法治意识的增强，给校园安全事件的处理提出了很多新的挑战，也造成了各利益相关群体的罅隙。例如，家长对学校的不信任，由于学校管理方风险信息沟通不及时、危机反应和处理能力不足，一旦发生校园安全事件，学校可以隐瞒封锁消息，造成公众对学校管理的猜忌和不信任，造成公众对危机的群体恐慌，严重影响到校方的处理效率。学校处理事件表现出的机制不成熟、不规范，采取轻率处理的方式，受害方没有正常沟通的机制，都可能使风险逐步放大，酿成群体性事件。

（三）现代信息社会对校园安全风险的两极作用

现代信息技术的发展极大地丰富了教育资源的可获得性，使信息的沟通变得越来越便捷，同时使有关校园安全信息，特别是负面消息及谣言以更快的速度和更广的路径传递到社会的各个领域，致使校园安全风险升级发酵。现代信息社会的快速传播一方面可以使公众及时了解安全事件的全貌，但另一方面也容易带来负面作用。有些媒体为了吸引公众眼球，故意夸大和渲染事故的发生。特别是容易夸大学校的过错，使得公众同情弱者，激化矛盾。此外，网络使用的大面积普及和学生对网络信息的高关注度使一些不法分子有了可乘之机，利用网络技术对学生群体实施诈骗，带来了诸多校园安全隐患，如网络传销，金钱诈骗，学生沉迷网络而违法犯罪。所以，互联网是一把双刃剑，既给师生带来新工具、新视野，也增加了校园安全的风险。随着校园安全事件形式的多样性和复杂性，现行的校园安全监管体系虽然能基本解决传统校园安全事件中“显性”安全风险的监管问题，但是无法有效应对互联网背景下的“隐性”安全风险监管。

三、校园安全风险规制的现实需求

目前，我国中小学校园安全总体状况虽然趋好，但在日益复杂的社会环境下，学校安全治理能力和治理体系仍存在提升的空间。随着公民权利意识的增强和社会诉求的多元化，校园安全治理的过程中将会面临更多的挑战，而目前中小学的校园安全治理还存在以下问题和困难。

（一）校园安全风险防控尚未形成长效机制

由于风险的不可预知性，在风险转化为安全危机前，往往不被发现或感知，致使管理者不会将注意力放在风险防控上，也不愿将钱过多耗费在看不见的管理中。[①] 然而，这种“头痛医头、脚痛医脚”式的公共安全管理体制，因放弃对公共安全源头的治理，缺乏完整的公共安全系统治理设计，完全是被动应对式的，难以从根本上解决问题，必须以新的思维创新治理方式，推进公共安全治理体系和治理能力的现代化，以实现公共安全治理的主动、积极和高效。

近年来，每当发生一起校园安全事件，都会伴随着当地政府乃至整个教育界的“大反省”和“大问责”：踩踏事故发生后，教育部门试行错峰放学和紧急疏散演练；绑架案件发生后，公安部门开始在校园周边增加警力等。针对2010年上半年接连发生的伤害在校学生和幼儿园儿童的突发事件，公安部召开了紧急视频会议，下发紧急通知，要求全国公安机关坚决严厉打击侵害师生安全的违法犯罪活动，进一步加强学校和幼儿园的安全保卫工作。其实，早在2005年6月，为了维护校园及周边治安秩序，公安部就曾公布《公安机关维护校园及周边治安秩序八条措施》。同年6月，教育部还发布了《关于进一步做好中小学幼儿园安全工作六条措施》。然而，学校突发事件还是接连不断地发生。出现这种局面的原因有很多，其中一个重要原因是学校安全管理长效机制的缺失。如果不能建立学校安全管理的长效机制，就难以摆脱安全事件频发、疲于应急的被动局面。

---

① 朱广黔：《城市公共安全管理现状及对策》，载《人民论坛》2013年10月中旬刊。

（二）校园安全治理主体责任体系尚未健全

校园安全涉及的领域非常广泛，从内容上来说，包括交通安全、消防安全、饮食安全、卫生安全等，这就决定了校园安全治理的主体具有多元化和复杂化特征。具体来说，不仅涉及教师、学校、教育行政机关等教育领域主体，而且涉及公安、建设、卫生、工商、国土等其他行政机关主体，还涉及家庭、社区、民间组织等其他主体。目前实践中存在以下问题：一是重视政府部门的单向度管理，但并没有厘清不同行政机关的具体管理职责与权限，从而导致实践中经常由于职责不清产生互相推诿的现象。二是学校作为校园安全治理的主要责任主体，虽强化了其内部管理职责但并未赋予其必要的应急管理权限和应急资源，这种政府主导的体制貌似强化了学校应急管理系统的能力，实际上既人为地增加了决策层级，又加大了行政机关间的协调成本，与公共应急管理中能力集中，重心下移的原则背道而驰。三是由于我国长期以来居民的参与意识较低，社会参与治理的积极性始终不高。家长基于工作繁忙或本身缺乏安全知识等原因，对学校的安全工作参与性较低，基本完全依赖学校。社区和其他民间组织因缺乏各种联络合作机制对校园安全治理的参与度也不高。

（三）校内保安与警力护校的协同模式存有障碍

目前我国中小学护校的执行主体主要是学校聘用的保安人员和周边警力人员，但该种模式的执行效果却不容乐观。一方面，学校保安的文化层次普遍较低，专业素养较差，在业务、法律知识及新技术应用上相对欠缺。保安的安全保卫职能往往仅被弱化为“看门人”，对不法分子无法构成强有力的威慑。同时，保安没有执法权，如果遇到可疑状况或突发险情，由于缺乏执法依据可能无法及时阻止。而且大多学校保安人员数量少、年龄偏大、力量明显不足。另一方面，就警力护校情况来看，尽管很多中小学都与所属区域民警形成了共同保卫机制，一些民警也会定期在学校周边巡逻保卫。但由于公安机关警力有限，大多民警只是兼职，或是只能在上下学的高峰期在校门口巡逻，不能实现“全日制”驻校。

一旦校园内发生突发安全事件无法第一时间出现和制止。同时由于没有专门的“校园警察”制度作保障，岗位定责、业务培训、工资待遇等问题都无法解决，一旦其他地区需要抽调警力，校园警察就面临“流失”的危险，难以长期稳定地发挥作用。

（四）学校安全治理缺乏财政保障

经费是做好学校安全工作的重要保障，经费不足在很大程度上影响了校园安全治理的成效。目前我国各地方财政政策不统一，很多地区的财政性经费中并未建立校园安全专项经费，在投入的保障机制方面不够完善。校园安全专项经费的缺位，使得学校安全治理的人防、物防和技防均受到不同程度的影响。如教学区域的隐患，楼梯视线不明、安全通道被堵塞、安全出口标志缺乏、体育设施老旧等。校园安保人员的聘用、培训，配备安保装备，都需要资金作支撑。目前有些地区对校园保安待遇较低，甚至无法保证达到当地最低工资标准，这也是造成学校难以聘用到专业性强、素质高的保安人员的原因之一。经费的欠缺，导致有些学校保卫装备配备不足，技术手段落后，设备陈旧老化，不同程度地影响了校园保卫部门的快速反应能力和安全防范水平。

（五）学校安全教育实效不佳

学校安全教育也是学校安全治理的一项重要内容。目前，各校基本都在开展安全教育工作，但安全教育的内容、形式和实效方面有待加强。首先，安全教育的内容设计并不完善，贴近学生生活和实用的内容较少。教育形式单一，大多是文本说教式教学，缺乏生动、形象的案例教学法。其次，安全事故应急演练的实效性有待提高。安全教育是一门实践性很强的教育活动，提高学生的安保技能不能仅仅依靠书本教学，更多地应通过实际演练来达到教育目的。但我们在调查中发现，很多学校的安全教育还停留在照本宣科上，即使安排有应急演练也更多地体现为形式感，产生的实际效果有限。最后，缺乏学校与社会资源的联动平台。虽然有的学校也意识到采取去消防队参观、去地震局学习避震知识等方式教学更有实效，但这种形式的教育需要其他机关的资源提供和支持，目前很多学校和社会资源提供方并没有形成良好的资源共享机制，缺乏双方互动的联动平台，导致这样的活动实施起来有一定难度。

（六）学校安全事故应急处理机制尚待完善

学校安全事故的应急处理是学校安全治理的关键环节，也是最容易产生争议和纠纷的阶段。通过调研，我们发现，目前学校应急管理机制的建立与运行还存在一些问题：一是应急管理组织体系不健全，多为临时性的松散组织，专业能力、综合协调能力和动员能力较弱。二是重"善后"轻"预防"，应急管理方式落后。往往是突发事件发生后，学校对"善后"等事后机制较为重视，但是对"预防""预控"等事前机制重视不够，从而大大增加了"善后"成本。三是重"实体"轻"程序"，缺乏对处理事故的程序性重视。很多学校在处理安全事故时，往往忽视了及时通知、报告、保全证据、保护现场等程序性事项，从而导致事后经常处于被动地位，容易导致矛盾激化或成讼败诉。

目前正是基于上述校园安全治理现状，需要对我国中小学校园安全进行风险规制。风险规制，是通过各种手段实现控制安全事故、消除安全隐患、减少人员财产损失目的，使学校达到一定的安全水平，使师生在安全的环境中学习、生活的活动。简要地说，就是以保护学校师生人身安全和财产安全的一系列决策、计划、组织和控制活动。通常在学校安全管理中，管理者会将重点放在应对校园食品安全事故、活动安全事故、学生心理伤害事故以及道路交通事故等一系列常规的学校安全事故上。但是随着社会的发展，社会矛盾不断凸显，不断出现新型的校园安全事件影响校园安全管理工作。传统的学校安全管理也许可以应对常规的校园安全事故，但面对越来越多的新类型校园安全事件，需要形成以政府为主导，学校为主体，家庭、社会共同参与的风险规制体系。

第三节 理论基础与研究现状

一、理论基础

（一）风险社会理论

“风险社会”既是一个描述性概念，也是一个反思性概念。风险社会理论既能够为准确把握中小学校园安全风险的人为性、制度性、结构性等基本特征提供视角与思路，同时也为研究中小学校园安全风险防控提供了重要研究背景理论。

德国社会学家乌尔里希·贝克（Ulrich Beck）在1986年出版的《风险社会》一书中，首次提出了风险社会的概念，明确将未来社会界定为一种风险社会，指出现代社会正处于从工业社会向风险社会的转变之中。他在后来的《世界风险社会》（1999）、《风险社会理论修正》（2000）、《第二次现代性的社会与政治：世界主义的欧洲》（2004）等一系列论著中，对风险社会理论进行了深入而系统的阐述。英国社会学家安东尼·吉登斯（Anthony Giddens）是风险社会理论的积极倡导者。此外，还有一些学者也是这一派思想的代表，如诺沃提尼（Nowotny）、埃德（Eder）、哈耶尔（Hajer）等。他们在一些具体问题中虽观点各异，但总体体现了从风险的视角审视当代社会的重大变迁的特征，从而形成一种研究当代社会的理论总称。风险社会理论突破了传统社会学视角，将人为因素、自然因素、生态因素、制度结构因素等纳入研究视野，并将风险问题置于社会变迁的宏观考察之中。

社会风险既是实在的，又是潜在的，既是在现代化过程中衍生的，又是在嵌入社会结构中建构的，并表现出以下基本特征：一是人为性。人的风险是社会风险的根本问题，“这种人的风险不仅是‘人造的’产物，而且所有的风险事实也都是向人来开放的”。[①] 二是制度性、结构性。“当代社会的风险问题在本质上

① 贾英健等：《风险社会的人学研究》，黑龙江人民出版社2009年版，第38页。

体现为社会性、集团性、结构性”，[①]“制度化的风险环境用许多方式把个体与集体的风险联结起来”。[②]

风险社会理论主要有三种范式：一是基于客观、具体社会风险研究为基础的现实主义理论范式，并形成了以专家为中心的“工程—技术”治理模式，产生了一些代表性理论，如经济领域的保险学、社会保障、统计概率等，医学领域的流行病学和毒理学等，工业技术领域的“墨菲定律”，政治领域的公共危机管理等。二是基于宏观社会制度与结构研究为基础的制度主义理论范式，并形成了以政治为中心的“组织—制度”治理模式，强调从组织和制度层面的革新上应对风险社会的挑战。三是基于社会文化考察为基础的建构主义理论范式，并形成了以社会为中心的“社团—运动”治理模式，注重社会组织团体的科学素养和反思能力，通过有组织的社团运动将风险意识向社会扩散，形成风险文化，推动制度变革。[③]风险社会的应对措施很多，如增强风险意识、构建信任机制、积极的风险管理和风险共担等。

（二）马克思主义社会有机体理论

社会有机体理论既是一种认识社会的世界观，又是一种分析社会的方法论。能够以总体性分析和辩证性批判实现对西方风险社会理论的审视和超越，能够为有效消解中小学校园安全风险防控机制建设中可能面临的制度性、结构性和系统性风险提供宏观指导。

马克思认为，社会有机体是由“社会体系的各个环节”、要素构成并“同时存在而又互相依存”的连续发展过程的有机整体，[④]反映的是人类社会生活诸要

---

① 薛晓源、刘国良：《全球风险世界：现在与未来——德国著名社会学家、风险社会理论创始人乌尔里希·贝克教授访谈录》，载《马克思主义与现实》2005年第1期。

② [英]安东尼·吉登斯：《现代性与自我认同：现代晚期的自我与社会》，赵旭东、方文译，三联书店1998年版，第135页。

③ 张云昊：《社会风险的整合治理机制与模型建构》，载《南京农业大学学报（社会科学版）》2011年第4期。

④ 中共中央马克思恩格斯列宁斯大林著作编译局：《马克思恩格斯选集（第1卷）》，人民出版社1995年版，第143页。

素之间的全面性联系与有机性互动的整体性范畴。包含以下三个主要方面：一是社会生活各个领域相互作用所形成的“社会场”，以及这种作用借以发生的中介和形式；二是人及其各类各级人群共同体之间的联系，以及这种联系的形式和中介；三是以上社会生活领域的序列与社会主体形态序列之间的联系及其形式和中介。[①]社会有体机研究的对象是全部社会生活，“但重点在于研究全部社会生活的系统性、活性和活力，以及社会生活各方面的相互作用、作用形式和中介。当然也要研究社会生活的具体领域、组织和形态”，[②]但要用整体性、辩证性、系统性、发展性的观点来剖析社会，从社会的整体去把握社会现象，而不是脱离社会整体和社会有机联系进行孤立的、机械的研究。因为，人类生活的任何领域，都是具有多重社会关系的，内含多种价值，这些价值之间相互联系、相互影响，构成了一个有机的价值群或价值系统，而且不同价值群之间也相互联系、相互影响，进一步构成了更高层级的价值系统。

（三）机制设计理论

机制设计理论是目前主流经济学的核心部分，既可看作博弈论和信息经济学研究的一个分支，又可看作博弈论和社会选择理论的综合运用。在立足国情、因地制宜的基础上，能够为如何将中小学校园安全风险防控的主体、客体（或内容）和方法有机融合起来提供中观理论支撑。

机制设计理论的研究目的是“寻找经济交往活动中能实现给定社会或经济目标的、具有博弈均衡解的博弈机制”。[③]其关键内容包括“激励相容机制、显示原理与执行理论。激励相容机制能对行为人自利的且拥有私人信息的经济体进行严谨分析；显示原理则极大简化了对机制设计问题的研究；占优策略均衡和贝叶斯－纳什均衡是机制设计解决方案的两个主要概念。而执行理论解决了多重均衡问题，能够设计使所有均衡结果对于给定目标函数都是最优的机

① 李秀林：《论社会有机体》，载《中国人民大学学报》1987年第1期。

② 石磊、崔晓天、王忠编著：《哲学新概念词典》，黑龙江人民出版社1988年版，第173页。

③ 李文俊：《机制设计理论的产生发展与理论现实意义》，载《学术界》2017年第7期。

制”。[①] 机制设计理论为许多现实问题提供了理论解释，“已经成为垄断定价、最优税收、契约理论、委托代理理论以及拍卖理论等诸多领域的研究重点，并且被广泛地应用于规章或法规制订、最优税制设计、行政管理、民主选举、社会制度设计等现实问题的机制设计过程之中”。[②]

（四）风险规制理论

风险规制理论为中小学校园安全风险规制提供了基础性的理论支撑。“规制”（regulation）语词更多源自英美法系。20 世纪 70 年代之后，规制分析逐渐开始在美国行政法学中占有一席之地。日本的知名规制经济学家植草益认为，规制是指“依据一定的规制，对构成特定社会的个人和构成经济的经济主体的活动进行限制的行为”。[③] 美国法学家塞尔兹尼克则认为，规制是指“针对共同体认为重要的活动，由公共机构施加持续的、集中的控制”。[④] 中国语境下的“规制”则有几种不同的使用情形：①反垄断法中、知识产权法中的规制，对某种违法行为的调整。②政府为了维护公众利益和纠正市场失灵而规范市场主体活动的“规制”行为。③一种管理手段，如刑法规制。④对某种行为的规范、调整，如民法上的民间借贷问题规制。⑤一般意义上的规范和调整，如法律规制。笔者较为赞同我国学者马英娟教授的论说：规制是以解决市场失灵、维持市场经济秩序为目的，基于规则对市场主体的经济活动，以及伴随经济活动产生的社会问题，所施加的干预和控制。[⑤]

从 20 世纪初开始，风险规制（risk regulation）活动在主要资本主义国家开始

---

① 何光辉、陈俊君、杨咸月：《机制设计理论及其突破性应用——2007 年诺贝尔经济学奖得主的重大贡献》，载《经济评论》2008 年第 1 期。

② 朱慧：《机制设计理论——2007 年诺贝尔经济学奖得主理论评介》，载《浙江社会科学》2007 年第 6 期。

③ ［日］植草益：《微观规制经济学》，朱绍文、胡欣欣等译校，中国发展出版社 1992 年版，第 1 页。

④ Philip Selznick，Focusing Organizational Research on Regulation，in Roger G. Noll，Regulatory Science and the Social Sciences，University of California Press，363（1985）.

⑤ 马英娟：《政府监管机构研究》，北京大学出版社 2007 年版，第 22 页。

兴起，并迅速发展为风险治理的主流模式。20世纪初期，社会工业化发展所引起的产品安全与食品质量安全等社会问题日益加剧，引发了针对产品安全与食品质量安全的政府规制；其后，在20世纪70年代兴起的全球性环保运动唤醒了大众意识，使社会大众开始关注自然、现代科技与风险之间的密切联系，最终促使政府开始立法保障环境安全，使政府的风险规制活动拓展到环境保护领域；最后，伴随着全球气候变化与新型恶性疾病暴发等全球性问题，风险规制开始具有全球化趋势，现在已经成为明显的发展趋势。

20世纪90年代，“风险”概念的引入，对社会性规制理论探索予以深入推进和整体统合，实现了范式革命。由于风险的泛在性、不确定性以及危害性，由于个人对风险缺少足够的认知，也欠缺相应的信息和知识，因此无法从容不迫地去应对风险；而风险问题涉及大量的科学政策问题，自由市场很难去对诸多社会现象所蕴含的风险和收益进行评估，在不同的甚至难以相互权衡的价值之间进行衡量；因此风险社会要求必须结合国家和社会的力量，进行有效的风险规制。随着对风险规制认识的逐步深入，风险规制不仅局限于政府的单一规制主体，越来越多的利益相关者也参与到风险规制中来，形成了多元主体合作规制的态势。

（五）利益相关者理论

“利益相关者理论”是一个经济伦理学术语，能够结合不同社会价值诉求，为合理划定中小学校园安全风险防控的各类主体的参与权提供理论依据。

20世纪60年代，在英美等西方国家管理理论的影响下，利益相关者理论逐渐发展起来。其中美国学者伊戈尔·安索夫率先提出利益相关者概念，他指出公司管理者的重要职责就是协调不同成员之间的利益矛盾，并且使得每个成员都为实现公司目标做出最大努力。1984年，弗里曼出版了《战略管理：利益相关者管理的分析方法》一书，明确提出了利益相关者管理理论，即公司的管理者在管理的过程中要考虑到各参与者的权益，其基本思想是公司的发展离不开每个利益相关者的参与，且公司追求的是整体利益，而不仅仅是某个主体的利益。该理论认为对于一个组织来说，能否实现稳定发展的最好途径是充分考虑和满足组织最重要的、关键的利益相关者的利益诉求。为了达到这个目标，组织应做到以下三点：首先，对各利益相关者的重要程度进行识别；其次，明确组织重要利益相关者的利益诉求，将其纳入组织目标的设定；最后，在组织目标的实现过程中，要对活动进行适当调整以满足重要利益相关者的需求。[①]

（六）协同治理理论

协同治理理论是在协同理论与治理理论的基础上发展起来的，其核心是强调治理过程中多元主体之间的协同以及在开放的系统中寻求有效治理结构的过程。协同治理理论为中小学校园安全风险防控过程中多元主体的协同治理提供了理论依据。

协同治理包括了以下四方面内容：首先，协同治理的对象是社会公共事务，其最高目标是保护和促进公共利益；其次，协同治理的主体是多元的，既包括政府，又包括个人、非政府组织、非营利机构等，政府与非政府组织之间协同合作，取长补短，共同构建一个有序、高效的治理结构；再次，协同治理的核心行动者不是固定不变的，而是随着各参与者之间的积极互动具有可变性；最后，协同治理的内部运作模式是不确定的，这就需要多元治理主体之间进行协商合作，即当遇到问题时，治理主体要通过对话协商来建立良好的合作关系，这样有助于危机的解决，从而实现公共利益最大化的目标。协同治理吸收了协同学和治理理论的核心内容，致力于改善传统的“中心—边缘”的治理结构。协同治理作为一种新兴的理论，代表了管理模式发展的新方向，有其自身独有的特征，总的来说可以归纳为以下四方面：

第一，多元性的主体。在协同治理的过程中，治理主体既包括政府，又包括个人、企业和非政府组织等，通过依靠各治理主体之间的协同合作来实现公共利益最大化。此外，各治理主体之间拥有平等的法律地位，他们之间是合作伙伴关系，通过在相互平等的环境中进行交流协商，共同来管理社会公共事务。

第二，开放性的系统。在传统的官僚体制中，行政系统对外部而言基本上是封闭的，在此前提下，外部环境对行政系统的作用十分有限。针对官僚体制

---

① 赵梦瑶：《基于利益相关者理论的大学治理结构研究》，电子科技大学2016年硕士学位论文。

下行政系统的弊端，协同治理引入了多元化的治理主体来参与管理，打破了以政府为核心的权威，改变了单一或自上而下的权力结构，为系统的开放性奠定了基础。另外，只有在系统开放的前提下，政府、非政府组织、企业和社会公众等多元主体才能进行平等的谈判协商、通力协作，整体和局部的利益也才能达到最佳的效果。

第三，动态性的过程。协同治理的过程并没有统一的运作模式，而是根据具体情况，呈现出一定的动态性。这种动态性主要体现在两方面：一方面，协同治理主体是多元的，每个治理主体都处于一个动态的过程，通过彼此之间合作、对立和妥协达到一种动态平衡；另一方面，协同治理的对象是动态的，即在不同阶段呈现出不同特点，并且处于不断的变化中，因而协同治理系统内各子系统的目标需要根据情况及时作出调整或加以改变。

第四，共同性的目标。协同治理强调多元主体共同参与和管理公共事务，但由于各行为组织具有不同的利益诉求和参与动机，并掌握不同的信息和资源，导致了协同治理存在多样性的目标，而目标多样化容易进一步深化各行为组织间的差异，甚至出现竞争与矛盾。因而协同治理需要在尊重多样性和差异性的前提下，明确协同治理的共同目标。只有在共同目标的指导下，才能促使各行为组织行动一致，并且相互之间积极配合、协作，有效整合各种资源，促进共同目标的实现。

（七）公共治理理论

校园安全作为公共安全的重要组成部分，校园安全风险防控成为公共安全治理的重要组成部分。公共治理理论为校园安全风险防控机制的建立和具体对策研究提供了理论基础。

公共治理理论的兴起与盛行有着深刻的社会原因与深厚的政治、经济、文化基础。随着经济的飞速发展与科技爆炸，特别是经济全球化现象的发展，政府与公民之间的关系日益复杂，公民的需求更是呈现多样化趋势，许多国家都遭到这种变化趋势的冲击，特别是西方发达国家。公共治理理论诞生的社会根源在于20世纪70年代以来各国政府普遍面临的管理危机。全球化的公民结社活动以及在经济社会发展中所显示的日益重要的作用，对传统的公共管理特别是政府行政管理提出了前所未有的挑战。

公共治理理论的基本观点集中在美国学者鲍克斯的《公民治理：领导美国社区迈入二十一世纪》、斯盖特的《重塑政府还是重塑我们自己》以及博盖森的《公共行政与后现代：美国人2000年后的一些研究重点》等系列文献中。他们强调，"建立公民与官僚合作的公民性政府是现代行政的必要途径，公民在公共行政中应当扮演积极的主人角色，公民参与权和决定权的提高是解决政府问题的关键，行政人员的角色应转换成帮助公民表达利益并满足其共享利益，而不是仕途控制或导航社会，等等"。博盖森更是强调，随着后现代主义的深入发展与盛行，未来世纪的公共行政理论的研究重点应该集中于三个方面："第一，公共利益研究；第二，公共参与和社区的研究；第三，促进公民参与和强化社区的公共行政者之中介角色研究。"鲍克斯更是明确提出了一种叫作"公民治理"的行政管理模式，其基本观点是要求中央放权给地方，让地方政府拥有充分的自主权决定自己的行动，从而消除公民对公共事务的距离感；政府管理以公民参与为导向，推行公民主义，以消解集中管理的专业主义行政模式，达到参与和关怀的目标。[①]关于公共治理理论，不少学者从区别治理与统治的不同来剖析公共治理理论的基本主张。他们认为，具体表现在以下方面：

第一，管理主体不同。统治有且只有一个主体——政府，但治理按照等级与领域的不同可以有多个主体，除政府之外，还包括企事业单位，甚至公民个人。第二，管理客体不同。治理不仅涉及管理公共资源与公共问题，还需要管理少数群体的集体事务。第三，管理机制不同。统治主要依赖于政府自身的权威，通过等级不同的官僚体制自上而下管理公共事务；而治理有赖于网络的权威，运用非强制措施进行协调管理。第四，管理手段不同。统治依赖于行政、法律等命令手段；而治理的手段更加灵活多样，政府既可以直接管理，在不擅长的领域则可以通过购买、委托代理等手段。第五，管理重点不同。"统治更加强调国家、官僚的权威与作用；而治理更侧重于以公众的需求为出发点，强调国家与社会、

① 徐君：《公民治理理论及其对中国街政改革的启示》，载《学海》2007年第6期。

政府与市场、私域与公域的合作[①]。”

（八）危机管理理论

中小学校园安全事故的危机应对是危机管理中的重要类型，危机管理理论可以为校园安全事故的风险应对与处理提供理论依据。

20 世纪 60 年代初，危机管理理论成为一门独立的学科，引起世界各国政府的高度关注。部分国家与政府开始组织机构和人员对社会危机事件进行全方位的探析与理论研究，试图从中找到抑制和处理危机事件的方法，即危机管理。不同国家的学者，从不同角度出发，对危机管理的定义有各种各样的看法：其中美国的罗伯特·希斯把危机管理分为在危机的事前、事中、事后所有方面的管理，在他看来，有效的危机管理至少要做到以下几方面：转移或缩减危机的来源、范围及影响，提高危机初始管理的地位，改进对危机冲击的反应管理，完善修复管理以能迅速有效地减轻危机造成的损害[②]。日本专家龙泽正雄则认为，“危机管理是发现、确认、分析与处理危机，这些是危机管理的流程”[③]。尽管国内外学者对“危机”概念的理解没有取得完全一致的意见，但都认为危机是组织内外因素所引起，对组织生存具有严重威胁性的情景或事件，组织或个人无法通过常规管理行为加以阻止或解决，从而造成人员伤亡和财产损失，迫使组织管理者制定决策加以应对。此外，危机还具有突发性、不确定性、紧迫性和危害性。

中小学校园安全事故危机应对也是危机管理的一种，在安全事故可能发生、正在发生与发生之后，学校的领导者与管理者可以通过制订安全应急预案，充分调动与借助校园内外各方面的力量，采取各种措施预防、应对、控制安全事故，从而最大限度地降低安全事故发生的频率，降低安全事故造成的危害。

---

① 陈振明：《公共管理学——一种不同于传统行政学的研究途径》，中国人民大学出版社 2003 年版，第 82–88 页。

② ［美］罗伯特·希斯：《危机管理》，王成等译，中信出版社 2001 年版，第 19 页。

③ 畅铁民：《企业危机管理》，科学出版社 2004 年版，第 16 页。

二、研究现状

（一）国内外相关研究的内容梳理

国内关于校园安全的研究始于20世纪90年代初，当时主要集中于学生伤害事故（谭晓玉，1999；李晓燕，2000）、学校安全教育（邹浩良，1999）、具体安保措施的经验介绍（冉幼义，2000）等方面。2003年之后，国家发生了SARS、汶川地震等公共安全事件，民众权利意识随之增强，校园安全作为社会公共安全的重要组成部分，逐渐引起学者的注意，开始探讨校园安全的治理（王鹰，2004），并引入国外经验的介绍研究（陶一鸣，2005）。2010年，我国连续发生几起暴力入侵校园伤害事件及校车安全事件，校园安全研究进入新高潮，研究视角与内容更加多样化，如公共管理学视角下的校园安全治理研究（尹晓敏，2011），社会安全视野下的学校安全立法研究（方益权，2018），法学视角下的校园安全立法研究（林鸿潮，2011）等，学者从不同视角提出了解决校园安全问题的路径。

总结来看，目前我国关于校园安全的主要内容围绕以下几个方面：

1. 校园安全立法研究

自1999年有人提出校园安全立法议案开始，教育学与法学的学者都开始关注校园安全立法研究，从不同角度探讨了立法的必要性、立法模式、立法技术与立法内容等问题。

林鸿潮从应急管理立法的角度，探讨了学校安全立法，提出“学校安全立法的目标和功能是为学校应急管理机制的有效、有序、有力运行提供支撑和保障。在立法模式上，应当选择制定一部适用于各级各类学校、用于调整学校突发事件应对全过程的、公私合体的统一立法。其立法原则包括实质法治原则、权力优位原则、比例原则、权责能统一原则等，而立法的制度框架应主要围绕学校应急管理中的关键机制展开，兼及学校应急管理体制和学校应急预案制度”。①

---

① 林鸿潮：《论学校安全立法及其制度框架》，载《教育研究》2011年第8期。

方益权从社会安全的视角，研究了学校安全立法，认为“学校安全是一个系统性的概念，包括校园安全与学校外部安全，与社会安全互相交融，并不存在超然于社会安全母系统而独立存在的校园安全。以符合学校安全形势的社会安全理论为指引，突出强调安全治理，着力提升学校安全维护过程中多元责任主体协同参与、有效整合和运用各种资源的能力，并着眼于安全治理过程中校内、校外协同防范和危机处置机制的构建，制定一部综合性的《学校安全法》，才能更有效地推动我国学校安全治理的制度化与法制化”。①

李昕从立法技术视角的现状分析，指出目前有关学校安全的立法在体系化方面存在着基准规范缺位、规范体系层级断代、多头立法、内容交叉重复的缺陷；在文本内容上存在着规范性欠缺、目的定位与逻辑起点不统一的内在瑕疵。鉴于当前的现状，制定一部功能与属性定位科学、合理的规范性文件——《学校安全条例》，明确其作为基准法的功能属性、作为行政法规的层级属性、作为客观规则的性质定位，以行政法规的形式统领学校安全规范体系，完善学校安全规范的体系化，是实现学校安全保障制度化的现实需求。②

姚金菊聚焦于学校安全立法模式，认为“有关学校安全立法的建议多停留在中央立法层面，而较少关注地方立法，并且对综合立法和单行立法模式的选择缺乏深入讨论。从我国已有的学校安全立法来看，学校安全问题的发生既有立法不足的因素，也有执法不力的原因，未来学校安全立法要充分考虑到现实性和可行性，以及学校安全自身的特殊性和综合性。要解决现有学校安全立法不足和基于立法粗疏及可操作性差导致的执法不力问题，当前最优选择是制定一部省级地方性法规而非行政法规层面的学校安全条例”。③

2. 共同治理视角下的校园安全治理

伴随着共同治理理论的兴起，学者日益将共同治理理论运用到校园安全治

---

① 方益权：《社会安全视野下的学校安全立法研究》，载《苏州大学学报（哲学社会科学版）》2018 年第 3 期。

② 李昕：《论校园安全保障的制度现状与立法完善》，载《首都师范大学学报（社会科学版）》2011 年第 3 期。

③ 姚金菊：《我国学校安全立法模式研究》，载《青少年犯罪问题》2016 年第 2 期。

理的研究，从不同角度倡导校园安全共同治理，并提出了不同的对策与建议。

覃红霞、林冰冰通过分析美国校园安全治理的经验，指出我国高校校园安全管理虽然形成了自己的优势与特点，但仍有必要总结美国高校校园安全的治理经验，构建多层次的校园安全共治模式。[①] 方益权教授等著的《中国学校安全治理研究》从社会安全视野系统研究我国学校安全协同治理。强调平安社会和安全学校同属于一个语境下的“母子安全系统”。从主体协同视角分析了学校安全治理的职责分界。

一些学者借鉴国外校园安全体系构建实践的经验，提出政府、学校、家庭、社区多方介入建构校园安全防御机制的整体方案。杨九斌、武亚丽介绍了日本建立的校园安全防御机制，主张建立学校、政府、社区共同构建的校园安全防御机制。[②] 余中根根据美国巴尔的摩市的经验，认为应该充分发挥学校、家庭和社区的联合作用，建构“学校—家庭—社区”合作的校园安全防御机制。[③] 易招娣[④] 则认为，借鉴域外经验，将政府、社区、学校和家庭等社会群体组织有效纳入平安校园建设的主体体系之中，并注重发挥社区在平安校园建设中的重要作用，着力构建立体化的社区犯罪预警机制，将危及校园安全的社区犯罪隐患消灭在萌发阶段，推进平安校园建设。

3. 校园安全事故责任及应对研究

谭晓玉（1999）[⑤] 探讨了未成年学生的监护权与学校管理职责性质，认为中小学生在校期间受到损害或致他人损害，学校是否承担责任，承担多少责任，应视具体情况综合分析。问题的关键不在于学校方面是否应当为所有学生承担责任，而在于学校事先是否承担了对这种活动管理监督的职责。李晓燕

---

① 覃红霞、林冰冰：《高校校园安全共同治理：美国的经验与启示》，载《教育研究》2017 年第 7 期。

② 杨九斌、武亚丽：《学校、政府、社区共同构建安全的校园——日本校园安全防御机制的建设及其对我国的启示》，载《现代教育论丛》2010 年第 7 期。

③ 余中根：《构建有效的校园安全防范的学校、家庭与社区合作机制——美国巴尔的摩市的经验及其启示》，载《外国中小学教育》2010 年第 7 期。

④ 易招娣：《校园安全治理视角下社区犯罪预警机制的建构》，载《教育研究》2016 年第 6 期。

⑤ 谭晓玉：《学生人身伤害事故若干重要问题探讨》，载《教育发展研究》1999 年第 9 期。

（2000）[①]区分了学生伤害事故的分类，指出了不同类型的事故要求从不同角度采取预防措施。劳凯声（2004）[②]将学校与学生的关系界定为基于教育与受教育、管理与被管理的权利与义务关系，称为教育法律关系。其指出解决学校事故问题可供借鉴的思路是把办学的风险适当分散到社会，使学校事故的赔偿责任社会化。随着法治意识的增强和公民维权意识的增长，伴随着越来越多校园安全事故司法诉讼的发生，一些学者开始从司法诉讼的角度探讨伤害事故的责任认定。[③]另外，中国应急管理学会校园安全专业委员会每年出版的《中国应急教育与校园安全发展报告》在总结和归纳上年度我国校园安全及应急教育与管理方面现状的基础上，提出改进的建议。

4. 校园安全具体领域研究

随着校园安全形势的复杂化，校园安全隐患也呈现多样化的状态，不同类型的校园安全风险日益以不同形式呈现出来，需要学者从不同学科视角探讨校园安全具体领域的问题。

在校园欺凌与校园暴力方面，伴随着热点事件的不断出现，国内诸多学者展开对校园欺凌的深入研究。例如，姚建龙（2017）对校园欺凌对策的研究，申素平、周航（2018）对校园欺凌的概念解析[④]，马焕灵（2017、2018）对国外校园欺凌立法的比较研究，杨岭、毕宪顺（2016）对校园欺凌社会防治措施的研究等。

在校园安全风险防控方面，程天君、李永康[⑤]分别以校服、校餐、校舍、校车为例，指出从根本上解决校园安全问题，应从日常生活抓起，制定完备系统

---

① 李晓燕：《中小学生意外伤害事故的预防与处理研究》，载《河北师范大学学报（教育科学版）》2000年第3期。

② 劳凯声：《中小学学生伤害事故及责任归结问题研究》，载《中国教育法制评论》2004年12月。

③ 梁成、韩小雨：《学生伤害事故案件司法诉讼现状及特征分析——基于517份民事判决文书的实证研究》，载《教育学报》2018年第4期。

④ 申素平、周航：《惩戒造成学生伤害事故，学校是否要担责？——以某学生家长诉某中学案为例》，载《中小学管理》2018年第8期。

⑤ 程天君、李永康：《我国校园安全问题与政策建议——以校服、校餐、校舍、校车为例》，载《教育研究》2014年第7期。

的政策体系，实现由“应急式”到常规化管理的转变。中国人民大学危机管理研究中心撰写的《学校公共安全的现状与风险防控策略》、黄丽撰写的《风险社会理论对我国学校安全问题的启示》、林鸿潮主编的《中小学安全管理标准化》都从不同角度提出了对校园安全风险防控的建议。王鹰撰写的专著《创建安全的学校——学校安全管理与法律研究》从法学的视角对学校安全立法、司法进行了研究，冯帮撰写的《论中小学校园突发事件风险的预防性评估》阐述了中小学校园突发事件风险预防性评估的内容，提出中小学校园突发事件风险预防性评估的具体操作流程。石连海撰写的《学校安全问题分析与对策》指出目前学校的安全问题形势严峻，需要在理论分析的基础上，完善学校安全法律保障体系，拓展学校安全的理论与实践研究，明确学校安全管理责任，落实学校安全教育体系等方式加以解决。

在校园安防建设方面，一些学者从不同角度提出策略，如牟丽娇、陈菊娟[①]对重庆市设立专职的校园警察以及许多学校增加校园保安的武装配备进行研究。还有一些学者从信息安全角度提倡提升校园信息化安全建设等（谭武，2011）[②]。

在校园安全教育方面，杨九斌等（2010）认为，要注重校园自身的安全教育，呼吁校园周边社区积极参与校园安全建设。陈荣武（2010）[③]认为应建立校园安全教育管理体系，学校要将生存和安全教育作为素质教育不可或缺的重要组成部分，加强安全技能培训和逃生训练。张善根根据我国校园暴力难以防控的原因和学校社会工作的优势，提倡将学校社会工作介入校园安全工作中[④]。

另外，随着现代信息技术的快速发展，一些学者也开始注意到新媒体对校园安全事件的影响。例如，李青鹰在2016年的硕士论文《校园安全类热点事件网络舆情应对研究》中，通过对我国2013年至2015年爆发的校园安全类热点事件网络舆情进行统计，归纳出我国校园安全类热点事件网络舆情的发展现状，

---

① 牟丽娇、陈菊娟:《从“重庆模式”谈校园安全保卫工作的创新》，载《公安研究》2011年第5期。

② 谭武:《浅谈数字化校园安全策略》，载《信息系统工程》2011年第2期。

③ 陈荣武:《校园外来暴力与安全空间》，载《当代青年研究》2010年第7期。

④ 张善根:《学校社会工作与校园暴力的防控》，载《青少年犯罪问题》2010年第1期。

提出了改进相关部门应对网络舆情的建议。陈世华教授撰写的《新媒体参与校园安全治理的逻辑与进路》，指出新媒体参与校园治理符合善治的理念，新媒体参与校园安全治理需要将主动性与多元化相结合、时效性与延时性相结合、广泛性与针对性相结合、合法合规和人文关怀相结合，营造“共治共建共享”的社会治理格局。

国外对于校园安全的系统研究是在20世纪八九十年代。校园安全作为一个全球性话题日益引起世界各国学者的高度关注。相比国内研究，国外研究更侧重于实务领域的具体问题研究。如Katherine T. Bucher（2005）认为学校安全工作不仅要解决校内打架斗殴、枪击等问题，还包括被嘲笑、戏弄、侮辱、种族和文化等方面的歧视。Kevin Jennings（2010）则认为不仅包括师生的身体安全，还包括心理安全。还有学者对学校安全的具体对策进行研究，如针对校园欺凌行为的研究（Dan Olweus 1991），针对反校园暴力法案实施效果的研究（Troy M. Terry，2010），针对学校安全保卫工作的经费保障研究（Kenneth S. Trump，2010），针对如何创建和保持安全和互相尊重的学校氛围研究（Heather Dwyer Sadlier，2011）等。英美等国都高度重视学校安全立法，把建设安全的学校作为国家的教育目标。英美等国一般都建立负责学校安全的专门机构，且这些机构都有专项资金实施相关的项目和计划。美国教育部设有安全和无毒学校办公室，制订、推荐和协调改善学校安全的有关计划与活动的政策。英国在教育与就业部部长属下设立了学校安全工作小组，其职责是支持、鼓励、维护和改善学校和周边安全的有益实践。普遍重视行政管理部门、学校及教职员工在维护学校安全方面的管理和法律责任，并强调与警察等相关机构的合作。

（二）目前研究现状的特点

分析国内外研究现状可以看出，针对校园安全的研究具有以下特点：

一是校园安全的研究范畴不断拓展和延伸，校园安全问题日益复杂化。从最初局限于校园内部的安全教育、个别安全事件的研究，逐步拓展到学者对校园周边及社会安全对学校安全风险因素的影响研究；从局限于学校主体本身的安全管理研究，延伸到学者对公安、卫生等行政部门、社区、行业组织等职责的研究；从传统的学校物防、技防、人防的研究，拓展到新媒体、网络等对校园安全影响的研究。可以看出，校园安全问题随着社会形势的发展日益复杂化，校园安全风险防控机制的研究凸显必要性和紧迫性。

二是对校园安全保护的具体经验性研究较多，校园安全的理论性研究较少。学者多从实践经验总结的角度来探讨校园安全防控的具体措施，有学者提出应从日常生活抓起，实现由“应急式”到“常规化”管理的转变，建构“学校—家庭—社区”合作的校园安全防御机制等，为实践提供了良好的指导作用。但现有的经验性研究显现表面化和碎片化，没有完整和适合的理论体系作为支撑，容易导致实践中校园安全治理很难形成稳定的长效机制。

三是关于校园安全事故处理的研究较多，而事前预防和事后救助没有与之形成相对完善的体系研究。安全事故处理作为校园安全风险防控的重要环节，很多学者对此提供了很有价值的研究。但是，校园安全风险防控应是一个整体系统，如果忽视事前预防和事后救济的研究可能会大大增加事故发生后的处理成本，而目前校园安全的风险防控还没有形成完整的研究体系。

四是不同学科视角得以在研究中运用，学科之间的交叉融合有待进一步深入。目前学者从教育学、法学、社会学、管理学等不同学科角度进行研究，既有创新性，也有局限性，因为学科知识的限制，其研究多侧重于学校安全的某一个方面，而缺乏对学校安全进行整合性、系统性的研究。校园安全风险防控本身是由不同环节构成，各环节特性和当事人诉求不同，单一学科视角无法合理适用于学校安全的每个阶段。同时，目前的研究缺乏对学校安全工作的具体指导作用，在实践中所发挥的作用有限。

第二章

学校安全立法

法律是通过国家权力进行必要社会调整和社会控制的有效手段，也是针对社会不同领域明晰相关主体权利义务的重要途径。学校安全立法即是通过法的形式，明确校园安全治理中各主体的职责，建构包括事前预防、事中处理、事后救济的校园安全风险防控体系。

第一节 学校安全立法现状

学校安全领域具有较为复杂的法律关系，不仅包括具有纵向隶属性特征的教育行政关系，还包括具有横向平等性特征的教育民事关系，甚至还包括具有惩治性特征的教育刑事关系。所以，基于校园法律关系的多元化和复杂性，并不是单一的行政法、民法和刑法可以单独规制的，需要有校园安全的专门性立法。近年来，我国及地方相继出台了一系列关于学校安全的立法，对维护学校秩序，防范学校安全事故，保护师生合法权益发挥了积极作用。但与此同时，目前的学校安全立法也存在着一些问题，尚无法适应各级各类学校所面临的日益复杂的安全形势。

一、中央层面学校安全立法现状

纵观我国中央层面有关校园安全的立法，其内容散见于各个层级的规范性文件中，内容庞杂，且数量繁多，可以概括为由以下层次法律规范构成的立法体系（见表 2–1）。

表 2–1　国家层面中小学校园安全主要相关立法

序号	名称	颁布机关	颁布日期	效力级别
1	中华人民共和国义务教育法（2015 修正）	全国人民代表大会常务委员会	2015.04.24	法律
2	中华人民共和国侵权责任法	全国人民代表大会常务委员会	2009.12.26	法律
3	校车安全管理条例	国务院	2012.04.05	行政法规
4	企业事业单位内部治安保卫条例	国务院	2004.09.27	行政法规
5	中小学幼儿园安全管理办法	教育部、公安部、司法部等十部委	2006.06.30	部门规章
6	学生伤害事故处理办法（2010 年修订）	教育部	2002.06.25	部门规章
7	学校食堂与学生集体用餐卫生管理规定	教育部	2002.09.20	部门规章
8	学校卫生工作条例	原国家教育委员会	1990.06.04	部门规章
9	中小学公共安全教育指导纲要	国务院办公厅	2007.02.07	规范性文件
10	关于加强中小学幼儿园安全风险防控体系建设的意见	国务院办公厅	2017.04.25	规范性文件
11	中小学幼儿园安全技术防范系统要求（国家质监总局）	公安部、教育部	2012.12.31	规范性文件
12	关于防治中小学生欺凌和暴力的指导意见	教育部等九部委	2016.11.02	规范性文件
13	加强中小学生欺凌综合治理方案	教育部等十一部门	2017.11.22	规范性文件
14	关于进一步加强学校幼儿园安全防范工作建立健全长效工作机制的意见	中央综治委办、教育部、公安部	2010.08.23	规范性文件
15	中小学幼儿园安全防范工作规范（试行）	公安部办公厅、教育部办公厅	2015.03.16	规范性文件

续表

序号	名称	颁布机关	颁布日期	效力级别
16	中小学幼儿园应急疏散演练指南	教育部办公厅	2014.02.22	规范性文件
17	关于加强中小学幼儿园消防安全管理工作的意见	教育部、公安部	2015.08.18	规范性文件
18	关于加强中小学消防安全宣传教育工作的通知	教育部基础一司、公安部	2010.12.06	规范性文件
19	学校体育运动风险防控暂行办法	教育部	2015.04.30	规范性文件
20	学校食物中毒事故行政责任追究暂行规定	卫生部、教育部	2005.11.02	规范性文件
21	关于做好预防少年儿童遭受性侵工作的意见	教育部、公安部、共青团、妇联	2013.09.03	规范性文件
22	中小学实验室规程	教育部	2009.11.25	规范性文件
23	学校和托幼机构传染病疫情报告工作规范（试行）	卫生部办公厅、教育部办公厅	2006.04.06	规范性文件
24	关于进一步加强中小学生校服管理工作的意见	教育部、工商总局、质检总局、国家标准委	2015.06.18	规范性文件
25	关于推行校方责任保险完善校园伤害事故风险管理机制的通知	教育部、财政部、中国保监委	2008.04.03	规范性文件
26	公安机关维护校园及周边治安秩序八条措施	公安部	2005.06.16	规范性文件
27	教育系统事故灾难类突发公共事件应急预案	教育部办公厅	2009.09.15	规范性文件
28	教育系统公共卫生类突发事件应急预案	教育部办公厅	2009.09.15	规范性文件
29	教育系统自然灾害类突发公共事件应急预案	教育部办公厅	2009.09.15	规范性文件

（一）国家学校安全立法体系

在法律层面，还没有专门针对校园安全的法律，但在其他法律中有涉及校园安全的规定。1991 年发布的《未成年人保护法》第 22 条规定："学校、幼儿园、托儿所应当建立安全制度，加强对未成年人的安全教育，采取措施保障未成年人的人身安全。学校、幼儿园、托儿所不得在危及未成年人人身安全、健康的校舍和其他设施、场所中进行教育教学活动。学校、幼儿园安排未成年人参加集会、文化娱乐、社会实践等集体活动，应当有利于未成年人的健康成长，防止发生人身安全事故。"从对未成年人保护的角度，对学校提出了安全管理和保障的要求。1999 年颁布的《预防未成年人犯罪法》第 18 条规定："未成年人的父母或者其他监护人和学校发现有人教唆、胁迫、引诱未成年人违法犯罪的，应当向公安机关报告。公安机关接到报告后，应当及时依法查处，对未成年人人身安全受到威胁的，应当及时采取有效措施，保护其人身安全。"从预防未成年人犯罪的角度，提出了学校有对学生安全保障的义务。

2006 年 6 月 29 日，全国人大常委会通过了新修订的《义务教育法》，首次把中小学安全工作写进了法律，第三章"学校"共有 13 条，其中第 24 条明确规定："学校应当建立、健全安全制度和应急机制，对学生进行安全教育，加强管理，及时消除隐患，预防发生事故。县级以上地方人民政府定期对学校校舍安全进行检查；对需要维修、改造的，及时予以维修、改造。学校不得聘用曾经因故意犯罪被依法剥夺政治权利或者其他不适合从事义务教育工作的人担任工作人员。"上述规定虽然仅有短短几句，但明确指出了学校安全管理制度、安全教育、安全检查、教师对学生的安全保障等学校安全风险防控的几大核心要素。2009 年颁布实施的《侵权责任法》，进一步明晰了学生与学校的法律关系，明确了学校与学生之间并非很多家长所认为的监护与被监护的关系，而是一种教育、管理的法律关系。其中第 38 条、第 39 条和第 40 条根据学生的行为能力进行划分，对完全无民事行为能力的学生适用过错推定原则，而对部分民事行为能力的学生则适用过错原则，以学校是否履行了教育、管理职责，是否存在过错，作为认定责任的基础，不仅明确了学生伤害事故责任的认定，同时也有利于学校根据法律规定尽到教育、管理职责，有利于学校积极防范风险。此外，还有《刑法》《治安管理处罚法》等法律中有涉及对学校伤害事故责任承担的规定。还有一些专门性法律，如《传染病防治法》《防震减灾法》《突发事件应对法》《道路交通安全法》《食品安全法》以及《消防法》等，与学校内部安全管理密切相关，涉及学校在卫生安全、交通安全、食品安全、消防安全、自然灾害应急等方面的具体注意义务。

在行政法规层面，《幼儿园管理条例》中规定了“举办幼儿园必须将幼儿园设置在安全区域内。举办幼儿园必须具有与保育、教育的要求相适应的园舍和设施。幼儿园的园舍和设施必须符合国家的卫生标准和安全标准”。《学校卫生工作条例》中规定了“学校体育场地和器材应当符合卫生和安全要求。运动项目和运动强度应当适合学生的生理承受能力和体质健康状况，防止发生伤害事故。学校应当根据学生的年龄，组织学生参加适当的劳动，并对参加劳动的学生，进行安全教育，提供必要的安全和卫生防护措施”。《企业事业单位内部治安保卫条例》明确规定了企业事业单位内部治安保卫工作的具体制度和工作要求。公办中小学作为事业单位法人，同样应当按照该条例的规定规范学校安全管理。2012年出台的《校车安全管理条例》则是教育领域第一部专门针对安全问题出台的行政法规，对校车安全管理进行了全面规范。

在部门规章层面，与学校安全相关的部门规章主要有两部，一是由教育部、公安部、司法部等十部委于2006年6月30日颁布的《中小学幼儿园安全管理办法》，二是由教育部2002年6月25日颁布的《学生伤害事故处理办法》。该两部规章从内容上来说，基本涵盖了学校安全管理的各个方面，但虽属全国性专门立法，效力层级较低，法院在审理校园伤害案件时仅作参照，而且其中部分内容与现实相比已显滞后。

除此之外，我国大量存在的与校园安全相关的立法都是规范性文件，其中涉及安全教育、体育运动风险防范、卫生安全、学校安全标准等内容，但由于规范性文件的效力层级比较低，执行效果有待提高。所以，目前从我国学校安全的立法体系来看，缺乏立足全国的、高位阶的学校安全立法，在一定程度上导致我国学校安全法律保障机制不健全。一些重要的学校安全领域的问题，如校园安全管理机构设置及法律地位、职责分工、前期防范、归责原则、事后处置、处理标准等，尚无法律法规规定或已有规定不够明确、具体。

（二）国家学校安全立法内容评介

目前我国已有的学校安全法律规范一定程度上明确了政府、学校及相关主体在校舍安全、校园周边治理、校车管理等方面的职责，同时对学校的安全管理工作也提出了具体要求，提升了学校对安全工作的重视程度和预防应对学校安全的能力，在一定程度上对防范校园安全风险，规范学校安全治理起到了积极作用。下面将就其中比较重要的几部现有规范进行评介。

1.《中小学幼儿园安全管理办法》

2006年6月30日，教育部、公安部、司法部、建设部、交通部、文化部、卫生部、工商总局、质检总局、新闻出版总署制定了《中小学幼儿园安全管理办法》，自2006年9月1日起施行。这是新中国成立以来第一部以十部委名义发布的关于中小学校园安全问题的政策法规，是为了适应当时加强中小学安全工作的新需要，针对学校安全出现的新特点和新情况而制定的。

《中小学幼儿园安全管理办法》共分九章，66条。基本涉及中小学安全管理工作的各个方面，最突出的特点是明确了学校安全管理过程中各方主体的职权与职责。其中，第二章规定了各地人民政府及教育、公安、司法行政、建设、交通、文化、卫生、工商、质检和新闻出版等部门对于学校安全工作应履行的职责，并阐述了这些部门在行使职能时的分工协作原则。

第三章“校内安全管理制度”主要针对学校内部安全管理制度进行了规范。分别阐述了学校安全工作的领导机构、门卫制度、校内设施设备与建筑危房的定期检查和报告制度、消防安全制度和相应的工作责任制、相关设施设备（用水、用电、用气等）的安全管理制度、食堂卫生管理制度、实验室安全管理制度、医疗卫生安全管理制度、学生安全信息通报制度、寄宿学生管理制度、车辆管理制度、学校安全工作档案制度等。该章总体上强调学校要建立、健全各项安全管理制度和安全应急机制，从而消除安全隐患，预防事故发生。

第四章“日常安全管理”涉及学校日常安全管理工作的各个环节，包括学校教育教学活动中的安全管理、大型集体活动的安全管理、体育活动的安全管理、小学和幼儿园学生上下学接送与交接管理、教学楼楼道上下顺序和学生疏散管理、学校出租场地的经营活动安排、学生在校学习和生活期间的安全注意事项、身心有异常情况的学生安全管理等，该章从动态管理的视角，针对学校日常管理的各个环节进行了规范。

第五章“安全教育”共9条，主要阐述如何开展学校安全教育工作。在安全教育的内容方面，《中小学幼儿园安全管理办法》强调了学校安全教育的学科渗透、学期开始和结束时的安全教育、新生入学安全教育、实验课的安全教育、交通安全教育、消防安全教育等。在安全教育的方式方面，《中小学幼儿园安全管理办法》强调通过多种方式的事故预防和演练，使学生掌握基本的自我保护技能。同时，《中小学幼儿园安全管理办法》规定了学校安全管理所需的培训，倡导学校选聘优秀法律工作者担任法治副校长和法治辅导员，强调对校长、学校安保人员和全体教职工进行安全管理和安全教育培训，要求学生监护人和学校互相配合，共同做好学生安全教育工作。

第六章“校园周边安全管理”则针对校园周边的安全工作进行了安全职责的分配。《中小学幼儿园安全管理办法》指出，公安、司法行政、建设、交通、文化、卫生、工商、质检和新闻出版等部门要根据各自的工作职责加强对学校周边地区的业务监管和治理，共同维护学校周边的秩序。从校园周边安全治理的内容来看，包括学校周边的治安管理、违法犯罪行为管理、各种生产经营活动管理、建筑工程管理、交通工具管理、饮食卫生管理等。强调各个部门要建立联席会议制度，互相配合，齐抓共管，切实有效地维护学校周边的安全。

总之，《中小学幼儿园安全管理办法》，是到目前为止我国对中小学校园安全规范最全面的一部部门规章，但由于其颁布至今已有十余年，其中的一些规定已显陈旧，且其效力级别比较低，法院司法审判时仅做参照适用，显现了其适用的局限性。

2.《校车安全管理条例》

2010年左右，我国接连发生多起校车安全重大事故。特别是2011年，我国共发生了14起校车安全事故，震惊全国的江苏徐州“12·12校车事故”被定性为重大道路交通事故。这起由一辆私营客车充当的校车，在送 49 名学生回家途中侧翻滑入水沟，造成车内 15 人死亡，8 人受伤的悲剧。随后，国务院安全生产委员会专门发文要求进一步加大校车交通安全源头管理。我国社会各界广泛关注校车安全治理，同时也提出了很多意见与建议，如“要制定校车安全制度，加强校车监管责任，明确分工”“校车要做特权车”“校车的座椅标准要细化”“政府要加大投入配备校车，坚决打击‘黑校车’”“对事故责任者要严惩”等。校车安全是一个复杂的系统工程，涉及教育、学校、交通、公安、财政以及质检等多个部门，而且这些部门之间不存在隶属关系。所以，必须有一个统一的肯定、明确而又权衡各方面关系、具有普遍约束力的公共规则从根本上规范校车管理和解决校车事故。这个公共规则不是某一个部门或学校的政策规定，而是体现公众意志、反映公众对校车安全需求的法律。在这样的背景下，为了保障学生的人身安全，防止意外事故的发生，制定并出台了校车安全管理的专门法规，建立起有法律约束力的切实可行的校车安全管理制度，保障学生上下学集体乘车安全势在必行。

2011 年 11 月 28 日，国务院总理温家宝在第五次全国妇女儿童工作会议上指出，校车安全问题必须真正纳入法制的轨道，并责成国务院法制办在一个月内制订出校车安全条例。2011 年 12 月 11 日，由国务院法制办牵头起草的《校车安全条例（草案）》（征求意见稿）正式公布，这是我国立法史上从政府提出到出台最为迅速的法律草案。该草案共八章五十九条，明确规定了发展校车服务所需要的财政资金来源，县级以上地方人民政府及政府有关部门履行校车安全管理的职责，学校和校车服务提供单位保障校车安全的责任，校车安全质量技术标准，校车乘车、通行安全及驾驶人的条件，校车运载学生时的特权以及法律责任等。这是到目前为止，我国针对校园安全的专门性问题出台的效力级别最高的法律文件。

从该法规的出台我们也可以看出，校园安全的问题涉及领域非常广泛，因此涉及的行政部门利益关系复杂，并非单一教育行政部门可以解决的。这也为将来我国出台专门性校园安全立法指明方向，要想出台一部真正全面规范校园安全的立法，仅仅局限于教育部的部门规章还不够，应当出台至少由国家政府牵头的行政法规。

3.《中小学幼儿园安全防范工作规范（试行）》

2015 年 3 月 16 日，为进一步加强中小学、幼儿园安全管理工作，有效防范各类涉校案件和暴恐袭击事件，保障师生生命财产安全，教育部、公安部联合发布了《中小学幼儿园安全防范工作规范（试行）》（以下简称《工作规范》）。《工作规范》可以说对中小学幼儿园如何做好学校安全风险防范提出了具体的操作标准，即具体描述了学校日常安全工作应当达到的标准。

《工作规范》主要从学校安全建设的三大核心要素入手，分别规范了学校安全的人防建设、物防建设和技防建设。其中，人防建设的规范要求包括学校安全管理机构的设置，安全保卫人员的管理，学校保安员配备标准，保安员、门卫、安全保卫人员的职责，门卫管理，重点巡查、寄宿制学校安保管理等。物防建设的规范要求主要包括学校围墙高度、门卫防卫性器械即报警通信设备、周边道路交通设施设置规范、安装防盗安全门及金属防护窗等防护设施的标准、亮化率、消防设施及警示标志的设置。技防建设的规范要求包括设置视频图像采集装置，一键式紧急报警装置，公安机关监控和报警平台，电子巡查装置及其他技术防范措施。

《工作规范》可以说是一部体现了现代信息技术社会下对学校安全管理的新要求，同时，它在一定程度上体现了国家对学校安全管理的标准化建设，保证了学校安全治理的可操作性。

4.《关于加强中小学幼儿园安全风险防控体系建设的意见》

2017 年 4 月 28 日，由教育部代拟形成的《关于加强中小学幼儿园安全风险防控体系建设的意见》（以下简称《意见》），经国务院常务会审议通过后正式发布。该《意见》在公开发布的起草背景中指出，目前我国中小学在校园安全实践中还存在着一些问题，如安全教育与预防应对机制不够全面、科学；管理体系不够健全、完善，没有形成合力；处置机制不系统、不全面，各方责任不明确，一旦发生事故，学校往往承担过重的或者不应承担的责任等，造成学校安全压力过大，甚至因为安全问题因噎废食，影响正常教育教学活动的开展，有的甚至取消了体育课中有风险的教学项目，减少了校外活动。所以，安全问题仍是基层教育部门、学校面临的难点问题，也是人民群众和媒体舆论最为关注的教育热点问题之一。为保护学生人身安全和健康成长，切实为学校开展正常教育教学活动松绑，按照中央深化改革领导小组的工作部署，国务院办公厅发布了该《意见》。

《意见》将学校安全管理工作纳入了国家风险防控体系，对中小学、幼儿园安全风险防控体系进行了全面的顶层设计和系统的制度整合、机制创新，目的是加快形成党委领导、政府负责、社会协同、公众参与、法治保障，科学系统、全面规范、职责明确的学校安全风险预防、管控与处置体系。与我国以往学校安全政策文件相比，《意见》的发布机构明显升级，尽管是针对教育领域的学校安全的规范，但并不是以往单一由教育部门发布，而是由国务院办公厅发布，体现了国家对校园安全工作的重视程度，也再一次说明学校安全工作的纷繁复杂，需要由政府统筹治理。

从具体内容来看，该《意见》明确了对学校安全风险的预防能力、管控能力和化解能力的具体要求。首先，创新制度，全面提高对学校安全风险的预防能力。具体要求：一是提高安全意识，将安全教育全面纳入国民教育体系，健全学校安全教育机制，鼓励各部门和社会相关方面积极参与，提高针对性和实效性，使安全常识成为学生必备知识。二是完善安全标准，逐步形成有关学校安全的国家标准体系，建立专项认证及采信推广机制，切实提高与学生安全相关产品的质量。三是在总结校园周边综合治理工作经验的基础上，提出探索建立学生安全区域制度，使相关法律规范的落实更为明确、形象。四是健全学校安全预警和风险评估制度，建立动态监测和数据收集、分析机制，推动风险预防的科学化。五是推动建立安全风险防控的专业服务机制，鼓励引入社会化、专业化力量，提高中小学预防安全风险的能力和水平。

其次，落实责任，着力提高对学校安全风险的管控能力。《意见》进一步明确和落实学校安全各相关主体的责任。提出学校要明确安全是办学的底线，切实承担起校内安全管理的主体责任；要为学校配备必要的安全保卫力量；在学校建设规划、选址，校舍建设、安全设施设备配置等方面要严格执行相关标准，建设安全的校园环境；要进一步健全警校合作机制，逐步建立校园安全网上巡查系统等；与学校安全相关的各个部门要切实履行职责，健全职责体系；要形成广泛参与的学生安全保护网络。

最后，贯彻法治思维，突出以法治方式健全学校安全事故处理和风险化解机制。《意见》要求健全学校安全事故应对机制，完善处理预案，及时妥善处理并回应社会关切。要求健全事故的责任追究和处理制度，既依法严肃追责，对学校无责任的，又要澄清事实、及时说明，避免由学校承担不应承担的责任，引导通过法治途径和方式处理事故纠纷。对围堵校园、殴打侮辱教师、干扰学校正常教育教学秩序等“校闹”行为，公安机关要及时坚决予以制止。《意见》要求利用现代保险制度，建立多元化的事故风险分担机制，在中小学推广建立法律顾问制度，探索建立学生伤害事故的人民调解机制，积极构建保障学校依法处理安全事故的支持体系。

5. 关于防治中小学校园欺凌的政策规范

近年来，我国中小学校园欺凌现象频发，已出现多起极端校园欺凌事件，严重影响到学校正常的办学秩序和学生个体的身心健康。“北京中关村二小校园欺凌事件”“陕西榆林市米脂县第三中学恶性杀人事件”……校园欺凌问题一次次引起全社会的广泛关注。2016 年起，国家接连发布针对校园欺凌防治的政策文件，一方面体现了国家对校园安全的重视，另一方面也表明了校园欺凌问题的严重性以及防治的迫切性。

2016 年 5 月，国务院教育督导委员会办公室发布《关于开展校园欺凌专项治理的通知》（国教督办函〔2016〕22 号），要求各地对校园欺凌进行专项治理，这是首次从国家层面提出对校园欺凌治理的要求。通知将校园欺凌界定为“发生在学生之间蓄意或恶意通过肢体、语言及网络等手段，实施欺负、侮辱造成伤害的”行为。

2016 年 11 月，教育部、中央综治办、最高人民法院、最高人民检察院、公安部、民政部、司法部、共青团中央、全国妇联等中央九部门联合发布了《关于防治中小学生欺凌和暴力的指导意见》，这一指导意见主要是在现行法律与政策框架内对校园欺凌的防治提出了更加具体的要求，并采用了“学生欺凌”这一更为准确的提法。

2017 年 4 月，国务院办公厅发布《关于加强中小学幼儿园安全风险防控体系建设的意见》（国办发〔2017〕35号），在“健全学校安全风险管控机制”中明确提出要构建防控学生欺凌和暴力行为的有效机制。

2017年11月，教育部、中央社会管理综合治理委员会、最高人民法院、最高人民检察院、公安部、民政部、司法部、人力资源和社会保障部等十一部门联合印发《加强中小学生欺凌综合治理方案》的通知（教督〔2017〕10号），重新界定了校园欺凌：“中小学生欺凌是发生在校园（包括中小学校和中等职业学校）内外、学生之间，一方（个体或群体）单次或多次蓄意或恶意通过肢体、语言及网络等手段实施欺负、侮辱，造成另一方（个体或群体）身体伤害、财产损失或精神损害等的事件。”

从以上内容可以看出，短时期内国家连续针对校园欺凌的防治提出要求，一方面体现了国家对校园安全的重视，另一方面也表明了校园欺凌问题的严重性以及防治的迫切性。

二、地方层面学校安全立法现状

从地方立法层面来看，我国目前有天津、辽宁、云南、宁波、黑龙江、深圳等十余个省市制定了学校安全方面的立法（见表2-2）。从条例名称和内容上来看，既有对学校安全全面性的规范，如《天津市学校安全条例》《黑龙江省学校安全条例》《云南省学校安全条例》等，也有专门针对学校安全的某一方面进行规范，如专门针对学校伤害事故处理的《上海市中小学校学生伤害事故处理条例》《杭州市中小学校学生伤害事故处理条例》，专门针对校园校舍保护的《吉林省校园、校舍保护管理条例》，专门针对校园周边治理的《陕西省学校校园周边环境管理规定》《贵阳市校园及周边治安防控和其他安全管理办法》等。从地方立法的效力级别上来看，以地方人民代表大会常务委员会通过的居多，即为地方性法规。也有个别是由地方政府出台，以地方政府规章的形式颁布，如《河北省学校安全管理规定》《广州市学校安全管理规定》。此外，不具立法效力的红头文件较多，主要是各部委和地方政府的“意见”和“通知”，这些文件虽有一定的政策性和时效性，但缺乏规范性和稳定性，不能提供长效制度保障。

表 2–2　地方层面学校安全主要相关立法

序号	名称	颁布机关	发布及实施日期	效力级别
1	山东省学校安全条例	山东省人大常委会	［2018.11.30 发布］ ［2019.01.01 实施］	地方性法规
2	天津市学校安全条例	天津市人民代表大会常务委员会	［2015.07.24 发布］ ［2015.09.01 实施］	地方性法规
3	黑龙江省学校安全条例	黑龙江省人民代表大会常务委员会	［2010.12.17 发布］ ［2011.03.01 实施］	地方性法规
4	云南省学校安全条例	云南省人民代表大会常务委员会	［2007.11.29 发布］ ［2008.03.01 实施］	地方性法规
5	四川省学校安全管理办法	四川省人民政府	［2007.05.30 发布］ ［2007.05.30 实施］	地方性政府规章
6	辽宁省学校安全条例	辽宁省人民代表大会常务委员会	［2006.05.26 发布］ ［2006.08.01 实施］	地方性法规
7	河北省学校安全管理规定	河北省人民政府	［2010.11.16 发布］ ［2010.12.10 实施］	地方政府规章
8	深圳市学校安全管理条例（2014 修正）	深圳市人民代表大会常务委员会	［2014.12.31 发布］ ［2014.12.31 实施］	地方性法规
9	武汉市中小学校安全条例	武汉市人民代表大会常务委员会	［2011.08.28 发布］ ［2011.10.01 实施］	地方性法规
10	邯郸市学校安全管理条例	邯郸市人民代表大会常务委员会	［2010.12.01 发布］ ［2011.01.01 实施］	地方性法规
11	福州市中小学校学生安全防范和伤害事故处理条例	福州市人民代表大会常务委员会	［2007.04.20 发布］ ［2007.05.01 实施］	地方性法规
12	宁波市学校安全条例	宁波市人民代表大会常务委员会	［2003.11.24 发布］ ［2004.01.01 实施］	地方性法规
13	广州市学校安全管理规定（试行）	广州市人民政府	［2012.03.07 发布］ ［2012.04.01 实施］	地方性政府规章
14	上海市中小学校学生伤害事故处理条例（2011 修正）	上海市人民代表大会常务委员会	［2011.11.17 发布］ ［2001.09.01 实施］	地方性法规

续表

序号	名称	颁布机关	发布及实施日期	效力级别
15	湖南省学校学生人身伤害事故预防和处理条例	湖南省人民代表大会常务委员会	[2018.03.31 发布] [2018.07.01 实施]	地方性法规
16	吉林省校园、校舍保护管理条例（2004 修订）	吉林省人民代表大会常务委员会	[2004.06.18 发布] [1985.12.19 实施]	地方性法规
17	杭州市中小学校学生伤害事故处理条例	杭州市人民代表大会常务委员会	[2002.12.20 发布] [2003.02.01 实施]	地方性法规
18	陕西省学校校园周边环境管理规定	陕西省人民政府	[2001.08.08 发布] [2001.09.01 实施]	地方性政府规章
19	贵阳市校园及周边治安防控和其他安全管理办法	贵阳市人民政府	[2012.05.25 发布] [2012.07.01 实施]	地方性政府规章

从地方安全立法的内容体系来看，大多参照了教育部等十部委的《中小学幼儿园安全管理办法》的内容，主要包括总则、政府及行政部门的安全管理职责，学校的安全管理，安全事故处理，法律责任等。地方立法有其从属性、区域性限制，各地规定也呈现出不完全统一的现象。

三、我国学校安全立法存在的问题

国家及地方关于校园安全的立法在理论和实践层面都产生了影响，一定程度上对学校安全风险防范和事故处理提供了法律依据。但是，在法律制度和实践层面的明显进展并没有从根本上改变学校安全问题所面临的严峻局面，学校仍面临沉重的压力。特别是一旦出现学生安全事故，处理过程的无序与高成本，使学校难以承担。学校安全的职责过于集中在学校，使得安全问题对教育质量、人才培养和素质教育实施的影响不容忽视。从我国目前中央与地方出台的校园安全立法来看，还存在以下问题。

（一）立法体系不完善

立法应讲究系统性和协调性。立法的系统性是指法律规范自成体系，并且各条文、各部分之间相互联系、始终一贯、秩序井然，从而构成一个有机的整体。立法的协调性是立法系统性内涵的一次延伸，其基本含义就是要求立法活动所创制的法律规范在体系上内在逻辑严密一致，内容上统一和谐，关系上协调一致，而不存在矛盾、冲突甚至相互否定的现象。同时，与外部法律环境、其他法律规范也协调一致。目前我国的学校安全法律规范散见于多部法律、法规、规章及相关文件之中，各种零散颁布的有关学校安全的条例、决定、通知和规定等。立法者是多元主体，如教育、公安、卫生、交通、文化、工商、建设等不同部门，“法出多门，各行其是”，相互之间缺少必要衔接，不能形成配套法律体系。由于学校安全立法整体意识不强，缺乏一个立足于全局、整体和宏观、长远的立法统筹规划，法律规范的制定往往只针对现实中亟待解决的问题，存在“头痛医头、脚痛医脚”的弊端，造成立法的临时性、应急性有余，而科学性、条理性和系统性不足，立法中相关规定的变化调整速度过快、稳定性较差。

现代立法论主张，宪法统领之下，立法要有整体意识、要考虑国家的整体利益，不同法律体系之间，内容上各有分工，互相配合。具体的法律体系内部，成员法的内容衔接对应、环环相扣。具体到我国学校安全立法体系来看，目前在法律这一效力层级上，虽有教育法等多部法律涉及学校安全的相关内容，但毕竟不是专门性立法，对学校安全问题的规定比较原则和笼统，缺乏可操作性。在行政法规和部门规章层级上，学校安全的专业性较强，但科学性和严密性相对欠缺。在规范性文件层面上，虽然是我国学校安全规定最多的形式，但多处于应急性，缺乏规范性。

由于国家缺乏统一的学校安全法律，导致在学校安全立法的过程中出现了不太符合立法要求的规定。例如，教育部2002年出台的《学生伤害事故处理办法》，虽然该办法在出台后的相当时期内对指引学校防范和处理学生伤害事故发挥了很大的作用，但是，作为部门规章层级的规范能否规定民事主体的权利和责任却值得反思。该办法受到学界专家所诟病的主要是其对事故责任的认定，根据我国《立法法》的规定，民事权利、义务及责任应当由全国人大及其常委会制定法律来规范，教育部作为主管教育的行政部门，可以为实施行政管理权制定规则，但不应超越其权限范围，其对学生伤害事故的规范应当仅限于对管理，不能规定民事主体之间的责任。在我国司法领域中，法院审理案件所依据的是法律法规，而并不包括规章，规章仅仅是法院审判的参照。所以，教育部对学生伤害事故责任的规定僭越了其应有权限，这种情况直到《侵权责任法》出台，明确规定了教育机构侵权行为的责任认定后，才重新理顺了立法体系的关系。

（二）立法内容比较原则，缺乏可操作性

如前所述，我国法律层面关于校园安全立法的规定，如《义务教育法》和《未成年人保护法》中有关校园安全的内容基本属于典型的号召式、宣示性的内容，其中少有条款直接规定相关部门的具体权利、义务，因此，其在实际运行过程中的法律效果非常有限。而《侵权责任法》第38条、第39条、第40条虽然直接明确规定了学校安全事项，但其内容却主要是从归责原则上明确了校园侵权案件的举证责任，而不是立足于如何去预防、规制学校的安全事故及相关行为，因此，就最高权力机关的立法方面来看，我国的校园安全立法显然还不完善。

法律规范是“能够相对独立地发挥法律调整功能的最小单元”，是通过法律条文表达的，由条件假设和后果归结两项要素构成的具有严密逻辑结构的行为规则。逻辑结构完整、合理的法律规范是法律能够实际发挥作用的有效保障。目前就我国有关校园安全的法律规范来看，其均不同程度地存在着结构不完整的缺陷。许多法律条文在表述上仅为宣示性、号召性的内容，并不具有规范意义上的法律后果，这种缺失法律后果的法律条文在实际执行中对相关的义务主体基本没有约束效力，其最终的结果必将是无法发挥规范的实质效力。由于法律规范中缺少了法律责任的内容使相关行为的义务主体对于其违法的不作为行为无须承担任何法律责任，违法的成本为“零”，导致法律所追求的“应然”的有效性难以转化为其“实然”的有效性，立法追求的目标最终落空。此类缺陷

在各地的地方性立法中更为普遍。[①]

立法的可操作性要求校园安全立法对学校安全所涉及的实际问题（如安全事故责任人，承担责任的原则、范围，违反规定的法律后果等）应作出明确具体的规定，以此来促进相关问题的妥善解决，而非纯粹的理论罗列和宣传说教。缺乏强制性以及具体法律责任和惩罚性措施，使这些法律法规在实施中变成名副其实的“软法”或“宣传资料”。

（三）立法内容已显滞后

随着社会形势的发展变化，学校安全形势也在日益复杂化和多样化。学校安全立法应当随着形势发展变化而变化。首先，一些学校安全立法内容陈旧，没有及时修订或修改。从我国目前的学校安全立法体系来看，一些规定还是20世纪八九十年代制定的，规定的内容陈旧，远远落后于形势发展和实际工作的需要。例如，我国现行的《学校卫生工作条例》（以下简称《条例》）是1990年经国务院批准，国家教委、卫生部发布实施的，距今已有20余年。其间，伴随着社会的发展和改革深入，《条例》中学校卫生工作的内容、管理方式等都发生了很大的变化，原有的学校卫生标准已经不能适应现在学校卫生安全管理工作的现实需求。

其次，在学校安全管理的实践中，形成了新的形势，产生了新的问题。例如，随着现代科学技术和社会分工专业化的发展，学校安全的专业性日益凸显。而学校在预防和处理事故方面，往往缺乏专业化的指导和支持。学校安全问题也在不断发展变化，有关教师侵权行为、教师权利被侵权的行为，以及学生之间的欺凌和伤害等，正在一些地方成为学校安全问题的新趋势。

最后，学生伤害事故的处理，学校安全事故的责任认定和事故处理缺乏便捷、权威的机制，多数时候仍是学校与受伤害学生或者家长直接协商、谈判的方式，司法途径虽然渠道畅通，但是通常不被家长所采用，或者难以有效地发挥作用。学校安全事故所带来的赔偿经费，仍缺乏稳定的来源渠道和明确标准，

---

① 李昕：《论校园安全保障的制度现状与立法完善》，载《首都师范大学学报（社会科学版）》2011年第3期。

或者能够支付的数额难以满足当事人的要求，造成处理和协商的难度大大增加。这些新形势和新问题都给学校安全立法提出了新的要求。

（四）法律效力层级比较低

目前我国的学校安全立法主要集中于规章及规范性文件层面。在法律效力层级，我国尚未存在有关学校安全事项的专门立法。虽然涉及校园安全的相关法律有《义务教育法》《未成年人保护法》《侵权责任法》等，但《义务教育法》和《未成年人保护法》的规定多为宣示性条款，并未直接体现为具体的权利、义务，因此，不具有规范意义上的法律效果，而《侵权责任法》第 38 条、第 39 条、第 40 条虽直接涉及学校安全事项，但因立法目的的不同，该法侧重于从结果意义上明确界定责任归属的原则，而不是立足于行为意义去规制学校的安全义务。由于《侵权责任法》采用客观化的未尽“教育、管理职责”作为认定学校过错的标准，但又未对学校的“教育、管理职责”给予具体与明确化，因此，为今后立法以规范的形式明确学校的“教育、管理职责”提出了必要性，也提供了立法空间和余地。

在行政法规这一位阶，有关学校安全的规范仅有针对校车管理的《校车安全条例》，而并没有规范整体学校安全的行政法规。缺乏一个统一的、具有规范效力并且效力等级高的有关学校安全的行政法规，出现了该规范体系上的层级断代。部门规章中直接涉及学校安全的重要规范有《中小学幼儿园安全管理办法》《学生伤害事故处理办法》，但存在内容过于笼统、粗略，效力等级低等不足。此外，不具有立法效力的其他红头文件较多，主要表现为各个部委和地方政府的“意见”和“通知”，这些文件具有一定政策性、时效性，但缺乏规范性、稳定性，而且属于规范性文件，效力级别很低。

第二节　学校安全立法之域外经验

任何一部法律的出台，都是社会发展到一定阶段的产物。伴随着校园安全问题日益成为全球性焦点问题，世界各国均重视通过立法来降低校园安全风险。

一、美国学校安全立法

美国是最早开始注意对校园安全进行研究的国家，从美国多年来校园安全发展的状况来看，我们可以清晰地看到自20世纪90年代中期开始，美国的校园安全情况开始逐步完善，这在很大程度上得益于美国制定了完善的学校安全法律法规及相关政策法规的有效执行。

美国历届政府一直把建设安全校园作为国家教育的重要战略目标之一，特别是从20世纪90年代以来，美国国会政府通过颁布一系列的学校安全立法来加强对学校安全的治理。1990年美国国会通过了《校园安全法》。该法对学校在校园安全方面进行了详细的规范，还将校园警察制度通过立法的方式正式予以确认。除了联邦立法外，为了更有针对性地加强校园安全，美国一些州也颁布了自己的法律法规。比如，纽约州颁布了《校园禁枪法令》《拯救计划》等校园安全法案。1994年由国会批准，克林顿总统签署了《美国2000年教育目标》（The Goals 2000：Education America Act），其中第七项目标即是“安全的学校”，明确“到2000年，美国的每一所学校将不再受暴力的干扰，而是一个有纪律并适合学习的环境”。1994年美国颁布的《学校安全法案》（Safe Schools Act of 1994）是专门为实现这项目标而制定的法律，这也是联邦第一次拨专款用于地方学区以帮助学区实现更为安全的联邦计划。同年，美国国会还出台了一系列有关学校安全的法案，如《安全、无毒品的学校和社区法案》《学校禁枪法案》等，这些法律法规在政策层面上保证了学校的安全。

2000年，美国教育部制定了《保护我们的孩子：行动指南》（Safeguarding Our Children：An Action Guide），这份指南为学校提供了减少校园暴力的具体实际操作步骤，强调了预防校园暴力产生的三个层次，即通过预防、针对性早期干预、个别强化服务来解决校园安全问题。指南还强调了战略规划、能力建设、综合治理、团队作业和社区参与在学校走向成功过程中的重要性。2005年美国司法部资助了《整合执法为学校安全：密尔沃基倡议》。[①] 该倡议呼吁学校要加强同学

① 李继刚、李学莲：《校园安全的立法保障研究——国外的经验与我国的选择》，载《教学与管理》2014年第1期。

校安全组织之间的协作与沟通，并应当做好规划和制定学校安全方面的政策以及实施的战略。此外，该倡议还给出了许多详细而具体的可行性措施，如尽量减少或避免将学校大门面向广阔道路；在学校周边增加警力，加大巡逻力度；针对学校周边地区的具体问题进行专项治理，尤其是针对帮派活动等。在国家立法的带动下，美国各州及地方政府也制定了各自的学校安全法，为学校安全提供了最大限度的保障。

2001年发生的“9·11事件”给学校的公共安全部门敲响了警钟。在价值和文化等多元观念的冲击下，美国的学校安全不时地受到外界环境的影响，为此美国学校安全保护的重点更加倾向于排除外部环境对学校安全带来的不良影响。2001年，布什总统签署了“不让一个孩子掉队法案”（no child left behind act），该法案要求学区对学校暴力事件做详细统计，并将结果公之于众。奥巴马政府时期延续了该项法案的内容，继续实行学校安全的年度公告制度，保证学生的知情权。与此同时，学校的校园警察机构加强安保服务，一天24小时运营，负责为学校的教育社区提供警察和安全服务。学校的公共安全部门与当地的警察机构、地方法律执行机构等保持密切联系，共享危险信息。另外，一些非政府组织、社区组织、私人组织等开始进入学校危机管理的组织架构，实行横向联动。国土安全部（DHS）将美国红十字会（ARC）和全国抗灾积极分子志愿者组织（NVOAD）等非政府组织纳入公共安全管理体系，它们的管理职能首次被写入《国家应对预案》（NRP）里。联邦教育部也将这些非政府组织列入危机管理资源库，并向各个学校推荐。美国学校安全的治理模式越来越趋向于多元化、共同治理的模式。

可以说，美国的学校安全法律非常全面，几乎覆盖了学生生活的各个方面，如经费的发放与申请的程序、对学校暴力预防工作的评估、各项措施的法律程序等。学校安全的每一个法案都会附有拨款的数额，经费的申请条件、实行专款专用和相关经费应用的限制等。这些不同时期的立法针对不同阶段出现的校园安全问题和校园安全隐患进行了法律上的规范，使学校的安全治理成为一项稳定的长效机制。美国的立法者和政策制定者始终认为，保障学校安全是一个系统工程，为学生创造一个安全的学习和生活环境不仅仅是学校的责任，还需要司法部门、教育部门、社区组织、非政府组织、社会媒体，以及学生家长等共同参与和支持。

二、英国学校安全立法

英国是最早关注并致力于校园安全问题的国家之一，在维护校园安全方面有很多成功的经验值得借鉴。英国作为普通法系的典型代表国家，受判例法传统的影响非常深刻，因而在校园安全管理方面的成文法不像美国那么发达，但近年来针对校园安全日益严峻的形势，已经加大了校园安全立法力度。

英国的学校安全立法重视明确校园安全事故责任。英国早在1974年《职业健康和安全法案》中就通过立法对校园健康与安全责任作了规定，该法案中基于“谁产生风险，谁管理”的原则，明确规定教育雇主负有主要义务。此后，英国在1999年颁布实施的《职业健康安全管理条例》进一步明确了教育雇员在确保学校安全方面应负的义务。除此之外，英国在20世纪八九十年代还相继颁布实施了《健康安全（急救）条例》《环境保护法》和《校园药品管理》等法律法规，详细规定了校园可能的突发安全事件如食物中毒、大面积环境污染等事项的责任。

英国校园安全立法中重视安全事故的事前预防工作。在校园安全事故的防范中，英国向来极为重视预防工作的作用并通过立法使预防工作制度化、规范化。通常来说，预防工作包括预期评估、预防和准备等步骤。如根据英国于1999年颁布实施的《职业健康安全管理条例》，教育雇主必须对学校组织的所有活动的风险进行评估，并把防范这些风险的具体措施告诉员工，以备员工能在风险发生时正确应对。教育雇主对校园环境及学校活动中潜在风险的评估能最大限度地减少意外事故发生的概率，将学校内潜在的风险降到最低。

为消除校园暴力，英国议会于2007年颁布了《教育和检查法》，扩大了校方对违规学生的惩处权限。此外，英国的所有学校都已纳入警力的保护范围，政府为每所学校配备有若干名荷枪实弹的警察，他们负责校内及其周边区域公交运输线路的巡逻。英国还成立了一些校园安全组织，向社会各界宣传校园安全的概念，呼吁社会关注校园安全问题。例如，成立于1995年的学校安全工作小组，职责是以发布工作报告的形式定期公布维护校园安全的措施，鼓励地方教育机构开展安全管理创新，并且提供专项基金督促学校实施全方位的安全教育。

三、日本学校安全立法

日本历来因社会治安状况好，刑事犯罪率低而被誉为世界上最安全的国家之一，但是其校园安全也是一个令许多教育工作者和管理部门深感不安并试图通过立法加以解决的问题。日本国会于 1959 年 12 月审议并通过了《学校安全协会法》，将学校安全分为安全教育和安全管理两大部分，要求各个学校都必须制定安全管理条例，向学生讲解有关安全常识和技能，防患于未然。随后又相继颁布或修订了《体育振兴法》《学校保健法》和《学校饮食供给法》，并在此基础上初步建立了以体育、保健和饮食供给为主要内容的校园安全体系。

日本经历过两次大规模的与学校安全相关的立法运动。第一次立法运动主要是针对学校安全事故的救济问题，1977 年制定并公布了以无过错责任为主的《学校事故损害赔偿法》纲要案和以国家为赔偿主体、国家支付主要赔偿金的《学校灾害补偿法》纲要案。第二次立法运动以防范为主，2004 年制定并公布了《日本学校安全法》纲要案。2001 年 6 月，震惊全国的池田小学惨案，促使日本社会再次深刻反省校园安全管理方面存在的漏洞。2003 年，文部科学省（相当于我国的教育部）公布的《合意书》除了向受害者家属表示深切歉意、承担赔偿责任之外，最重要的是提出了为防止悲剧再次发生所采取的安全对策。例如，在学校、幼儿园等少年儿童集中的地方，设置“警察巡逻区”并设立标志牌，向学校派遣警备人员，在校园内设置录像监控系统，强化小学生集体上学措施，设立“儿童报警 110”救助电话，呼吁地方志愿者团体协助校园安保等。之后，日本教育法学会提出了《学校安全法》草案，并在 2006 年公布了修订后的第二稿，内容包括规定国家、政府、地方公共团体有制定学校安全最低基准的义务；学校的设置者及学校本身有保障学生人身安全责任；国家级的学校安全政策和基本计划制订、公布的程序；政府须为每所学校配备具有专业知识的安全职员，由国家承担财政开支；设立“日本学校安全中心”这一具有第三方性质的救济组织，对事故原因进行调查，对纠纷进行判断和裁决。这些具体、翔实的规定为日本校园安全管理提供了充分的法律基础。

除了中央立法之外，日本各地区还在不违背中央立法的基础上根据各地的实际情况制定了数量众多的、灵活的地方性法规作为中央立法的补充，如东京地区就结合本地特点制定了《报告处理伤害事故纲要》《学校防灾指南》等地方性法规。目前，日本涉及学校安全的法律法规共有30余部，并且还在根据情况不断增加和修订。[①] 另外，日本各学校也在总结经验的基础上形成了一套处理和防范学生人身伤害事故的行之有效的规章制度。至此，在校园安全立法方面，日本已形成了一套上至国家的法律、法规，再至地方有关机关的地方法规，下至学校的规章制度，效力上高低错落、内容上相互衔接的完备而具体的法规体系，为校园安全事故的正确和有效预防提供了充分的法律依据。

四、法国学校安全立法

法国并没有颁布一部专门以学校安全命名法律，靠的是各部门多管齐下，全方位协同构建校园安全防范系统。有关学校安全的法律条款基本上分布在《教育法典》《民法典》《刑法典》以及《社团法》等有关条款当中，散落在其他法典当中的相关法条，又被《教育法典》转引。[②] 同时，还有大量涉及公共建筑、公安消防、防灾减灾、公共卫生、公共交通等领域的行政法规来约束学校安全管理的各个方面，确定具体实施主体、责任和标准。

法国教育部在官网上提供了学校安全指导手册供免费下载。该手册非常具体地规定了学校日常管理当中的卫生、安全（消防、防灾、传染病）的实施细则，对每一项工作都提出了操作办法和执行标准。随着西方国家安保局势越来越严峻，法国自2001年以来，多次制订并修改学校应急预案，但是法国的学校也未能幸免于恐怖活动。自2009年以来，更是大力加强了学校安保的建设，特别是学校及其周边环境的安全隐患诊断，以及对学校应急预案的更新。根据法国教

---

① 顾蕾:《日本的学校安全机制》，载《北京教育（高教）》2013年第10期。

② 高如峰:《简论法国的教育法制》，载《教育研究》1996年第12期。

育部网站2010年更新的《校园安全诊断指导手册》[①]，法国把校园安全检查分为学校自查、检查组检查两部分，自查主要涉及的方面包括学校地理位置、当地安全级别、学生数和班级数、开放时间、教职员工人数、旷课和校园安全事件跟踪、校园安全事件统计、发生地点情境分析、内部组织和规章、合作方组织、严重校园安全事件统计；检查组由警察、宪兵以及教育部专家组成，涉及的方面有学校外部环境、周边、正面、屋顶、学校建筑的水电热力管线、家具、内外安防设施、内外技防手段。在学校自查和教育行政主管部门的学督—专家组评估之后，会给出相应的诊断意见，提出改善建议。所有学校必须制订突发事件应急预案（PPMS），如果地方政府已经制订应急预案，学校应急预案作为政府应急预案的一章。预案制订后，交由律师委员会审查无误后，经学校管理委员会通过。预案每年更新一次，提供最新人数、任务等信息。

从学校卫生安全督查，到法国的学校管理人员的指导手册，学校应急预案的制订，再到公职领域的各种行业标准，还有法国学校管理人员定期接受的安全培训，所有这些都体现出了教育体系背后有一支强大的法律实践团队，为法国的教育体系提供了从法律角度出发的实践指导、培训和监督，使得法国的学校管理团队只需遵照和服从学区行政管理的指令，按照具体操作的指导手册，做好各项工作，从宏观上大大减轻了管理团队在具体事务中的纠缠和困扰。

总之，法国学校安全处于全国性应急预案、公共安全法规、消防安全法规、劳动安全法规、教育法规、卫生法规等多重体系的交界点，长久以来形成了一套成熟的危机调处机制和应急预案。对于学校内部发生的公共卫生事件、学生安全事故等，有着丰富的处理经验。在司法层面上，国家和地方政府两个法人身份为学校分担了许多法律责任，在赔偿问题上，全民社会保险（医疗、民事责任）为解决经济纠纷奠定了良好的基础。因此，在一般事件中，法律责任明确、经济赔偿到位，会大大稳定社会情绪，将矛盾进行合理的调处，加上媒体的介入和社会团体的帮助，往往会在较大危机面前第一时间形成社会调解对话机制，避免矛盾激化，走向极端。

---

① 《校园安全诊断指导手册》，http://cache.media.eduscol.education.fr/file/Action_sanitaire_et_sociale/55/8/guide_diagnostic_securite_119558.pdf，最后访问时间：2016年5月18日。

五、域外学校安全立法的特点及启示

通过以上域外学校安全立法的介绍，我们可以发现，重视校园安全的立法保障已经成为全球各国防控校园安全风险的主要方式。从立法内容来看，国外学校安全立法具有以下特点，可以给我们的校园安全立法带来一定启示。

首先，注重校园安全风险评估和应急管理工作。由于国情和管理模式的差异，使得国外面临更多的风险和不安全因素。注重防范，强调预防，是国外校园安全管理工作的一个特点。美国学者 W. Scott Lewis 在《行为干预和威胁评估：预防暴力的最佳方案》一文中指出："校园威胁评估必须根据处于危险中的师生信息数据质量来定义和履行。良好的情报允许我们不把威胁评估作为惯常的、粗略的反应过程，而将其定义为一种精练的、熟识的、前瞻性的、理想化的预防机制。只要操作正确，我们确实可以在校园暴力发生前做出行动，走出困境。" Breet A. Sokolow 在《如何对大学校园进行威胁评估》中对校园威胁评估的具体内容进行了细致入微的分析，这些内容包括："可能的威胁制造者所处位置、移动工具、住校地址、家庭地址、父母及家庭情况，来自院系的情况，来自室友、队友、社团组织成员的看法……" 另外随着近些年校园暴力事件频发，国外不少学校都制订了学校应急管理规划，类似于国内学校的应急预案，一旦学校发生突发事件可以根据应急管理规划启动相应的应急程序。

其次，校园安全治理的全民参与。域外很多国家立法中都规定了不同主体在校园安全治理中的具体职责。如美国的校园警察职责，在美国，应聘校园警察必须取得公务员资格，同时在录用前，应聘者还必须到警察培训中心接受固定期限的培训，凡是培训考试不合格的，不能录用。即使在录用之后成为在职警察，也必须要结合高校的实际变化，每年到警察培训中心接受专业培训。整体来看，美国对校园警察的素质要求很高，知识更新和培训考试是其工作常态，凡是不能达到工作要求的都将被淘汰。而即使是校园警察之外的校园安全管理队伍，也通常被要求有本科以上学历，同时也必须接受职业培训，获得安全保卫工作资格才能应聘上岗。一些国家的法律甚至明确规定了全民保护学生的防范体系，比如学校附近的商户必须在商店的醒目位置张贴特殊标识，一旦有学生受到侵害，可以立即进入商户寻求保护，而商户不能拒绝，否则要承担法律责任。另外，美国的“大学校园警察服务志愿者项目”提出“让社区协助校园安全”，执法机构可以招募“愿意奉献自己的时间和技能的公民参加这个志愿者项目，以获得支持和资源”，大学校园志愿者可以参与“安全巡逻、校园护送服务、应急服务、援助受害人、社区扩大服务、预防犯罪”等各类活动。

最后，突出安全技术防范建设。国外大多数学校占地面积很大，同时学校没有围墙，个别学校也只修建与社会隔离的矮墙。校园内的道路属于社会公共道路，社会车辆和社会人员进入学校不受控制。学校安全管理部门除了通过加强巡逻控制校园安全外，大都充分依靠科技防范手段建立综合安全防范体系，这一体系融合了防火防盗、交通安全、电子报警、视频监控等多种功能。以德国为例，在德国校园内被要求必须安装报警系统，同时这一系统要覆盖校园内的所有角落，一旦发生警情，每位老师都可以通过手机激活报警系统，随即在校园内发出报警信号，从而有效地实施预警。这一方面有效地实现了对校园的安全管理，减少了各类案件的发生，保障了师生的安全，效果显著；另一方面也提高了工作效率，弥补了校园警力不足的现状。

第三节　学校安全立法的规制内容

自20世纪90年代开始，我国的校园安全已成为社会关注的焦点。人们普遍认同，在制度层面上完善各种学校突发事件应对机制，特别是制定一部专门的法律，是解决这一问题的根本出路。在1999年的全国人大会议上，便有代表联名提案制定《校园安全法》，并不断获得广泛响应。2005年，教育部在“对全国人大十届三次会议第5061号建议的回复”中明确指出，校园安全问题已经成为困扰学校和教育行政部门的一个难题，将尽量争取能先行推动将校园安全问题纳入国务院的行政法规立法计划。[①]2012年国务院将《校园安全条例》作为“需

① 《〈校园安全法〉10年难产》，http://finance.ifeng.com/roll/20100506/2151248.shtml，最后访问时间：2016年3月2日。

要积极研究论证”的立法类列入《国务院2012年立法工作计划》[①]。2015年教育部指出要加快《校园安全条例》立法进程。2016年教育部发布的《依法治教实施纲要（2016—2020年）》中明确提出要在五年间完成《学校安全条例》的起草。

学校安全立法的目标在于通过法律为各种学校安全管理机制的运行提供支撑和保障。学校安全立法的目的主要包括三个层次，最直观的目的是加强学校安全管理。其次是维护学校正常的教育教学秩序。最终是保障学生、教职工的合法权益。从对学校安全问题的定性来看，立法要促进学校安全责任公共化，即要把学校安全作为公共安全的重要内容，放在公共安全体系的整体框架内统筹考虑，要明确政府各有关部门以及家庭、社会等有关各方在校园安全特别是保障学生安全方面的职责。

一、学校安全的立法模式、调整对象与基本原则

（一）立法模式

如果要进行学校安全的立法，需要建立哪个层级的法律制度？实践中比较普遍的观点是立法层次越高越好，希望制定《学校安全法》，从法律层面解决问题。但是，法治实践表明，立法的效果并不完全由其效力层级决定，只要制度设计合理、符合实践需要，低位阶的法律规范同样可以发挥作用。目前，国家立法资源非常有限，制定法律的难度大、周期长，且学校安全问题的全局性、紧迫性与其他立法项目相比并无优势。鉴于现行的部门规章的确在法律效力方面存在缺陷，因此，比较可行的选择是考虑起草行政法规，即《学校安全条例》，这可以在法律制度的原则性和可操作性方面实现较好的统一。[②]

（二）调整对象

校园安全立法所规制的对象是什么，这是目前立法中存在的焦点问题。争

① 《校园安全条例》作为84件需要积极研究论证的项目之一被列入有关保障和改善民生、维护社会和谐稳定的项目中。

② 姚金菊：《我国学校安全立法模式研究》，载《青少年犯罪问题》2016年第2期。

议焦点主要集中于两个方面，首先，立法所规制的学校类型包括哪些？目前从我国地方学校安全立法来看，适用的对象主要分为两类，一类是包含了各级各类学校，即幼儿园、普通中小学校、中等职业学校、技工学校、高等学校和特殊教育学校。另一类是仅包括中小学，即幼儿园、普通中小学校、中等职业学校。所以，目前各地分歧较集中的焦点在于学校安全立法规制的学校类型是否应当包括高等学校。我们认为，虽然高校学生绝大多数已经成年，能够避免一些意外事故的发生，但近年来发生在高校的学校安全事故呈增多的趋势，且盗窃、诈骗、打架斗殴甚至杀人等学校严重安全事件集中于高校，因此，学校安全制度的范围应当包括高校。其次，安全的内涵应当如何划定，是限于学生的人身安全，还是泛指教职工和学生的人身财产安全？我们认为，教职工是学校的重要组成部分，学校安全工作主要依靠教职工去做，为体现以人为本、尊师重教，学校安全理应包含教职工的安全。

（三）基本原则

笔者认为，学校安全立法应当遵循以下基本原则：

一是以人为本原则。学校安全立法最根本的目的是保护学生和教师的人身安全。所以师生本身是立法所要保护的核心主体。在立法规范的过程中要凸显人文关怀理念。我们自古就有对人生命的尊重和热爱的教育，在法律规范中也处处体现了对人生命的呵护与保护。以人为本原则意味着生命权的至高无上。在物权、人格权、财产权、知识产权、生命权等各项权利中，生命权毋庸置疑应该是最为重要的权利，这也是人存在的首要证明，是人进行一切活动，享有一切权利的前提。校园安全所涉及的内容是很繁杂的，但是无论在何种情况下都应该以保护在校学生、教职工的生命安全为第一要务，这是校园安全建设的重点和首要任务。

二是预防为主原则。是指学校的安全管理应以风险控制和事故防范为核心，并将之作为整个学校安全风险规制的基本点和出发点。学校安全管理，需要一种风险预防性、预料性而不是反应性的方法，安全管理理念应实现从“应急”

到“预防”的有效转化。[①]由于事物处在变化中，所以很多安全事件的发生都具有突发性，事先难以预知，只能在事件发生后尽量在最短的时间内把损失降低到最小。如果很多时候都是在扮演“救火队”的角色，这样就使整个校园安全建设和管理显得比较被动，缺少主动性和预见性，无法有效地从根源上制止校园危险事件的发生。所以校园安全建设应该秉承预防为主的原则，通过分析一些危险隐患产生的条件和一些初期表征，消灭那些不安全的因素，从源头上防止校园不安全事件的发生。因此，立法中应注重学校安全防范管理制度的制定和实施，明确规定学校和各有关方面要通过调研，摸清学生易发事故的环节、地点和时段，积极预防、科学预防，同时有针对性地健全安全制度，消除安全隐患，确保学生人身安全。

三是综合治理原则。学校安全风险具有系统性和复杂性，学校安全风险规制涉及学校安全的方方面面，包括了人、财、物等各个层面中与校园有关的内容。比如校园公共财物的维护、校园周边环境的治理、校园网络安全、校园相关产权的保护等。所以校园安全需要全面兼顾，不可偏颇，进行综合治理，才能真正确保校园的安全。维护校园安全，是一项综合性的工作，并不是学校一家所能独自承担的。虽然在这方面，承担主要职责的是教育行政部门和学校，可是如果没有其他部门的配合，仍然不能从根本上解决问题。例如，校园周边环境的整治，就必须由公安、文化、工商、城管等部门来共同解决。因此，保护好学生的安全，需要社会各有关部门齐心协力，共同努力，各司其职，各负其责，真正把校园安全放在重要位置，齐抓共管才能收到实效。

四是合理定责原则。校园安全立法的首要目的是保护学生的安全，同时，我们决不能忽视学校教育工作的目标——使学生在学校中全面健康地成长。近年来，由于学生在校期间参加各项活动受到意外伤害后，被家长告上法庭并索取高额赔偿的案件越来越多，许多学校在工作中就消极地吸取反面教训，从各方面限制学生参加各种活动，尤其是体育活动，尽量不组织学生参加校外活动，对于一些较为激烈的对抗性体育竞赛项目，学校更是避之不及，干脆就从教学

---

① 尹晓敏:《学校全面安全管理：一个运作框架》，载《教育科学》2008年第5期。

计划中抹去。校方明知这样做不利于学生的身心健康和全面发展，但出于安全和责任承担的考虑，仍然做出这种无奈的选择。也许正是这种状况的存在，再加上其他一些原因，导致我国青少年身体素质的现状很不乐观。面对这种局面，我们在校园安全立法中，一方面要严密规范学校的教育教学行为，明确责任，使学校真正重视安全问题，最大限度地减少学生的伤害事故。另一方面，又要在立法中明确界定在学校事故中，学校在何种情况下承担及不承担责任，让学校的领导和教师从事故恐惧感的影响下摆脱出来，在立法上给学校和教师松绑，使他们能够按照国家的教育方针和教学计划进行教学教育活动，全面提高学生素质。

二、构建政府主导的行政治理体制

学校安全作为公共安全的重要组成部分，政府理应发挥自身的公共管理职责，倡导社会的各个部门共同为学生的健康成长营造一个良好的成长和学习的环境。学校安全牵涉到社会方方面面的问题，因此政府需要整合社会各界的力量，调动社会的教育行政部门、司法部门、社区组织以及社会媒体等方面对学校安全管理进行全面的监督和支持，带动学校行业内对学校安全管理的重视，调动各方面参与学校安全管理的积极性和主动性，在社会中形成一个紧密联系的社会网络，共同为学生的成长提供一个安全防御网络。

政府作为公共权力的行使者和公共利益的执行和维护者，应当满足社会公众的需求，明确政府在学校安全立法中的责任和义务，进而在维护校园的安全和稳定中彰显自身的责任和义务。所以，学校安全立法应当明确政府及有关行政部门的职责，保证各主体在“政府主导，各行政部门各负其责”的管理体制下有序开展工作，构建学校安全工作的协同保障体系。具体来说，县级以上人民政府教育行政部门主管本行政区域内的学校安全工作，将其纳入本级国民经济和社会发展规划，对学校安全工作进行监督、检查和指导，并建立工作协调机制，统筹解决学校安全工作中的重大问题。人力资源社会保障、公安、住房城乡建设、卫生、质量技术监督、安全生产监督管理、食品药品监督管理等部门根据各自职责做好学校安全工作。乡镇人民政府、街道办事处作为政府派出机构应当依法履行学校安全工作职责。村民委员会、居民委员会应当协助乡镇人民政府、街道办事处做好学校安全工作。

三、厘清学校内部的安全管理制度和措施

学校安全立法应将学校的教育管理职责具体化，即要依据《侵权责任法》确定的原则，将学校违反过错责任的行为明确化，从而使学校责任的范畴与要求进一步细化，增强法律规范的可操作性和可执行性。具体来说，学校作为校园安全管理的主体，需要其积极制定安全管理制度，将安全管理列入年度考核目标，建立安全工作责任制，并及时落实各项安全管理措施。

建立学校安保与门卫制度。明确学校应当配备专职安保人员、必要的安全防护器材及监控和报警设施。学校应当建立外来人员进出学校的询问登记制度。学校安防设施应当保持正常运转。

建立消防、通道安全管理制度。学校应当依法履行消防安全职责，按照有关要求配备消防设施和器材，设置消防安全标志，并定期组织检验、维修和更换，确保完好有效。学校应当在校内高地、水池、报告厅、楼梯口及其他易发生危险的地方，设置安全警示标志或者防护设施。在容易发生拥挤的通道和时段，学校应当安排专人疏导，防止学生发生拥挤踩踏。

建立饮食卫生安全管理制度。学校提供给学生的食品和饮用水，应当符合国家规定的标准；学校食堂经营者应当依法取得餐饮服务许可，遵守食品安全法律、法规和规章规定，建立食堂物资定点采购和索证、登记制度与饭菜留验和记录制度。提供餐饮服务的人员应当持有健康证。

建立医疗卫生安全管理制度。学校应当按照国家有关规定配备专（兼）职医务人员或者卫生保健教师，购置必需的急救器材和药品，做好学生的医疗卫生安全保护工作，保障对学生常见病的治疗和人身伤害的基本处置。

建立校车安全管理制度。配备校车的学校应当按照《校车安全管理条例》及其他相关规定建立校车安全管理制度，加强对校车的安全维护，定期对校车驾驶人进行安全教育，保障乘坐校车学生的安全；由校车服务提供者提供校车服务的，学校应当与校车服务提供者签订校车安全管理责任书，明确各自的安全

管理责任，落实校车运行安全管理措施。

集体活动安全管理制度。学校组织大型集体活动应当事先告知学生在活动中需要注意的安全事项，确定专人负责安全工作，对活动场地、设施进行安全检查，制订应急预案，并采取必要的防范措施，依法需要批准的，学校应当按照相关规定报批。

安全教育与培训制度。学校应当按照国家课程标准和地方课程设置要求，将安全教育纳入教学计划，针对可能出现的人为伤害和自然灾害开展安全培训，提高安全意识，增强自我防护能力。

四、建立学校安全事故处理流程与风险社会分担机制

（一）建立学校安全事故处理流程

明确学校安全事故处理主要包括事故通知与报告、事故调查、事故解决、责任承担等阶段。发生学校安全事故，学校应当立即启动应急预案，采取必要措施进行处置，防止事故扩大，涉及学生的应及时告知学生监护人。学校应当根据事故性质和程度，按照有关规定将事故情况向学校主管部门和有关部门报告，不得隐瞒、谎报或者拖延不报。

学校应当保护安全事故现场，保全相关证据，及时进行安全事故调查。属于重大安全事故的，学校应当配合有关行政部门开展事故调查和处理工作。学校主要负责人不得在事故处理期间擅离职守。学校发生安全事故，当事人应当配合学校进行事故处理。任何单位和个人都不得阻挠、干涉学校安全事故的依法调查处理，不得侮辱、殴打教职工和学生，不得聚众滋事，不得侵占、损毁学校的教学、生活服务设施和其他财产，不得扰乱学校正常的教育教学秩序。

（二）纠纷解决方式与风险分担

学校安全事故的损害赔偿，当事人可以协商解决，也可以申请有关行政部门或者人民调解组织调解。当事人自愿申请调解的，有关行政部门或者人民调解组织应当受理，并自受理之日起六十日内完成调解工作。经调解，双方当事

人对事故处理达成一致意见的，应当签订调解协议。当事人不愿协商、调解，或者经协商、调解不能达成一致意见的，可以依法向人民法院提起诉讼。

从推动学校安全事故处理机制社会化的角度来看，应从立法角度进一步确立第三方调解机制，使学校安全事故行政责任与民事责任从处理程序和机制上实现分离，学校安全事故的民事责任主要由专门的调解委员会通过调解确定。如果立法明确规定，未经调解或者诉讼，学校不得实施民事赔偿，则可以从制度上阻断家长直接与学校进行交涉、试图以“闹”的方式寻求更多赔偿的动机，减轻学校在处理事件过程中的压力。

从完善学校安全事故赔付机制的角度来看，应当大力推进学校保险机制的全覆盖。学校安全事故类型和原因繁多，学校所面临的安全风险应当也可以通过保险机制由社会有效分担。因此，立法可以在各地有效推行校方责任险的基础上，从法规层面推动设立新的全面覆盖学校各个环节的综合险，借助保险力量分散风险，提高支付能力，转移事后赔偿风险，实现学校事故的民事赔偿责任基本由保险方式承担。

五、构建多主体共同参与的学校安全治理模式

伴随着自然环境和社会风险的复杂性，校园安全事故的发生不是由单一原因或一种现象造成的，它是由多种因素累积下来的结果，是各种原因的综合体。这其中不仅涉及学校与家庭的关系，学校与社会的关系，还涉及学校与学校之间的关系。例如，学校周边是否允许开设旅店是学校与社会之间的关系；学校对于不按时上课的学生应通知学生家长是学校与学生监护人之间的关系；这所学校的学生要转学到另一所学校则是学校与学校之间的关系等。因此，校园安全治理应是多元主体的共同治理。

学校安全立法应当明确不同主体在校园安全治理中的责任与义务。学生应当遵守学校规章制度，自觉接受学校的安全教育和管理，不得危及他人或者自身的安全。对于中小学生来说，多为未成年人，辨别能力和防控能力有限，需要学生的监护人代理或负责。学生的监护人应当履行法定监护责任，加强对学生在日常生活中的安全教育；配合学校做好学生的安全教育和管理。学生有特异

体质、特定疾病或者其他异常生理、心理情况，不宜参加正常教育教学活动的，其监护人应当向学校说明情况。学生患有传染病的，其监护人应当停止学生上课，并向学校报告。学生的监护人发现被监护人有危及他人或者自身安全的情况时，应当予以教育纠正，并及时与学校沟通。学生的监护人可以监督学校安全管理工作，发现学校有安全隐患时，有权向学校提出意见和建议。

除了对学生和学生监护人的责任予以明确外，学校安全立法还应当从预防学校安全事故的策略上，促进实现学校事故预防的专业化和安全责任的分散化，即推动政府、社会及市场力量共建学校安全风险管理体系。包括健全学校安全管理机制，以政府购买服务的方式推行学校安全风险顾问制度，让专业机构（保险公司、法律顾问、安保企业等）参与学校风险防范；允许和推动学校将学校安全的一些重要事项，如校园安保、食堂等环节，通过招标采购方式委托专业公司承担，设立强制保险，适度分散风险。

第三章

校园安全风险的政府规制

政府作为社会安全责任监管的主体，在校园安全中承担着不可推卸的责任和义务。政府规制，主要指政府运用公共权力，通过制定规则，或者通过具体的行动对个人和组织的行为进行限制与调控。本章主要从政府对校园安全风险规制角度来论证政府规制的合法性、合理性。从实体和程序两个层面来分别论述政府在规制校园安全风险时需要履行的主要职责和遵守的程序要求。

第一节　政府规制校园安全风险的合法性与合理性

研究政府规制校园安全的旨趣在于关注政府如何有效实现对校园安全风险控制的行政任务，从政府规制逐渐走向公共治理，探求通过多中心、多主体、多层次的合作治理。校园安全的合作治理有赖于政府内的协同治理体系，有赖于改进政府相关部门行政规制机构的规制能力，改进和提升政府相关行政部门的跨部门协作能力。

一、政府规制校园安全风险的理论基础

在《社会契约论》中卢梭认为，国家的一切权利属于人民，人民通过契约的形式将自己的权利委托给政府，政府代替人民行使管理社会公共事务的权力。在社会契约中，政府与公民之间形成了一种双向的相互控制的关系。一方面公民要服从于政府的管理，另一方面政府要向公民负责。因此，政府作为公共管理的人员，有责任和义务完善国家的法律，保障人民的生命和财产安全，为人民营造一个良好的社会环境。政府对校园安全的责任和义务就源于政府权力的

本源。除此之外，政府规制校园安全风险还源于以下理论。

（一）公共产品理论

公共产品因其“公共性”与社会公众的个体利益相关，是社会公共利益的载体，一个和谐、可持续发展的社会，有赖于公共产品的充分、有效和公平的供给。用公共产品理论分析校园安全治理，可以提供一种新的研究范式，运用超越国家和市场、公共权力和私权力的二元思维，配置校园安全治理中政府、社会、市场的供给地位及配合模式。无论从霍布斯的国家产生理论、洛克的社会契约论中关于国家产生的论述来分析，还是从马克思主义对国家性质和国家职能的分析来看，“国家的根本任务之一，就是要为人民、为社会提供安全保障”。根据经济学理论，社会产品可以分为公共产品和私人产品。萨缪尔森在《公共支出的纯理论》中假定经济中存在两种商品，一种是私人消费商品，另一种是集体消费商品，即公共产品。[①] 公共产品是指每个人消费这种物品不会导致其他人对该种产品消费的减少。公共产品与私人产品之间具有三个显著不同的特征：效用的不可分割性、消费的非竞争性和受益的非排他性。公共产品的特征决定了公共产品的消费不可避免地出现“搭便车”现象，市场对公共产品的供给不足，难以实现全体社会成员的福利的最大化，这就需要由政府提供公共产品。在校园安全风险治理问题中，校园安全属于公共产品。一个消费者对校园安全的消费并不排斥、减少其他消费者对它的消费，因而市场机制不能完全解决校园安全问题。

（二）市场失灵与政府干预理论

市场万能、最小的政府就是最好的政府等固有的资本主义信条已被人们所质疑，与市场万能论、最小政府论相左的市场失灵论和政府干预理论应运而生。市场失灵理论认为，完全竞争的市场是不存在的，因而依靠市场机制解决资源

① Samuelson Paul A，The Pure Theory of Public Expenditure，Review of Economics and Statistics，Apr 1954，pp.387-389.

配置的一切问题是不可行的。由于存在着垄断、外部性，信息的不对称和公共物品，使得市场机制难以解决达到最优资源配置效率。由于市场失灵，要实现资源配置效率的最大化，就必须实行政府的干预。

（三）政府责任理论

政府责任构成了政府与人民之间的一种委托和被委托的关系，政府以及公职人员在整个社会中履行自身的相关职责和义务，也就是法律和社会所要求的责任和义务，同时政府应当履行好自身行政能力的发展，表现出对公共利益的热衷度和忠诚度。在校园安全相关立法中，政府的责任一般表现为政府的政治责任、法律责任以及道德责任三种类型。政府的政治责任是在学校的安全管理中，政府有义务在建设社会体制，完善经济发展以及一系列的社会制度等方面为学校的安全提供一个稳定的环境，为学校的安全提供足够的经费以及制度等方面的支持。政府的法律责任是在学校的安全管理中政府需要不断履行法律所规定的职责与义务，严格执法。政府的道德责任是在学校的安全管理中，政府有责任加强社会的道德建设，开展各种道德建设活动，在社会中营造一种良好的社会道德风尚，同时为学生的成长建立各种心理咨询以及矫治机构，减少社会犯罪的发生。

二、政府规制校园安全风险的合法性

依法行政，或称行政法治，是各国行政法的共同理念或基本原则，其基本含义在于行政机关和其他行政公务组织必须依法行使行政权或从事行政管理活动。在我国，依法行政是建设社会主义法治国家实践中必须完成的基本任务。职权法定是依法行政原则的基本要求之一，其一方面要求法律无明文授权即禁止，行政机关的行为必须有明确的法律授权，另一方面要求“行政机关要坚持法定职责必须为”[①]。行政机关的职权法定一般存在两种情形：一是行政机关组织

① 2014年10月23日中国共产党第十八届中央委员会第四次全体会议通过《中共中央关于全面推进依法治国若干重大问题的决定》。

法规定的职权，由组织法分配或划分行政机关与其他国家机关之间的权限、行政机关相互之间的职权范围；二是单行的法律规定某些事项归某个行政机关管辖。在校园安全问题上，法律不仅规定地方人民政府具有法定职责，而且各个单行法律针对不同管理事项对不同的专门性行政机关的职权进行了规定。例如，根据《地方各级人民代表大会和地方各级人民政府组织法》规定，地方各级人民政府具有管理本行政区域内的教育、科学、文化、卫生、公安等行政工作的职责。《治安管理处罚法》规定，公安机关具有维护社会治安秩序，保障公共安全，保护公民、法人和其他组织的合法权益的职责。《教育法》规定，国务院和省、自治区、直辖市人民政府具有管理高等教育的职责，地方人民政府具有管理中等及中等以下教育的职责。

政府存在的目的和行政活动的核心是通过提供公共产品满足社会公共需要，维护和发展公共利益。教育作为一种全社会共享的公共产品，政府在保障其存在和发展中具有不可推卸的责任，而校园安全作为学校存在和发展的基本条件之一，离开了政府的管理和支持也将难以得到切实的保障。

三、政府规制校园安全风险的合理性

政府具有其他社会主体或学校本身所不具备的各种优势，如行政权力的强制性，利于执行性，能够掌握全面、客观的风险信息等。所以，政府规制校园安全风险具有其合理性。

（一）有利于保障校园安全供给的公平

校园安全作为社会安全的一部分，属于公共产品，政府当然成为校园安全的供给者，是校园安全治理的核心责任主体。政府作为校园安全供给责任主体的优势主要有：政府的强制力可以有效地保障校园安全供给的有效和公平。政府拥有法定的公权力，保障校园安全资金来源、强力维护校园安全秩序，惩罚危害校园安全的各类行为。无论从制度创建、对策研究，还是从技术开发、人员培训等方面，一定程度上可以保障校园安全供给的受众最为广泛。政府的超越性角色，使其在公共领域追求整体利益，成为社会公平的最佳维护者，尤其在资源配置不平等的状态下，政府可以利用其强制力有效地协调资源，合理分配校园安全的供给，以实现社会和谐。国务院在《关于加强中小学幼儿园安全风险防控体系建设的意见》中特别提到校园安全防控的基本原则之一就是坚持统筹协调、综合施策。将校园安全作为公共安全和社会治安综合治理的重要内容，加强组织领导和协调配合，充分发挥政府、学校、家庭、社会各方面作用，运用法律、行政、社会服务、市场机制等各种方式，综合施策、形成合力。社会参与校园安全风险治理主要体现在社会服务团体层面，如援助中心、社区服务中心、家长会、妇女儿童联合会等。政府由起初的生产提供，到现在的责任承担、统筹安排、监督落实。这种方式大大提高了公共产品供给的效率，更重要的是将政府从具体的技术性、专业性实践中解放出来，回归其公共经济的安排者、组织者的身份。

（二）有利于节约校园安全供给的成本

校园安全作为公共产品，政府提供是其经济职能的一部分，同时也与社会经济个体密切相关。公平、有效的校园安全供给能给社会、家庭带来稳定和和谐，同时还会促进家庭、社会的参与；无效的、不均衡的校园安全供给，会加重社会、个体的不安及负担，造成个人对社会和政府的质疑，影响家庭、社会的稳定。政府规制校园安全可以有效统筹规划，节约校园安全供给成本。实践中，校园安全问题一直是政府主导责任下的校长负责制模式，但是因财政支持不足，政府效力低下，地方各级政府对校园安全供给重视不够等，致使校园安全一直处于疲于应对状态。近年来，不断出现的校车安全事故、校园踩踏事故、学生溺水事故、学生中毒事件、校园欺凌事件、校园内外的伤害事件等无不说明校园安全供给存在缺失。为了尽可能地利用有效成本，最大化地实现行政目标，政府可以引导市场及社会组织参与校园安全风险的治理，在合理的激励机制之下，市场参与校园安全风险治理的空间较大、范围较广。例如，通过签订协议、授权等方式，将中小学、幼儿园的安保队伍实施专业化改造，解决学校消防、安防、人防等专业性问题，使学校相关安全保卫防控措施常规化、专业化。虽然校园安全供给的生产和提供进行了分解，但是政府提供校园安全的责任和功能没有动摇，政府是校园安全供给的最基础、最核心的主体。政府通过购买服务等方式激励其他社会主体参与校园安全治理，可以降低政府成本，提高校园安全治理的实效性。

（三）有利于协调校园安全的供给资源

无论从个人基本权利、社会公平正义的角度进行权衡，还是从公共服务提供理论来考量，政府均应该作为教育这一公共产品的主要责任提供者。学校作为教育服务的承载体，作为公共产品，其提供者必须考虑到该产品对其使用者的最基本的安全性。目前我国大部分学校均由政府出资成立，政府作为学校的唯一的或者最大的股东，对学校的发展有绝对的控制权，因此，自然应该对其生产的产品质量负有保证责任。从本质上讲，政府作为学校的生产者，应该保证其产品不会对产品的使用者带来基本权利的侵害。因此政府应承担产品的缺陷责任和瑕疵担保责任。即便不是政府出资的学校，政府作为校园安全公共产品的供给者，也承担着安全学校产品输出的保障责任。安全学校的产品输出，需要一系列保障校园安全的制度、政策和配套措施，主要包括：学校基础设施建设基本标准及落实；学校校医标准、编制、学校医务室设置标准设定和执行；校园安全教育普及、经费预算、专门人员设施落实；学校专业心理辅导人员配置；校园安全预防技术支持体系；学校周边环境分析和监控系统等。政府利用其所享有的丰富资源，可以有效协调校园安全所需的各种资源。

第二节　政府规制校园安全风险的主体职责及主要内容

一、政府规制校园安全风险的主体职责

主要针对教育、公安、工商、卫生等校园安全相关部门主体职责进行研究。[①]

① 方益权：《中国学校安全治理研究》，中国社会科学出版社 2017 年版，第 89–97 页。

（一）教育行政部门的职责

教育行政部门围绕校园安全工作，必须认真贯彻落实国家关于加强安全工作的法律法规、方针政策；落实当地政府和上级教育行政部门对校园安全工作的部署安排，结合实际，预防学校发生各类安全事故，有效减少校园安全事故所造成的损失。[①]教育行政部门在校园安全治理中的主要职责包括以下几个方面。[②]

第一，健全校园安全管理制度。教育行政部门应当全面掌握校园安全工作状况，制定校园安全工作考核目标，加强对校园安全工作的监督指导。教促学校建立健全并落实安全管理制度。具体来说，各级教育行政部门要完善校园安全工作状况资讯收集整理机制，及时全面地掌握管辖区内的校园安全工作状况，并依据该状况梳理总结校园安全工作规律，制定学校、幼儿园安全工作考核目标，将其纳入教育督导评估体系。教育行政部门要积极协调地方财政，加大对校园安全防范工作的投入力度，确保校园安全防范工作的人防、物防、技防举措真正落到实处。

第二，健全校园安全工作责任制。教育行政部门应当建立安全工作责任制和事故责任追究制，及时消除安全隐患，指导学校妥善处理学生伤害事故。具体来说，教育行政部门要在本地区强化校园安全工作重要意义的宣传，从保护学生安全，促进教育发展，构建和谐社会的高度，充分认识维护校园安全的极端重要性和现实紧迫性，使各地各部门都能把维护校园安全的责任落到实处。同时，还要宣传校园安全防范工作的方针政策，动员社会各界积极参与校园安全防范工作，要宣传推广地方学校、幼儿园的先进经验和创新做法。

第三，提升校园安全教育实效。教育行政部门应当及时了解校园安全教育状况，组织学校有针对性地开展学生安全教育，不断提高教育实效。具体来说，教育行政部门要部署落实、监督检查学校、幼儿园按照国家课程标准和地方课程标准将安全教育纳入教学内容，教促学校、幼儿园每学期开展以学生自身防范为主题的安全防范、防护工作，利用课间操等可利用的时间组织学生疏散演

---

① 刘志刚：《如何完善校园安全工作制度》，载《河北教育（综合版）》2010 年第 1 期。

② 方益权：《中国学校安全治理研究》，中国社会科学出版社 2017 年版，第 83–85 页。

练活动。教育行政部门，尤其要指导学校针对不同学段的学生开展安全教育活动。如灭火器的使用，游泳安全和紧急救护等。同时，也可以安排一些对火灾、地震等突发事件的安全演练课程。促使学生掌握必要的逃生技能。教育行政部门也要指导学校开展学生的心理健康安全工作。

第四，教育行政部门应当制订校园安全应急预案，指导、监督下级教育行政部门和学校开展安全工作。具体来说，为建立和健全防范指挥处置事故灾难类突发公共事件的工作机制，教育行政部门应当分工明确、责任到人，应当进一步提高教育系统应对事故灾难类突发公共安全事件的能力，保障广大师生的生命和财产安全。预案所指的事故灾难类突发公共安全事件，包括校园火灾交通事故、水面冰面溺水、拥挤踩踏、建筑物倒塌、煤气中毒、爆炸、危险物品泄漏污染、水电煤气等能源供应故障，组织师生外出实习、参观、考察等集体活动以及校园周边、学校所属企事业单位发生的突发安全事故等。

（二）公安部门的职责

公安部门是国家政权的重要组成部分，是我国人民民主专政政权中具有武装性质的治安行政和刑事司法的专门机关。其任务是维护国家安全，维护社会治安秩序，保护公民的人身安全、人身自由和合法财产，保护公共财产，预防、制止和惩治违法犯罪活动，保障改革开放和社会主义现代化建设的顺利进行。因此，公安部门的主要任务中就必然包含对校园安全治理的重要职责。《中小学幼儿园安全管理办法》规定，公安机关对校园安全工作履行下列职责：（1）了解掌握学校及周边治安状况，指导学校做好校园保卫工作，及时依法查处扰乱校园秩序、侵害师生人身、财产安全的案件；（2）指导和监督学校做好消防安全工作；（3）协助学校处理校园突发事件。具体来说，公安部门对校园安全治理的主要职责包括如下方面。

第一，公安治安部门的安全治理职责。公安机关要加强对校园技防系统的指导及检查验收，督促技防从业单位定期对校园技防设施进行维护保养。条件尚不具备的，当地教育部门要会同综治、公安等部门研究提出意见，报告党委、政府，列入政府工作规划，推动尽快解决。健全和完善警校对接联动制度。公安部门要把校园视频监控系统和报警设施接入公安监控平台，把学校、幼儿园作为重点目标，进行实时监控。属地公安派出所要充分发挥图像监控系统的“视频巡逻”功能，密切与巡警和校园安保人员的实时联动联勤，确保一旦发生涉校涉园案件事故，警校双方能够快速反应，整体联动，高效开展案事件处置、伤员救治、秩序维护和现场控制等工作。积极推进学校、幼儿园周边警务室或治安岗亭建设。要落实公安派出所的属地责任，在治安情况复杂、问题较多的学校、幼儿园周边设置警务室或治安岗亭，密切与学校、幼儿园的沟通协作，整合各类安保力量，开展校园周边治安秩序维护工作。公安机关内部相关职能部门要加强协作配合，定期派民警到校园周边警务室或治安岗亭开展工作。严密学校、幼儿园周边地区巡逻防控。公安机关要把学校、幼儿园周边地区的巡逻防控工作作为社会治安防控体系建设的重要一环，统筹安排警力，加强巡逻防控和治安盘查，震慑犯罪，增强师生安全感。要加大巡逻力度，最大限度地做到在上学放学时段校园门口“见警察”，学生、儿童途经主要路段“见警车”，校园周边地区“见警灯”。要坚持公安民警执勤与群防群治力量协助维护治安相结合、着装执勤与便衣执勤相结合、车巡与步巡相结合，建立完善动态科学的校园周边地区巡逻勤务制。依法严厉打击涉校涉园违法犯罪活动。要坚持严打方针，严厉打击侵害师生、儿童生命财产安全的违法犯罪活动。要把集中打击与经常性打击紧密结合起来，建立学校、幼儿园周边治安形势研判预警机制，对发现的苗头性、倾向性违法犯罪问题，及时组织开展打击整治行动；对学校周边流氓恶势力团伙，要坚持露头就打，防止发展蔓延；对敲诈勒索、抢劫等涉校侵财案件，要在严厉打击的同时，选取典型案例进行宣传，威慑犯罪、增强群众防范意识。①

第二，公安交警部门的安全治理职责。根据《道路交通安全法》《中小学幼儿园安全管理办法》《教育部、公安部、国家安全监管总局关于加强农村中

① 中央综治办、教育部、公安部《关于进一步加强学校幼儿园安全防范工作建立健全长效工作机制的意见》公通字〔2010〕38号。

小学生幼儿上下学乘车安全工作的通知》《教育部、公安部关于对中小学校车开展集中排查整治的紧急通知》等法律法规的规定，公安交警部门有维护包括校车在内的车辆和包括学生在内的行人的交通安全和交通秩序的职责，以有效预防和减少涉及中小学生的交通事故。公安交警部门要深入各辖区学校摸清在校学生人数，了解掌握入学数量，有针对性地做好护学工作。要组织专人对学校交通安保形势和特点进行研判，围绕深化护学机制、隐患环节整改、突发事件处置等具体工作，细化任务，明确责任，抓好落实。要积极与教育、安监等部门联合，并建立点面结合、齐抓共管的管理格局。积极探索学校、社区、家庭三合一的交通安全防范措施。公安交警部门可由辖区内、社区里的负责人指定监护人轮值看护学生上下学，避免在马路上发生危险。要加大校车驾驶人的隐患排查力度，对所有校车驾驶人资格、交通违法情况、安全驾驶经历等逐人进行资格审核认证，坚决消除安全隐患。要加大校园周边交通设施的排查工作，定期或不定期地组织警力对辖区所有中小学校、幼儿园周边信号灯、交通标志隔离护栏、斑马线、护学标志等交通安全设施进行排查，最大限度地消除交通安全隐患。要与学校负责人、校车负责人、驾驶人座谈，逐车明确校车驾驶人、乘坐学生名单、行驶线路和监护人员，签订交通安全责任书确保各项管理责任落实到位。要加强定期检查和随机抽查，严厉查处校车超载、超速、疲劳驾驶等问题。

同时，公安交警部门还负有安全教育宣传职责。一是强化师生群体的宣传教育。定期组织民警深入学校开展交通安全课，通过举办交通知识讲座、张贴宣传挂图、赠送交通标志图案画册、交通安全宣传教育手册等方式，为师生上好每一堂交通安全课，提升学生的交通安全知识，增强他们的安全出行意识。二是强化家长及社会的宣传教育。借助新闻媒体和网络，面向学生家长宣传乘坐不符合规定车辆接送学生的严重危害，劝告家长不乘坐非法营运车辆以及不符合标准、安全无保障的车辆，并将举报电话告知所有家长，动员群众对学生接送车辆违法行为进行监督。三是强化校车驾驶人的宣传教育。利用审核校车驾驶人资质的有利时机，对辖区校车驾驶人进行宣传教育和职业道德教育，签订交通安全责任状，强化他们的安全意识、责任意识和守法意识，使他们自觉做到开规范守纪车，做文明驾驶人。[①]

第三，公安消防部门的安全治理职责。消防部队是中国人民武装警察部队的一个警种，是公安机关的一个重要职能部门。它担负着公安消防保卫和社会抢险救援的双重职能，是一支同火灾做斗争的军事化、专业化队伍，它贯彻“预防为主，防消结合”的方针，严格消防监督管理，防止火灾的发生，减少火灾损失，积极参加社会抢险救援，保卫国家经济建设，保护公共财产和人民生命财产的安全。根据《消防法》等法律法规的规定，公安消防部门在校园安全治理中，应当积极开展学校消防安全检查，督促整改学校的火险隐患；应当督促检查学校执行建筑设计防火规范的情况，参加竣工验收；应当督促城建、公用等部门建设、改善和维护学校周边的相关公共消防设施；应当组织调查学校火灾的原因，处理学校火灾事故；应当迅速接警出动，及时有效地扑灭学校火灾，努力减少学校火灾损失，全力参加灭火以外的各种学校相关抢险救灾。

同时，公安消防部门还应当帮助学校开展防火安全宣传教育工作，提高师生员工消防安全意识，增强火灾灾害忧患意识；应当督促、检查学校防火重点部位的防火安全工作，定期和不定期指导督促、协助学校消防安全管理人员在校内进行全面的消防安全检查和抽查，督促学校落实安全责任和措施，督促整改火灾隐患；应当组织训练教职工义务消防员，培训学校消防骨干；应当协助学校消防安全管理人员定期进行师生消防演练，要求学生熟知逃生路线和逃生步骤，增强逃生自救意识，培养自救互救技能；[②]应当指导、督促、协助学校加强实验室、厨房等易燃、易爆、有毒等危险品的管理，建立严格的管理、使用制度；应当协助制订校园发生火灾处理应急预案，设计、疏散、指引路线，一旦发现校园内发生火灾，立即由监督、应急领导小组成员分工行动，保证师生尽速安全撤离火灾现场并协调社区及周边地区救火。需要特别指出的是，公安部《消防安全常识二十条》明确规定，在火灾中应首先保护少年儿童，保障他们顺利脱离险境。

---

① 《市公安局交警大队“四个确保”全面加强校园周边交通安全管理工作》，http://www.hys.gov.cn/info/1799/36806.htm，最后访问时间：2018 年 6 月 28 日。

② 辛耀华：《高校学生安全公寓消防现状及其火灾预防扑救对策分析》，载《现代科技：现代物业》2009 年第 11 期，第 33 页。

（三）文化、工商等部门的职责

文化、工商部门主要针对学校周边场所、经营性活动进行检查。具体包括：一方面，文化、工商、公安等部门应当按照各自职责，加强对学校周边营业性场所的监督管理，依法取缔学校周边200米范围内设置的网吧和歌舞娱乐场所；依法查处学校周边制售非法出版物的行为；另一方面，工商、卫生、公安、质量技术监督、城市管理等部门应当按照各自职责，对在学校周边摆摊设点、堆放杂物，依傍学校围墙搭建建筑物、构筑物等及时进行查处和清理。

（四）卫生、食品药品和质量技术监督部门的职责

卫生行政部门关于学校安全工作的职责主要有两方面：一是指导、监督、检查学校做好疾病、传染病、常见病的预防和控制工作；二是对学校教学及生活环境、饮用水和游泳池等设施的卫生状况进行监督检查，指导学校制订突发公共卫生事件应急预案，依法调查处理学校突发公共卫生事件。

食品药品监督管理部门应当对学校食堂、学校周边区域餐饮服务提供者、学校医务室及周边医院进行监督管理，保证食品和药品安全；质量技术监督部门应当定期对学校使用的特种设备及其相关设施的安全状况进行检查。

（五）建设、国土、水务部门的职责

建设部门应当加强对学校及周边建设工程安全状况的监督管理，发现教育教学、生活设施建设中存在安全事故隐患的，应当依法责令排除；发现不执行施工安全强制性标准进行施工的，依法进行处理。国土房管部门负责学校房屋的使用、修缮、改造、拆除和安全鉴定的行政管理工作。国土、水务等行政部门应当对处于地质灾害、洪涝灾害易发区的学校及周边进行定期测评。存在相关安全隐患的，应当及时通知学校和有关行政部门采取必要的应急措施。

（六）环保、气象等部门的职责

环境保护部门应当加强对学校周边环境保护工作的监督管理。造成污染的，

根据污染程度采取相应的处理措施；气象部门应当及时通报有关严重雾霾、暴雨及其他恶劣天气气象预报信息，并提出具体预防措施。

燃气、电力、通信、供热、供水排水等单位，应当按照权属职责各自负责学校及周边地下管网、井盖的巡查、检修和安全防范工作，保证学校正常运转。

二、政府规制校园安全风险的主要内容

（一）学校食品安全的风险规制

《学校食物中毒事故行政责任追究暂行规定》指出，明确对学校食品卫生负有监管责任的地方卫生行政部门、教育行政部门以及学校的主要负责人和直接管理责任人不履行或不正确履行食品卫生职责等失职行为，造成学校发生食物中毒事故的，应当追究行政责任。

根据世界卫生组织的定义，食品安全是指食品中不应当含有可能损害或者威胁人体健康的有毒、有害物质或者因素，从而导致消费者急性或者慢性毒害感染疾病，或者产生危及消费者及后代健康的隐患。[①] 科学技术的发展极大地丰富了社会中每个人的生活，但与此同时也给食品安全本身带来了巨大的不确定性。这种复杂的、不确定的食品安全风险之中，涉及许多的科学决策和专业知识的技能及各种利益群体。食品安全风险是科技发展、经济利益、文化认知等各方面因素在风险形成过程中相互作用和相互影响的结果，是客观风险的形成和主观风险建构的过程。学校作为一个公共场所，对于食品安全风险的规制，已经远远不是一个单独的个人或者少数人所组成的群体、组织所能够完成的任务，需要政府行政权力的介入。

学校食品安全风险规制应当在理性与情感、科学与民主之间获得一种恰当的平衡。合作式的食品安全风险规制模式就是以此为基础，风险规制机关、风险规制的专家、风险规制的利害关系人和普通民众都能够参与到风险规制过程中，通过以责任与效率为前提的理性说服与建设性对话，以及以制度化

① 谭九生、杨埼：《风险社会中我国食品安全治理困境与路径选择》，载《长江论坛》2012 年第 6 期。

参与为保证的平等沟通和充分的信息披露，来确保食品安全风险规制的合法性。在合作式的风险规制模式中，风险规制机关和风险规制专家代表了风险规制中的理性与科学，而普通民众和风险关系的利害关系人则代表了风险规制中的民主与情感。

第一，建立由多元主体构成的风险规制协调委员会。在合作模式食品安全风险规制模型下，食品安全风险评估机构由多元化的主体所组成，它至少由五个方面的成员组成：食品卫生部门聘请的食品、医学、营养学和农业方面的专家；普通的消费者代表，这里面既包含了消费者个人的代表，也包括了消费者组织这样能够为更多人发出声音的代表；食品生产和经营者的代表，既有与特定的食品安全风险规制主题相关的企业代表，也应当有食品行业的代表；食品安全风险规制机关的代表；食品安全风险规制领域的科学专家。食品安全风险规制协调委员会能够为食品安全的多元价值观和不同食品风险知识进行有效的沟通和交流提供平台。在食品安全的危害识别阶段，上述五个方面的主体都具有平等的参与风险交流、提供各自观点的证据和质证的权利。在食品安全风险的风险评估阶段，风险规制的科学专家应当具有决定性的权利，而其他的四方面主体则享有知情权和质询权。只有经过不同的权利义务的配置，才能够使得每个方面都能恰当发挥自己的能力和特长，取得各方满意的结果。

第二，建立贯穿于食品安全风险规制全过程的、开放的和双向的风险沟通制度。在食品安全风险的沟通方面，合作模式下的风险沟通制度能够开放地、双向地贯穿在风险规制的全过程。在这种模式之下，风险沟通必须贯穿于风险规制的形成之中、食品安全风险的标准制定过程之中、风险评估和风险管理的过程中。不仅如此，在风险沟通过程中的各方主体还应当以一种平等互动的方式来交流风险信息。信息之间并没有优劣之分。食品安全风险信息沟通不仅仅是信息的告知，更重要的是通过信息的交流来加强风险规制机关和社会民众之间的相互信任和联系。

第三，建立参与式的风险管理制度。在食品安全风险规制的各个阶段，上述的各个主体都能够参与到风险规制过程中的决策和执行过程中，并且相互合作、互相监督，共同承担食品安全风险规制的法律责任。“参与式的风险管理体制与协商式的民主参与制度有异曲同工之妙，但在具体的制度设计过程中又有所不同。”[①] 在参与式的风险管理制度中，风险规制机关、食品安全风险规制的科技专家和风险规制的利害关系人等都运用其所具有的风险管理知识来对风险规制进行管理。在食品安全风险管理的过程中，除了依赖风险规制机关之外，还要充分考虑食品安全风险规制的利害关系人和普通民众所具有的文化、心理和政治等因素。[②]

（二）学校基础设施安全的风险规制

学校设施安全问题与学生的人身安全息息相关。设施原指企业在生产中长期使用，并在反复使用中基本保持原有实物形态功能的劳动资料和物质资料的总和。用到学校上，就是指学校中的可供学校教育特别是教育讲授、指导活动，学生学习、生活的技能训练活动使用，并在反复使用中基本保持原有实物形态和功能的劳动资料和物质资料的总称，主要包括学校校舍、场地、仪器等。学校设施安全是指学校中设施没有遭到人为和物为因素从而导致的学校伤害事故。这里，人为因素是指其本身所蕴含的隐患或没有隐患而在人为因素的作用下所导致的学校伤害事故。物为因素是指其本身有隐患或者并没有质量问题而在自然因素作用下导致的学校伤害事故。[③]

学校是一个特殊的教育职能部门，从理性上来说，学校应当把安全工作放在重要位置上，但是在义务教育阶段，由于自身教育因素决定，学校没有对学校校舍设施和建设的控制权，学校校长或者老师不具备专业的安全知识以及发现重大安全隐患和对重大安全隐患排除能力。在我国，绝大部分义务教育阶段的学校是政府主导投资办学，在学校的发展上，必须有政府及政府相关部门的主动参与和干预。

在学校系统内部，学校设施安全管理是校园安全管理系统的一个子系统，

① ［美］约翰·亚伯拉罕：《渐进式变迁——美英两国药品政府规制的百年演进》，宋华琳译，载《北大法律评论》第4辑，法律出版社2002年版，第588-622页。

② 马英娟：《政府监管机构研究》，北京大学出版社2007年版，第112-116页。

③ 张玉堂：《学校安全预警与救助机制理论和实践》，四川人民出版社2010年版，第205页。

需要国家在法律层面上明确学校在安全管理上的权利、责任和职能。应该进一步明确学校设施建设标准，明确经费投入，并规定经费的监督制度，也要明确相关部门和人员的法律责任、应急机制等内容。教育部《关于进一步加强中小学校校舍建设与管理工作的通知》要求各级教育行政部门加强对《农村普通中小学校建设标准》《建筑抗震设计规范》的认识。当地政府及教育行政部门应对中小学校校舍建设标准、建筑设计规范进行学习，充分认识到这些标准、规范、程序建立与实施的重要性。在中小学新建、扩建、改建项目中，应严格执行中小学校建设标准和有关中小学校建筑设计规范，遵照安全第一，适用、经济、美观相结合原则，来制定适合本地区校舍建设标准措施，确保校舍建筑使用的安全。[①] 同时，进一步强化地方政府在学校设施安全管理中的责任，以保证学校设施的建设，满足农村基础教育的发展。

预警是一种提前做好预防准备的系统活动。学校设施安全预警指的是对学校已有的设施安全现状进行评价，通过对学生因设施引发的安全问题成因的系统分析，对其发生及造成的伤害进行测度，预报可能发生的设施安全问题的范围和危害程度，并提出有效防范措施的报警和调控系统。[②] 其目的是向学校管理者及时提出警示。地方政府应以《义务教育法》《学生伤害事故处理办法》《中小学幼儿园安全管理办法》等法律法规为依据，根据管理范围内学校的设施实际情况，对其可能出现的安全问题作预先估计，建立安全预警机制。具体来说，就是对学校的设施进行现场检查，通过科学检测，分析对象与危机情势发展之间的因果关系，以此进行预测，发出预警，提醒学校采取有效措施排除危情。

设施安全预警机制主要是建立设施预警指标模式，包括综合信息检测系统、信息安全传输服务系统、预警评估系统以及预警演示系统。通过综合信息检测系统可以帮助确立学校设施安全事故发生的可能性以及可能发生的时间和地点等。信息安全传输服务系统主要是在已有的设施安全事故信息的基础上，通过专业人员和专业设备，将检测到的信息及时传递给学校，以满足学校实际的设

① 陈珍国：《校园安全管理》，复旦大学出版社 2008 年版，第 117-118 页。

② 张玉堂：《学校安全预警与救助机制理论和实践》，四川人民出版社 2010 年版，第 213-214 页。

施安全管理需要。预警评估，包括评估主体、评估指标体系、评价模式及评价结构等，其目的是对学校设施安全事故发生的原因、发展的趋势以及当年的形势分析，得出控制学校设施安全事故的有效办法，最大限度地减少学生的伤害和财产损失。设施安全预警演示系统是学校设施安全的定时、定点、定量预警系统，实现对设施安全的精细而准确的预报。

（三）校园暴力的风险规制

从国外校园暴力风险的政府规制情况来看，多数是通过警察的行政职能来实现。在校园警务制度建设方面，美国、英国、瑞典、法国等国家走在前列。这些国家的校园警务制度虽然有所差异，但都在校园安全治理尤其是校园暴力防范方面发挥了重要作用，成为其他国家和地区校园安全治理的重要借鉴。

1. 美国校园警务制度及其特点

美国是较早实践探索校园警务制度的国家。“美国校园警察的雏形源于耶鲁大学 1894 年从康涅狄格州纽黑文警署聘请的用来巡逻的两名警察。”[①] 在漫长的以高校为主的自我探索期，校园警察逐渐正规化，不仅是学校的看护者，也是法律执行者，拥有武器、徽章、手铐，承载着权威的标志，为保护高校安全提供了巨大的帮助，也逐渐受到联邦政府的重视，并在 1990 年以法律的形式确立下来。“1990 年，美国议会颁布《校园安全法》，以联邦法的形式确立校园警察机构的法律地位。”[②]“1994 年的《校园禁枪法》及 1994 年的《校园、社会禁毒及安全法》使校园警务制度进一步实现法制化。”[③]“1994 年，马萨诸塞州等一些州的州议会也对校园安全进行了专门补充立法，对校园警察的任职、条件、权力及对校园保卫的要求都有详细的规定，使校园警察制度逐步完善。”在“9·11”

① 倪洪涛、韩玉婷:《后 9·11 时期的美国大学校园警察制度探析》，载《山东警察学院学报》2013 年第 2 期。

② 黎慈:《美国校园警务管理机制及其启示》，载《上海公安高等专科学校学报》2010 年第 6 期，第 85 页。

③ 倪洪涛、韩玉亭:《后 9·11 时期的美国大学校园警察制度探析》，载《山东警察学院学报》2013 年第 2 期。

事件后，美国校园警务由法制化逐渐转变为法治化，在保障措施、任职资格、法治化管理、人性化服务、管理体制及工作职能等方面都有细致的规范。在保障措施方面，美国设立犯罪报警体系、监控体系等高科技防范手段、完善的技术设施以保障校园警察执行的便捷，设立专职经费保障警务支出，赋予校园警务人员高薪待遇。校园警察任职资格严格，要求具有较高的学历水平（至少大学本科以上）；任命程序非常严格，需经过考试、培训、校方申请、市警局批准、业务考核等。在法治化管理方面，“美国校园警察的职权是由法律赋予的，他们与州、市警察具有同等的法律地位，只是执法的范围不同。有关校园警察的法律一般写进教育法典和刑法典”；“校园警察与地方警察互不隶属，双方信息共享，是协作关系，‘大家都向法律负责’”，双方在业务上是依法相互协作的关系；校园警察的执法权因校不同，“只要是在校园内发生的案件，公立学校警察都可以独立侦查，直接向当地法院起诉”。[①]但“私立学校校园警察的执法权要经过地方警察机关考核后进行宣誓授权”。[②]校园警察的执法权也因人不同，“一类是高级警察，它享有同地方警察机构相同的权力，有权进行拘留和逮捕；二类是校园保卫组织；三类是学校同地方保安公司雇佣的私人警察”，[③]这三类校园警察中只有高级警察拥有执法权，其他两类并不具有警察执法权。在人性化服务方面，美国校园警察一直提倡“以人为本”的治理理念，强调为师生服务，如“校园警察义务为师生提供护送服务，夜晚只要有人提出护送要求，警察部门就立即派人出车，将其送到指定地点，直到其安全进入室内才离开；学生忘记带钥匙，只需要向校园警察打个电话，警察就来帮助开门；学生在酒后不能违法开车时也可以向校园警察求助，由校园警察将车开到安全地点停放；校园警察的巡逻车内都备有急救包和药品，警察均有一般的救护知识，随时准备救治伤者”，[④]人性化的服务拉近了师生与校警之间的距离，有利于合作安保。在管理体制方面，

---

① 黎慈：《美国在校园安全管理中的警务运用及其启示》，载《辽宁警专学报》2010年第6期。

② 吴心正：《美国高校的安全管理比较研究》，载《武汉水利电力大学学报》2000年第3期。

③ 宋远升、陈熙：《解构与比较：校园警察制度及安全立法探究》，载《青少年犯罪问题》2007年第1期。

④ 余宏明：《美国高校安全管理及启示》，载《中国安全科学学报》2004年第8期。

"美国校园警察机构都是学校的一个职能部门，由校长或副校长直接领导，学校的校务委员会有权讨论校园警察的工作，并制定本校校园警察的规章制度（除州法律规定的以外）。校园警察机构建立，由校长和校董事会依法决定，人员聘任、升迁、淘汰由校长决定，经费开支也由学校负担"。[①] 在工作职责方面，一是服务职能（安全管理职能），主要负责维护校园治安秩序、保护校内师生的人身财产安全、专业操作技术规范及培训部署、校内后勤保障服务及技术服务等；二是执法职能，主要包含校园防盗、预防犯罪，同时对校园犯罪进行侦查、打击，制止和控制校园犯罪的发生，防止和避免恐怖活动的发生。

2. 英国校园警务制度及其特点

英国校园警务模式多样化，主要有三种：一是驻校警务模式，以英格兰大伦敦地区为主。1829 年，校园警察已开始作为当地警局的一个分支机构管理高校安全事务，学校对其并未有解聘和续聘的权力，高校自治权受到一定干预；[②] 驻校警务人员具有执行法律、巡逻学校、提供咨询建议及对师生进行安全教育等职权。二是令状授权校警模式（或称校园警务大队），以牛津大学和剑桥大学为特例。两校校长有权设立和任命校园警察，高校具有高度自治权。但随着高校周边安全环境日益恶化，学校加大警务管理力度影响了大学周边居民的合法权益，因而受到群众抵制。其中，牛津大学警务大队于 2003 年由校理事会解散，但原有的警务人员被重新任命为学监办公室工作人员。"先前的校警不再以学校警务大队名义行使职权，但他们仍旧受校长和学监的领导，这些人员仍然执行之前大约 95% 的职权"。[③] 三是以驻校警察为主、以安保外包为辅的混合模式，应用最为广泛。安保外包是指高校的安全外包给保安公司，由保安公司来管理校内的安全事宜。"安保公司会根据受雇学校的服务需求和具体情况，制订详细的安保方案，承担包括人身和财产安全在内的各项安保任务。在英国，一旦校

① 周博文：《美国校园警察制度及其对我国校园安全管理工作的启示》，载《公安研究》2010 年第 10 期。

② 倪洪涛：《校园警察主导大学安全治理论》，载《江苏警官学院学报》2012 年第 6 期。

③ 倪洪涛、韩玉亭：《论英国大学安全治理模式及其对我国的启示》，载《山东警察学院学报》2012 年第 5 期。

内发生财物被盗等案件，均由承担该校安保任务的安保公司负责赔偿”。安保外包是对警务力量不足的必要补充。作为一种更加综合的高校安全管理模式，驻校警察和安保公司可以相互补充、发挥优势，有利于学校安全治理。

3. 瑞典校园警务制度及其特点

瑞典校园安保并未设置校园警察。其校园警务制度一方面强调行政化，主要依靠行政管理模式来解决校园安保问题；另一方面强调社会化，主要通过“商业化安保公司和地方的警察部门来负责相关的安全事务”；“学校和保安公司二者之间互不隶属，学校出钱雇用保安公司提供相关服务，保安公司通过合同的形式来提供涉及的服务以满足学校的需要”。“由于瑞典高校是开放式的大学，高校区域和城市区域二者融为一体。因此地方的警察在维护城市治安稳定的同时也维护学校的秩序”。可见，瑞典高校主要是由地方警察负责安保，地方警察也负责高校的犯罪查控、逮捕、审讯等事项；保安公司则配合地方警察管理校园内部安全。

4. 法国校园警务制度及其特点

针对校园暴力频发的现象，法国原总统萨科齐于 2010 年就提出了让警察和宪兵进驻一些中学校园。而这些中学学校名单是根据法国政府内政部和教育部汇总的校园事故申报记录来确定的，总共确定了 53 所中学名单并向这些学校派驻了安全保卫人员。进驻校园的保安人员（警察和宪兵）必须穿戴制服和携带武器。除此之外，要求这些存在治安问题的学校设立专门接待学生的警务办公室；要求学校无特殊情况均要接受校园警察的进驻，否则应以书面形式向政府说明，以便明晰暴力发生后政府和校方责任；要求根据学校情况自行商定驻校时间，通常驻校时间为每周 4 小时至两个半工作日。①

5. 我国校园警务制度的模式选择

我国校园警务制度模式建构，应当包括校园警务的领导与监督管理体系、校园警务人员的配置及其职能、校园警务与社区警务的合作联动机制等方面。

第一，校园警务的领导与监督管理体系。校园警务是以维护校园安全为职

---

① 《防范校园暴力，法国警察进驻中学校园》，http ://learning.sohu.com/20100905/n274717536.shtuml，最后访问时间：2018 年 6 月 29 日。

责的警务制度，其主要任务就是打造平安校园，因而加强教育部门与公安机关的紧密协作是极为重要的。但两者共同成为校园警务的双重领导者，必将使校园警务人员在处置校园安全事件时受双重上级牵制，很难快速高效地作出决策并科学应对和处置。多数学者认为："校园警察应当由学校所属地的基层公安机关派驻，在行政和业务上由当地公安机关领导，实现校园安全管理社会化。"[①] 但是，这种由公安机关领导的校园警务制度，必将使当前备受关注并已受到一定挤压的学校依据《教育法》《义务教育法》等所享有的"依照章程自主办学"的学校办学自主权和学校自治权受到进一步的干预和挤压；同时，从国内外相关实践评估看，它还会使校园警察成为学校中一个"生硬的存在"，只听命于公安机关却不能融入性地服务于校园安保体系化建设，只关注校园安全事故的防范和处置却不能发挥其"安全管理服务职能"。但是，在业务能力方面，校园警察的确离不开公安机关专业化的培训、指导，也离不开公安机关的警情通报和协同防范。因此，我们认为，借鉴国内外的相关经验，我国的校园警务应当坚持服务学校、融于学校、学校主导的理念，校园警察机构应当是学校的一个职能部门，并应构建由学校独立进行领导和监督管理、由公安机关进行业务指导的管理体制。

第二，校园警务人员的配置及其职能。要实现校园警务人员与学校现有人事管理制度和国家警察制度的融合性对接，应当将校园警务人员按照警官、警员、辅警、保安四种类别进行配置，并分别设定其不同的职责范围。警官属于人民警察，具有履行警察刑事职能和行政管理职能中所运用的所有权力；具有对学校校园安保相关事项领导、统筹、规划的权利和义务。警官应由各地公安机关统一遴选、调派经验丰富、受过正式训练、具有较强的领导协调能力、有警督或警司警衔的警察担任。警员也属于人民警察，依法具有履行警察刑事职能和行政管理职能中所运用的所有权力。其应当在警官的指挥下，对校园安全进行风险评估、制订详尽的应急预案；应当对校园内部及周边环境进行排查、对校外居住的学生进行定期访查，逐渐完善校园安全管理控制机制体制；应当对师生

① 黎慈：《论我国校园警务管理机制的有效构建》，载《江西公安专科学校学报》2010年第4期。

提供法律咨询和安全教育，开展自然灾害的逃生演练等，并应承担违法犯罪学生的矫治转化工作；应当负责对校园辅警、保卫人员及师生护卫队进行系统化、专业化的安保教育培训工作，同时协调校园内部的各种纠纷，疏导校内矛盾，防止矛盾激化，维护校内治安秩序。警员应由各地公安机关统一遴选、调派适任的警察担任。将各地公安机关中现有负责学校安保工作的警察调派到学校承担校园警务工作，相关人员只是在人员身份和管理体制上发生"位移"，并不会额外增加相关人事编制和经费支出。辅警不属于人民警察，因而不具有行使警察刑事职能和行政管理职能中所运用的权力。其主要职责是协助警员开展校园安保工作。辅警可以由各学校现有保卫处（科）干部转任。保安也不属于人民警察。其主要负责的是对出入校门的人员、车辆认真检查，认真巡逻，维护校内治安秩序，盘查可疑人员和纠查违章人员，协助警员抓获和看管违法犯罪嫌疑人等。保安可以从各学校现有保安和校卫队成员中选聘。

第三，校园警务与社区警务的合作联动机制。由于对学校产生治安威胁的社会治安问题是复杂因素共同作用的结果，这些问题必须依靠社会力量共同来解决。因此，只有构建完善的校园警务与社区警务的合作联动机制，有效利用校内外的安保资源，才能更好地促进校园内部的安全，达到积极预防犯罪的效果。应加大校园警务、社区治安综合治理及社会治安防控体系之间的合作力度，通过三者的合作保障社区警务稳定实施。构建校园警务与社区警务的合作联动机制，以法律法规的方式，明确界分校园警务与社区警务在学校安保方面的具体职责。校园警务与社区警务应当构建充分、迅捷的信息共享机制，促进双方合作的力度、深度及广度。校园警务与社区警务应保持密切的联系，在人员配置上加强社警与校警的互动，如在校园周边的巡逻上可以安排校园警察和社区警察合作巡逻，使双方都能全面深入地了解校园周边的治安情况。校园警务与社区警务应在信息共享的基础上构建合作预警机制，在校园内部或外部出现紧急安全事件或安全威胁时实现警情互相通报，并建立调动各自警力协助对方处理相关复杂事务的机制。应加强警民互动，建立警民关系网，在社区中经常开展社区的宣传教育与培训活动，为社区营造良好的安全文化氛围，提高社区居民的安全意识，加大社区警察的执行力度，让社区警察更深入群众，了解群众需求，建立和谐稳定的警民关系，为“学校—社区”营造良好的治安氛围。

三、教育行政执法的思考

法治机制的生命在于对法律规范的具体执行，执法是将静态的立法动态化的过程，也是检验立法成效的试金石。校园安全若要依法有效进行管理，就必须对执法的责任主体、执法责任主体的权责以及执法机构等各方面在法律规范上予以明确规定，以确保所立之法可以落地生根，为实现依法治校提供有效保障。

政府在规制校园安全风险的过程中，必然涉及行政权力的行使，因此必然涉及教育领域的行政执法问题。目前我国在教育领域行政执法过程中还存在很多问题，如职责不清、相关执法力量薄弱、执法强制力不够等情况。所以，我国的教育行政执法需要引起关注。

第一，理顺执法关系，健全执法体制。一套统一而完备的执法制度是确保立法有效实施的关键所在。综观当前教育执法领域存在的有法不依、违法不究的现象，主要是与执法责任主体模糊、执法队伍不健全等有很大关系。前文所述，校园安全突发事件种类繁多，涉及的安全责任主体较多。当前，我国规定各类校园安全事件的法律规范较为分散且法律责任体系不强。全国人大代表、广东省教育厅厅长罗伟其曾在他的《关于加强教育执法机构建设的建议》中统计的关于教育法律规范的数据显示，法律规范数量的多并不能应然地实现有法可依，执法开展的现实困境反映出现有的法律规范存在问题。在日本的教育法律中，对法律责任的规定都较为具体，通常采用罚则的形式明确承担责任的主体及责任承担形式。明确所立之法中的法律责任体系有助于提升执法效度，也有利于增强执法意识。因此，理顺执法关系首先必须明确所立之“法”中的法律责任，避免出现地方教育行政部门或其他责任主体执法时责任不清、职权不明以及出现的多头负责、多头管理的现象。在社会安全治理视野下，特别需要明确的有两点：一是协同治理与责任的清晰，协同或许会是多部门联合执法，但也必须是各自责权清晰、明确。二是治理视角的责任体系化。从现有的校园安全法律规范来看，法律规范并不少，但是缺乏系统的设计和可操作的法律责任规定。法律责任体系化，既要制定不同层级的法律规范，又要在各层级的法律规范中明确校园安全事件的责任主体及承担的责任形式等问题。通过完善执法制度体系，理顺教育执法体制，以期实现执法主体之间不互相推诿，能够协同治理又能各司其职、各负其责。

第二，建立执法机构，配套执法队伍。教育行政部门与食品、交通、工商、财税以及环保等部门相比，缺少较为完善的执法机构和执法队伍。当前我国在教育领域里普遍存在执法机构空缺，执法队伍力量较为薄弱的问题。在相应的法律规范中，关于校园安全的执法问题涉及得更少。这意味着，未来的工作将要着眼于调整教育执法中的权责职能配置，建立不同层级的（省、市、县）教育执法机构，明确具体的执法主体，明晰执法主体的具体法律责任。在此过程中，同时要加快对建立专职教育执法队伍的资金投入，确保财力、物力、人力对校园安全执法的资源保障，要加强制度建设，为校园安全执法提供制度保障。校园安全管理过程中应注重提高师生群体的积极性，强化师生的安全防范意识，建设一支政治坚强、技术精良、作风过硬的执法队伍。

第三节　政府规制校园安全风险的决策程序

在风险社会中，风险规制作为一项区别于秩序行政、给付行政的新型行政任务逐渐兴起。在风险规制合作治理模式下的正当程序对于促进风险规制合法性方面发挥着重要作用。首先，有利于防止风险规制决定中的恣意妄为，保障公民权利；其次，能够促进理性风险规律决策的形成；再次，有利于提高风险规制的可接受性；最后，有利于风险规制过程中人的尊严价值的维护和实现。与传统行政体制下具有高度封闭性和对抗性色彩的正当程序不同，风险规制正当程序应当建立在协商合作的基础上。

一、专家论证程序

重大行政决策专家论证，是指在重大行政决策起草过程中，决策事项承办单位组织相关领域专家或者专业机构对重大行政决策事项的专业性、技术性等问题开展的论证咨询活动。

（一）校园安全风险治理决策中专家论证的必要性

随着现代风险社会的到来，风险规制已然成为现代政府的一项基本职能。然而，与传统的秩序行政、给付行政不同的是，面对具有高度科学性和技术性特征的现代科技风险议题时，行政机构经年累月所习得的专业知识已经显得捉襟见肘了，传统的官僚科层理性实难满足现代风险规制实践的现实需要。特别是在现代科学技术快速发展的时代，校园安全越来越体现出其特有的专业性。为了克服在风险规制决策中理性不足的现实难题，专家论证逐渐在风险规制决策中被广泛运用。

（二）校园安全风险治理决策中专家论证的内涵

专家作为连接政府与普通民众的桥梁，是一种具备“中立性”和“独立性”的特殊主体。在学校安全风险治理决策的制度实践中，专家可以借助这种中立、理性的身份、特点，把学校安全风险治理决策的“科学性”与“民主性”有机结合起来，在政府、利益集团与普通民众之间进行有效沟通与交流，平衡各方在学校风险治理决策中的利益。

1. 科学选聘专家

从行政实践情况来看，行政机关在进行重大决策时会选聘专家进行论证，通常是通过政府内设的研究咨询机构，如政策研究室、发展研究中心、政府参事机构等部门和中央到地方的各级社科院、科学院以及一些公立高校及其内部的研究所等各行业各领域选聘，由于立法、制度规定不明确，选聘具有很大的行政自由裁量权。行政机关行使自由裁量权选聘专家，如果仅仅依赖于政府官员的主观判断，个人好恶与偏见，那么，自由裁量权很可能质变为一种专横的、不可捉摸的权力，从而偏离选聘优秀专家的目的。

国外专家选聘为我们提供了借鉴，德国、日本、美国等决策论证机构选聘专家不仅要求具有渊博的专业知识，而且还要求具有博士或工程师、经济师等资格。录用时除了集体评定外，还强调资历、实践经验和工作经历。行政机关在校园安全风险治理决策程序中选聘专家，可以根据上述经验选聘。在专家的构成上，专门技术专家、法律专家、行政专家都必不可少，组建自己的专家库。当进行某项校园安全风险治理决策论证时，临时从专家库随机抽选。这种抽取方式，可有效防止政府官员挑选专家，降低专家与决策者之间利益关联的概率。

2. 确保专家论证的独立性

专家论证的独立性就是在校园安全治理决策论证过程中，专家和专家机构完全独立于各级党委和政府部门，不存在任何依附关系，专家在论证中只服从于科学和理性，而非权力和利益。[①]独立性是专家有效参与政府社会管理的前提，是保证科学、民主决策的基础。

专家立场的中立性也是专家论证独立性的应有之义。在决策论证过程中，专家最容易受到利益的诱惑，被政府特意选择的专家会成为政府既定政策的论证工具。特定利益集团也可能"通过选择自己的专家，为特定利益诉求的合理性进行专业化论证，放大特定利益表达的声音，压制甚至排斥其他利益团体对决策的影响，从而导致咨询专家角色上明显的利益偏向"。[②]我国应从立法上确立专家论证的独立地位，保证论证不受任何单位、组织和个人的非法干涉。否则，相关专家或论证机构有权予以拒绝或寻求救济。

3. 明确论证过程中专家的权利义务和责任

明确专家的权利义务和责任，有利于实现"谋"与"断"的合理分工，从而确保决策的科学化、民主化与法治化。第一，专家的权利。专家的权利是一种咨询权，而不是决策权，最后的决定权在行政机关一方。政府官员要在决策中充分听取专家的意见，避免知识和观念中的偏颇；尤其是要听取并充分重视反对性的意见，各级官员应做到在没有听取反对意见时不匆忙作出决策。具体来说，专家的权利主要有以下四种：建议权。独立发表意见是专家首要的基本

---

① 刘庆国：《重大行政决策专家论证法治化研究》，载《成都行政学院学报》2016年第1期。

② 王锡锌：《我国公共决策专家咨询制度的悖论及其克服——以美国〈联邦咨询委员会法〉为借鉴》，载《法商研究》2007年第2期。

权力，更是专家论证制度存在的基础。拒绝权。专家有权拒绝对自己不熟悉的领域发表意见，有权拒绝在自己反对的情况下被要求按照少数服从多数的原则签署同意意见。获取信息权。政府机关应向有关专家如实提供全面而准确的信息。获得报酬权。无论论证意见是否被采纳，专家有权就其付出的时间及专业性的活动获得相应的回报。第二，专家的义务。义务与权利相伴而生，同时也是认定责任的前提。由于决策项目往往涉及专业性极强的专业知识，他人难以把握，如果专家敷衍塞责，一旦建议被采纳，其严重后果难以估量。专家应当履行以下义务：认真研究课题和调查研究的义务。保密的义务。对于在论证过程中接触到的国家秘密、商业秘密或者相关人员不宜公开的信息，不得对外公开。按时交付工作成果的义务。回避的义务。在论证中，专家必须保持中立，只能代表科学和理性，当面临可能影响公平公正的利益因素干扰时，专家要提出回避，相关行政部门也有权要求其回避。第三，专家的责任。明确专家责任能够对专家起到警示和预防的作用。借鉴国外经验，专家应承担以下责任：道德责任。“行为的实践性从来不是充分的，除非行为过程能够从伦理的基础上被合理地解释，否则它就不是负责任的行为，责任的完整含义既包括实践责任更包括伦理责任。”[①] 换句话说，道德责任是其他一切责任的前提。专家要恪守职业道德准则，弘扬道德行为规范，在论证中坚持理性精神、情感中立、尊重事实，不弄虚作假，不剽窃舞弊。法律责任。法律责任是指在论证过程中，专家因违反法定义务而应承担的不利后果。由于专家论证意见是为校园安全风险治理决策提供科学依据，一旦采纳，关系重大，因此，法律责任必不可少。

二、公众参与程序

公众参与是一种有计划的行动，它通过政府部门和开发行动负责单位与公众之间双向交流，使公民能参加决策过程并且防止和化解公民和政府机构与开发单位之间、公民与公民之间的冲突。

① 陈振明主编：《公共管理学》，中国人民大学出版社 2003 年版，第 472 页。

（一）校园安全风险规制中公众参与的必要性

1. 实现公民民主权利和参与权利的需要

根据我国《宪法》的规定，中华人民共和国的一切权力属于人民。人民依照法律规定，通过各种途径和形式，管理国家事务，管理经济和文化事业，管理社会事务。这是公众参与政府决策的根本性法律依据。公众参与校园安全风险治理决策过程是人民当家作主的实践诠释。

2. 提高决策质量、实现科学决策的重要保证

实现科学决策，需要获得充足、全面、准确的信息。[①]要准确、充足、全面地获取信息，仅仅依靠政府工作人员收集是不够的，必须通过公众参与来实现。具体包括两种信息：一是有关校园安全治理中公众价值和偏好的信息；二是关于校园安全风险治理解决方案的技术信息。

3. 增强决策的可接受性，减少决策执行中的阻力

决策是为了执行，决策执行的效果与决策被公众接受的程度密切相关。通过公众充分发表意见和建议，广泛参与决策过程，可以提高校园安全风险治理决策的合法性和可接受性，从而减少决策执行中来自公众层面的阻力，实现校园安全治理决策的预期目标。

（二）校园安全风险规制中公众参与的途径

1. 建立激励机制和宣传教育，增强公众参与的意识和能力

在我国实践中存在着公众参与意识不强，积极性不高的问题。主要原因在于民众对参与的预期成本和预期收益的估计和权衡，预期净收益不足。因此，应该降低参与的预期成本，增加预期收益，建立参与的激励机制。具体举措主要有：一是建立参与补贴制度，对公民参与的机会成本进行补偿；运用适当的参与方式，如电子政务等，缩短参与的时间；适当安排会议地址，为参与者安排交通工具和提供交通补贴，降低交通成本；健全和完善政务信息公开制度，对公众

① 李占乐：《公众参与：重大行政决策的必经环节》，载《团结》2017年第3期。

参与涉及信息的核心内容提前告知公民。二是提升公众参与的效能感。主要是建立制度化的公众参与回应机制，对公民公众提出的意见和要求，无论是否采纳都要给出充分的理由和解释。除此之外，大力开展宣传教育，提升公众的公民权利意识和参与意识，开展公众的科学文化素养教育，提高公众的整体受教育程度，从而提高公众的参与能力。

2. 开发和引进公民参与校园安全风险治理决策新的方法和技术

公众参与行政决策的方法和技术是在社会实践中探索和发展形成的。当代的公众参与行政决策实践已经发展出了许多参与的方法与技术。按照启动公众参与的目的，所有这些参与的方法和技术可以被划分为信息获取类、增进接受类和价值聚合类三大类。现实中比较常见的参与方法和技术主要包括座谈会、论证会、公民调查、公民会议、公开征集意见建议、咨询委员会、关键公众接触、听证会等。

3. 推进公众参与的制度化和法制化，实现公民有序参与

要实现公民有序地参与公共决策，公众参与的制度化和法制化是基本路径。同时，在公共决策中公众意见的采纳和反馈缺乏刚性制约是影响公众参与持续性的关键，同时最终也削弱了公众参与的积极性。而公众参与的制度化和法制化就是刚性制约的主要方式和表现形式。制度化和法制化还可以将现实中行之有效的公众参与方式、方法和技术固定定型，使之成为人们的行为准则和规范，成为必须采用的措施和遵守的制度。

三、政府决策程序

政府决策是指国家行政机关在法定的权力和职能范围内，按照一定的程序和方法而作出的处理国家公共事务的决定，是指政府在管理活动中为了达到一定目标对各种发展目标和规划以及政策和行动方案等作出评价和选择。

（一）校园安全风险规制的集体讨论程序

集体讨论决定是与个人决策相对的，政府决策应是由决策集体共同做出的。长期以来，我国经济欠发达，行政管理事务也比较简单，单凭一把手的主观判断和经验就能够处理好相关行政事务，加之个人决策效率较高，因此，个人决策一直是中国各级政府的主要决策方式。然而，随着经济社会的发展，行政管理事务越来越繁杂，因个人决策失误而造成了严重的经济、政治和社会损失，故而个人决策逐渐退出历史舞台，集体讨论决定成为各级政府在行政决策尤其是重大行政决策中频繁使用的决策方式。通过集体讨论决定重大行政决策，可以广泛收集信息，集中大家的智慧和经验。决策集体成员“对决策背景的深入了解、对决策问题的确定、对决策方案的共同商定、对决策结论的反复推敲以及决策集体成员之间的相互监督，可使公共利益得以维护”[①]，也能保障利益分配的公正性和公平性。校园安全风险治理决策因涉及主体多，社会影响大等特点，需要政府进行集体讨论然后作出决定，才能保证决策的民主性和科学性。

（二）校园安全风险规制的政府决定程序

1. 确定议题

在提交会议讨论决定之前，有关职能部门和行政人员就必须对校园安全风险治理决策进行深入调查研究，在广泛听取各方利益群体意见的基础上，结合实际情况确定议题。对具有全局性、方向性和战略性的重大问题，应进行专家咨询论证；对涉及面比较广、与广大群众利益密切相关的问题，应通过群众代表大会或者听证会等形式听取相关利益群体的意见和建议；对涉及重大项目安排和大额度资金使用的决策事项，应进行论证评估及合法性审查。

2. 召开会议

议题确定之后，党政主要负责人就要按议题内容和要求做好深度沟通和充分准备，在召开会议之前，要向出席会议的相关行政人员发出正式通知，通知内容包括会议时间、地点、议题及其相关要求等，以保证参会人员有时间了解相关议题情况。会议一般是根据具体讨论的事项由行政领导者或者书记召集和主持，并且由指定的行政人员负责记录，会议出席人数应该超过应出席人数的

① 赵娜、方卫华：《重大行政决策的集体讨论决定制度研究》，载《北京航天航空大学学报》2014年第1期。

一半。

3. 充分讨论

参加会议的行政人员要认真履行职责，成员之间既要敞开思想、各抒己见、集思广益、充分讨论，还要表明态度："同意""不同意""弃权"等，并且要说明持相关态度的理由。主持会议的领导在参会人员未充分发表意见之前，不得发表导向性意见。

4. 实行表决

对所讨论的重大行政决策进行表决时，应当根据议题逐项表决，并且要根据充分讨论的结果和少数服从多数原则，应到会成员超过半数表示同意的方案即为通过，应到会成员超过半数表示不同意的方案就要暂缓作出决定。主持会议的领导在作出通过或者暂缓决定时，对少数人的不同意见，要认真考虑分析，允许保留个人意见。

5. 执行方案

重大行政决策经集体讨论决定后，就要由参会成员按分工和职责组织执行方案，任何人不得擅自更改方案，对于少数人的不同意见，允许保留，但在集体没有作出新的决策之前，必须无条件执行。在决策方案的执行过程中，如果遇到重大突发事件，需要作出临时处置时，应当事后及时向上级领导报告。

6. 监督检查

政府职能部门要明确工作目标和时限要求，对决策方案的执行过程进行检查监督，并要建立健全决策后评估、纠错及赏罚办法。通过定期检查，及时发现决策方案执行过程中的失误，并纠正完善。参会人员都应该对集体决策的后果承担责任，如果集体讨论决定的决策给国家造成了恶劣的影响和重大的损失，那么主持会议的领导者应承担直接责任，其他参会领导和成员承担相应的责任。对于个人或者少数人不遵守集体决策的原则，擅自决定重大问题或者擅自更改集体决定，独断专行等情形，要依法进行处罚，处罚的方式有诫勉谈话、通报批评、降职、责令辞职、免职、给予党纪政纪处分、移送司法机关处理等。

第四章

校园安全风险的内部规制

第一节 校园安全风险内部防控标准化

学校是校园安全的第一责任人，学校应建立校园内部风险防控的规则与制度。通过标准化的方式来实现校园安全的内部风险控制，有助于校园安全的统一管理。学校通过校园安全的标准化建设，可以实现优化创新，用较少的人员和成本实现平时需要更多人力和成本才能解决的安全问题。

一、校园安全风险内控标准化的重要性

在传统碎片化、运动式的管理模式下，学校的工作重心不断地在学校安全管理的各个“片段”间切换，似乎并不清楚工作的整体任务。标准化管理通过对碎片化状态下那些重复、扭曲甚至相互矛盾的目标加以清理、消纳、整合，使学校安全管理的全部任务得到完整、清晰、一次性的界定，大大减轻学校的负担。同时，管理标准化能够整合不同类型学校安全事故应对中的共同要素，提高效率。例如，美国国土安全部和教育部推荐学校使用标准化的突发事件指挥系统（Incident Command System）来处理学校危机。在标准化的指挥系统中，各学校处理突发事件时采用统一的概念、原则和术语，指挥者发出一个简短指令，现场的所有人都能立即明白其全部意义，显著提升了应急管理效率。[①] 管理标准化等于向学校直接提供了一套完整的安全管理方案，节省了学校的探索成本。例如，学校在寻求恰当的外部合作者方面需要付出许多努力，而美国国土安全部将美国红

---

① 高小平、彭涛:《学校应急管理：特点、机制和策略》，载《中国行政管理》2011 年第 9 期。

十字会和全国抗灾积极分子志愿者组织等非政府组织直接纳入其公共安全管理体系，将其职能写入国家应急预案中，由教育部将这些非政府组织列入危机管理资源库，并向所有学校推荐，[①]大大提高了学校安全治理的效率。

二、校园安全风险内控标准化的法律依据

中小学校园安全治理标准必须依据现有法律法规的相关规定来制定，正如本书第二章所述，我国针对中小学校园安全已经形成了一个由不同效力级别法律文件组成的校园安全法律体系。明确校园安全风险内控标准，需要我们从校园安全法律体系中择取与学校内部管理相关的法律依据，细化为学校实践工作中的操作标准。

（一）行政法规

行政法规是由国务院颁布的正式文件，其效力级别比较高，仅次于法律。目前与中小学校园安全相关的行政法规有《校车安全管理条例》和《企业事业单位内部治安保卫条例》。其中，《校车安全管理条例》明确了配备校车的学校在校车安全管理中应当遵循的标准。包括学校应当建立健全校车安全管理制度，配备安全管理人员；学校应当与校车服务提供者签订校车安全管理责任书；学校应当对教师、学生及其监护人进行交通安全教育，并定期组织校车安全事故应急处理演练。同时，对校车使用许可，校车通行安全，校车乘车安全等均进行了明确规定。《企业事业单位内部治安保卫条例》则主要针对包括中小学校在内的事业单位内部治安工作进行了明确规定。包括单位内部治安保卫工作的具体要求；单位制定的内部治安保卫制度的内容；单位内部治安保卫机构、治安保卫人员应当履行的职责等。

（二）部门规章

部门规章主要是国务院部门出台的关于中小学校园安全的正式文件，其法

① 方展画、王东：《美国校园危机管理的组织架构分析》，载《高等教育研究》2008年第9期。

律效力低于行政法规，但由于其通常由教育行政部门出台，往往在现实中更具有针对性和适用性。目前中小学校园安全部门规章主要包括《中小学幼儿园安全管理办法》《学生伤害事故处理办法》《学校食堂与学生集体用餐卫生管理规定》《学校卫生工作条例》。其中，《中小学幼儿园安全管理办法》是专门针对中小学校园安全出台的规章文件，内容包括了各级行政机关对校园安全的管理职责，学校的日常安全管理要求，学校安全教育的内容与要求，以及校园周边安全管理的要求等。《学生伤害事故处理办法》则主要对学校内发生的学生伤害事故的处理程序及事故责任认定进行了明确规定。《学校食堂与学生集体用餐卫生管理规定》和《学校卫生工作条例》则分别是对学校饮食和卫生工作的专项规定。

（三）国务院规范性文件

与中小学校园安全相关的国务院规范性文件主要有《关于加强中小学幼儿园安全风险防控体系建设的意见》和《中小学公共安全教育指导纲要》。《关于加强中小学幼儿园安全风险防控体系建设的意见》将学校安全管理工作纳入了国家风险防控体系，对中小学、幼儿园安全风险防控体系进行了全面的顶层设计和系统的制度整合、机制创新，明确了对学校安全风险的预防能力、管控能力和化解能力的具体要求。《中小学公共安全教育指导纲要》主要规定了预防和应对社会安全、公共卫生、意外伤害、网络、信息安全、自然灾害以及影响学生安全的其他事故或事件六个模块。分别对小学1—3年级、小学4—6年级、初中年级、高中年级分阶段、分模块循序渐进地设置具体教育内容进行了规定。要求把不同学段的公共安全教育内容有机地整合起来，统筹安排。采取多种途径和方法全方位、多角度地开展公共安全教育。建立相应的保障机制以确保安全教育活动能够落实到位。

（四）部门规范性文件

部门规范性文件主要是教育部等国家行政部门根据我国校园安全形势不定时发布的具有针对性的文件。从类别上来看，主要包括三大类，第一类是关于校园安全的一般性规定。如《中小学幼儿园安全防范工作规范（试行）》，从人防、物防、技防以及安防建设四个模块阐述了安全防范工作各个方面的重点。第二类是关于校园安全某一方面的专项规定。如关于校园消防安全的《关于加强中小学幼儿园消防安全管理工作的意见》;关于防控体育活动风险的《学校体育运动风险防控暂行办法》;关于规范食品卫生安全的《学校食物中毒事故行政责任追究暂行规定》《关于进一步加强学校食堂食品安全工作的通知》等。第三类是关于应急管理的。如《中小学幼儿园应急疏散演练指南》,针对开展地震、火灾、校车事故等应急疏散演练的场所、通道、路线、用语、时间、警报信号以及演练次数均作出了明确的规定。还有关于突发事件应对的部门文件,如《教育系统事故灾难类突发公共事件应急预案》《教育系统公共卫生类突发事件应急预案》《教育系统自然灾害类突发公共事件应急预案》等。

三、中小学校园安全风险内控标准的主要内容

"校园安全标准体系,是与校园安全有关的标准按照一定的结构进行逻辑组合而组成的系统。"[①] 校园安全离不开标准化,因此,就需要制定大量的管理标准,以对校园安全标准化活动进行规范。根据我国关于中小学校园安全的法律规范规定,笔者建议,建立由组织领导与工作机制、制度建设、人防建设、物防建设、技防建设、安全教育与演练、安全事故应对等要素组成的标准化体系。

(一)组织领导与工作机制

1. 安全工作规划

学校应将校园安全风险防控工作纳入学校整体工作规划,统筹部署和安排校园安全工作。制订学校安全工作的具体计划和实施方案。

2. 安全责任制

学校应建立校园安全的稳定工作领导小组,层层签订安全责任书,形成安全责任制度体系。包括学校与教育行政部门,学校内部不同层级岗位之间根据各自职责范畴签署相应的安全责任书。

---

① 孙中仁、郭敬东、赵燕:《校园安全标准体系建设研究》,载《中国标准化》2012年第12期。

3. 资金投入

学校应在本校的经费预算中保障校园安全建设的资金投入，加强学校人防、物防、技防工作及建设投入，保障学校安防设施的建设。

4. 安全档案

学校应当建立规范的安全工作档案，记录日常安全工作、安全责任落实、安全检查、安全隐患消除等情况。

（二）制度建设

学校作为校园安全管理的主体，需要其积极制定安全管理制度，将安全管理列入年度考核目标，建立安全工作责任制，并及时落实各项安全管理措施。

1. 建立学校安保与门卫制度

第一，学校应当配备专职安保人员、必要的安全防护器材及监控和报警设施。学校安保人员应当着装整齐，配备统一标识，按照公安机关规定配备必要的防护器械，定期接受专业培训。第二，学校应当建立外来人员进出学校的询问登记制度。学校安保人员应当拒绝与教育教学活动无关的人员进入学校区域，要求可能或者已经危害学校安全、影响学校秩序的人员离开学校区域。经允许进入学校的车辆，应当按规定的线路和速度行驶，并在指定地点停放。第三，学校安保人员对非法携带易燃、易爆、有毒、有害物品、管制刀具和其他危险品的人员予以制止。对难以制止的违法行为、治安案件及涉嫌刑事犯罪案件应当立即报警，在公安人员未到达现场前，应当采取相应措施予以制止，并保护现场。第四，学校安防设施应当保持正常运转。安保人员及安防设施所需相关费用，由学校举办者负责解决。

2. 建立消防、通道安全管理制度

学校消防安全管理制度包括：第一，学校应当依法履行消防安全职责，按照有关要求配备消防设施和器材，设置消防安全标志，并定期组织检验、维修和更换，确保完好有效。第二，学校教学用房、学生宿舍、食堂、图书馆、体育（场）馆等人员聚集区域，应当配备消防应急照明设施，在主要出入口、电梯口、防火门等位置设置明显标志或者警示标语，提示火灾危险性，标明安全逃生路线和安全出口方位，并保证疏散通道、安全出口和消防车道畅通。

学校应当在校内高地、水池、报告厅、楼梯口及其他易发生危险的地方，设置安全警示标志或者防护设施。在容易发生拥挤的通道和时段，学校应当安排专人疏导，防止学生发生拥挤踩踏。

3. 建立饮食卫生安全管理制度

学校饮食卫生安全管理制度包括：第一，学校提供给学生的食品和饮用水，应当符合国家规定的标准；第二，学校食堂经营者应当依法取得餐饮服务许可，遵守食品安全法律、法规和规章规定，建立食堂物资定点采购和索证、登记制度与饭菜留验和记录制度。提供餐饮服务的人员应当持有健康证。

4. 建立危险品及特殊设备专项管理制度

学校危险品及特殊设备主要包括易燃、易爆、有毒、有害物品和其他危险品，文艺、体育等其他技能操作用品及设施设备，教学实验所使用的化学药品、生物制剂、器具等，学校区域内的锅炉、压力容器、气瓶等特种设备、特殊训练场地和器械、电力等设施设备。学校对以上危险品和特殊设备的储存、使用、保管、运输和处理应当符合国家有关规定，建立相关物品的专项管理制度，严格采取相关措施保证其安全性。

5. 建立医疗卫生安全管理制度

第一，学校应当按照国家有关规定配备专（兼）职医务人员或者卫生保健教师，购置必需的急救器材和药品，做好学生的医疗卫生安全保护工作，保障对学生常见病的治疗和人身伤害的基本处置；建立学生健康档案，落实学生定期健康体检制度。第二，学校应当协助卫生行政部门和疾病预防控制机构做好学校疾病防控工作，任何单位或个人不得擅自或越权组织学生群体服药。第三，中小学应当配备专（兼）职心理咨询教师，开展心理健康辅导，做好学生的心理咨询和疏导工作。另外，学校卫生安全方面还需注意，学校统一购置的学生服、军训服、被褥等絮用纤维制品，应当经有资质的检验机构检验合格。

6. 建立校车安全管理制度

配备校车的学校应当按照《校车安全管理条例》及其他相关规定建立校车安全管理制度，加强对校车的安全维护，定期对校车驾驶人进行安全教育，保障乘坐校车学生的安全；由校车服务提供者提供校车服务的，学校应当与校车服务提供者签订校车安全管理责任书，明确各自的安全管理责任，落实校车运行安全管理措施。

7. 建立安全信息通知制度

学校应当及时通知学生监护人的情况包括：学生应当到校而未到校、学生参加校外活动未按时到达指定集合地点、学生擅自离校或者擅自离开校外活动队伍、学校在教育教学活动中发现学生突发疾病、意外伤害或者心理异常等情况。

8. 住宿学生安全管理制度

提供学生住宿的学校应当配备专职人员负责学生宿舍管理，建立宿舍管理制度，落实夜间值班、巡查责任，加强对女生宿舍的安全管理，加强对宿舍用电和防火防盗设施的安全检查；学校不得租用普通民用住宅作为学生宿舍。

9. 集体活动安全管理制度

学校组织大型集体活动应当事先告知学生在活动中需要注意的安全事项，确定专人负责安全工作，对活动场地、设施进行安全检查，制订应急预案，并采取必要的防范措施，依法需要批准的，学校应当按照相关规定报批。

10. 突发事件停课制度

发生洪水、地震等自然灾害，重污染、暴雨等特殊气象天气和重大传染病等突发事件时，学校应当按照有关规定采取停课措施，通过多种途径及时将停课安排告知监护人和学生，预警解除后，要及时通知学生复课。

11. 信息网络安全管理制度

学校应当按照计算机信息系统等级保护的相关规定，建立信息网络安全管理制度，落实安全保护技术措施，维护校园信息网络安全。

12. 明确教职工、学生监护人的责任和义务

学校教职工应履行对学生安全教育和保护职责，遵守法律、法规、学校安全管理规定和工作纪律，不得有侵害、侮辱、体罚或者变相体罚学生的行为，防止对学生造成身心伤害。当发生突发安全事件时，不得擅离岗位。

学生监护人应当依法履行监护义务，配合学校对学生进行安全教育、管理和保护，发现学生有特定疾病、特异体质或者其他异常生理、心理情况的，应当如实告知学校。

13. 学校安全保险制度

学校应当投保校方责任保险。鼓励学生监护人投保学生人身意外伤害保险。

（三）人防建设

1. 安全管理机构及人员

校长是学校安全保卫工作第一责任人。学校应设立安全管理机构；配备专（兼）职安全保卫人员，聘用专职门卫和保安员。

2. 保安员的聘用及管理

学校应按照《保安服务管理条例》择优聘用保安员，实行由派驻的保安服务公司和学校双重管理。学校应当与保安服务公司签订保安服务合同。师生员工总人数少于100人的学校至少配1名专职保安员；100人以上1000人以下的学校，至少配2名专职保安员；超过1000人的学校，每增加500名学生增配1名专职保安员。寄宿制学校至少配2名专职保安员，在上述标准的基础上每增加300名寄宿生增配1名专职保安员。

3. 保安员、门卫、安全保卫人员的职责

熟悉学校安全管理、治安保卫相关法律法规、安全标准和规章制度，熟悉掌握学校及周边治安特点及校园安全防范工作重点；执勤时应按有关规定着保安服或佩戴学校保卫人员标识，携带橡胶警棍等相应的安全防卫器械和应急处置装备，并熟悉使用方法。对发现与违法犯罪有关的可疑情况及时报警，对正在发生的侵害师生的违法行为，迅速使用防卫器械先期处置。

4. 门卫管理

学校门口24小时有人值守，其他出入口开启时有人值守；做好车辆、人员进出登记，防止未经许可人员进入学校。

5. 校园安全巡查与检查

对学校重点部位及周边巡查每日不少于5次。学校应当定期对建筑物、构筑物、悬挂物、设备、设施的安全使用情况进行检查。发现存在安全隐患的，应当排除安全隐患、停止使用，设置警示标志，采取措施及时维修或者更换。寄宿制学校每栋宿舍楼应至少设1名专职或兼职宿舍管理员（女生宿舍楼宿舍管理员须为女性），开展夜间巡查每天应不少于2次。寄宿制学校放学后及夜间时段，应至少有1名保安员在岗执勤。

（四）物防建设

1. 学校围墙高度

学校应当设置高度不低于2米的围墙或其他实体屏障。

2. 门卫配备器械要求

防暴头盔（1顶／人）、防护盾牌（1副／人）、防刺背心（1套／人）、防割手套（1副／人）、橡胶警棍（1支／人）、强光电筒（1支／人）、自卫喷雾器（1支／人）、安全钢叉2套。

3. 防盗设施要求

要求在学校视频监控室、财务室、实验室、计算机室等贵重物品和设备点，档案室、中考高考试卷保管室等保密资料存放点，有毒、有害、易燃和其他危险品存放场所的出入口安装符合相关技术标准的防盗安全门，窗户应安装金属防护栏等防护设施。

4. 路灯要求

校门和校内学生行进主要道路、教学楼和宿舍楼通道等部位、地段安装路灯，亮化率达100%。

5. 消防设施要求

教学楼、学生宿舍、食堂等学生集中学习和生活场所按国家有关消防技术规范配置消防设施、配备消防器材，定期检测更新，保持完好有效。安全出口、疏散通道、消防通道应保持畅通，按规定设置消防疏散指示标志和应急照明装置。学校宿舍未设置火灾自动报警系统设施的，应安装点式火灾报警探测器。

6. 危险地提示

学校应当在校内高地、水池、楼梯、落地玻璃门、在建工地等易发生危险的地方设置警示标志或者防护设施。

7. 交通警示

校内根据需要设置规范的安全警示牌、交通标志标牌标线、交通信号灯、人性设施、分隔设施、停车设施、减速带等。

（五）技防建设

1. 视频图像采集装置要求

学校应在大门口设置视频图像采集装置；教学楼、学生宿舍楼主要出入口、走廊，食堂操作间、配餐间、留样间内和储藏室的出入口，操场等人员聚集场所应安装视频图像装置。

2. 紧急报警装置要求

学校门卫室应设置一键式紧急报警装置，并与属地接警中心联网。易燃易爆等危险化学品储存室、财务室、实验室等重要场所在安装视频图像采集装置的基础上应安装入侵警报装置。

3. 安防监控室的设置要求

学校应设置安防监控室，并由专人负责，保证有人员值班；学校各部位的视频监控应不间断进行图像采集，保存时间应不少于30天。安全技术防范系统出现故障时，应在24小时内恢复功能。

（六）安全教育与演练

1. 安全教育课程

学校应当将安全教育纳入教学计划。在学科教学和综合实践活动课程中渗透公共安全教育内容。

2. 安全教育的时间

学校在开学初、学期中、放假前以及开展集体活动前，有针对性地对学生进行安全教育。

3. 安全教育的形式

学校要充分利用班、团、校会、升旗仪式、专题讲座、墙报、板报、参观和演练等方式，采取多种途径和方法全方位、多角度地开展公共安全教育。

4. 应急演练要求

学校应当按照有关规定制订突发事件应急预案，对教职工进行安全教育和应急处置培训，定期组织师生开展多种形式的应急演练，提高应急处置能力。学校应根据演练方案的要求，成立由校长、有关校领导及工作人员组成的演练指挥部（领导小组）。中小学校每月至少要开展一次应急疏散演练。

（七）安全事故应对

1. 学校的通知救助义务

发生学生伤害事故，学校应当及时救助受伤害学生，并应当及时告知未成年学生的监护人；有条件的，应当采取紧急救援等方式救助。

2. 学校的上报义务

发生学生伤害事故，情形严重的，学校应当及时向主管教育行政部门及有关部门报告；事故处理结束，学校应当将事故处理结果书面报告主管的教育行政部门。

3. 事故解决方式

发生学生伤害事故，学校与受伤害学生或者学生家长可以通过协商方式解决；双方自愿，可以书面请求主管教育行政部门进行调解。

第二节　学校体育运动风险致因与风险防范

学校体育是学校教育的重要组成部分，是促进学生体质健康，培养学生健全发展的重要教育活动。体育运动的独特性使得运动过程中存在着发生伤害事故的客观风险。特别是对于学生主体为未成年人的中小学来说，体育运动伤害事故的发生，不仅给当事学生及家长带来身心伤害和经济损失，由此产生的法律纠纷也给学校、教师和学生家庭造成不良影响。更为重要的是，由于大众所带有的学校应承担“无限责任”的惯性思维无形中给学校的体育教学增添了压力，由此导致一些学校开始在体育教学中采取消极防范策略，如取消危险性大的项目，减少体育活动的时间等，严重影响了正常的体育教学活动，与体育本身的培养目标与初衷背道而驰。

事实上，体育运动伤害事故的风险致因类型和责任承担比例具有潜在规律，学校在不同类型因素导致的事故中承担的责任比例有大小之分。如果我们可以对体育运动伤害事故的风险有明确的预判，并能够预估不同风险因素导致的事故各主体可能承担的责任与限度，那么，学校将极大可能地根据这种风险致因和可能承担的责任有效采取措施降低体育运动的风险，同时，也可以放心合理地开展正常的体育教学活动。为此，笔者将通过真实发生的司法判例的研究来探寻这种规律，厘清风险来源，明晰主体责任，希望可以有效防控体育运动伤害事故的发生，最大化地发挥体育的效能和作用。

一、学校体育运动伤害事故司法案例的基本情况

关于体育运动风险，在以往的研究中更多的是从风险管理学的视角，运用风险识别的方法，包括问卷调查法、经验借鉴法、风险清单检查法、流程图法等运动风险管理中常见的方法。上述方法的资料和数据来源一般包括两种，一种是以不同的媒介形式（网络、电视、报刊、专业文献等）出现并保存下来的风险事件信息，该类信息一般未经过详尽整理，多以零散状态存在，而且事件的真实性有待查证。另一种是研究者通过实地调查和访谈得来的数据，该类信息相对更为真实和具有逻辑性，但同时也具有一定的主观性和个案性特征。基于此，笔者选择采取了司法判例大数据的调查方法。司法判例大数据，是指真实发生的，且已经法院审判形成正式生效判决书的案例数据。司法判例大数据既不同于媒体的报道，也不同于当事人的主观陈述，而是由法院这一具有司法权威的国家机关经过缜密的审理和判断，最终依法形成判决的案例，从而保证了数据的客观性、真实性和公信力。通过对判决书的分析，我们可以了解到法院最终认定的客观事实、法院审判的理由和最终的判决结果，从而挖掘出该类事故的风险致因，以及事故责任主体对责任承担的具体情况。

由于本研究涉及对法律责任的分析，所以核心概念将依据我国现实立法中的名词界定。根据教育部 2015 年 4 月 30 日颁布的《学校体育运动风险防控暂行办法》中第 2 条的规定，学校体育运动，是指教育行政部门和学校组织开展或组织参与的体育教学、课外体育活动、课余体育训练、体育比赛，

以及学生在学校负有管理责任的体育场地、器材设施自主开展的体育活动。学校体育运动风险，是指学校体育运动过程中可能发生人员身体损伤的风险。体育运动伤害事故，是指体育运动中发生的造成人员身体损伤后果的事故。基于上述概念的界定，本研究的风险致因指可能导致发生体育运动伤害事故的因素。责任归属，指在体育运动伤害事故中不同责任主体承担法律责任的比例。

笔者利用威科先行法律信息库作为检索工具，第一步，采用法条检索法，即通过分别输入学生伤害事故案件所适用的法律条款（即《侵权责任法》第 38 条和第 39 条）为关键词，检索全国范围内在 2016 年 1 月 1 日到 2016 年 12 月 31 日法院做出裁判的学生伤害事故案件。第二步，针对检索出的案例进行阅读分类，一是从主体上仅保留发生在中小学的案例，二是从类型上仅保留体育运动类伤害事故案例。第三步，进一步筛选，确定最终案例样本。一是剔除裁定书和调解书，仅保留判决书。[①] 二是同一案件经过两审法院的，将保留二审法院判决书，剔除一审判决书，避免案例的重复性。最终，确定案例样本为 181 例中小学体育运动伤害事故案例。

在 181 例案例样本中，从学校类型来看，发生在小学的案例 83 例，发生在中学的案例 98 例。从受害学生的行为能力 [②] 来看，无行为能力学生伤害事故案例 38 例，限制行为能力学生伤害事故案例 143 例。从法院审理的级别来看，仅经过一审判决的案例 118 例，经过两审终审的案例 63 例。从案例发生的区域来看，分布在我国 22 个省、自治区、直辖市。其中，北京、山东、安徽三个省及直辖市的案例样本比例最高。笔者分析其原因可能为，一是该区域人口基数较大，相对来说发生体育运动伤害事故的比例较高，如山东省；二是该区域公民权利意识较强，司法环境较为完善，受害人选择通过诉讼途径解决纠纷的比例较高，如北京市（见表 4–1）。

---

① 因为裁定解决的是诉讼过程中的程序性问题，不涉及实体法律关系；而调解书的内容要素不够完整。

② 受害学生的行为能力关系到该伤害事故案件的法律适用条款。

表 4–1　案例样本的基本情况

学校类型	小学	83
	中学	98
受害学生的行为能力	无行为能力	38
	限制行为能力	143
审级	一审	118
	二审	63
发生区域（事故数量排在前三位）	北京	18
	山东	18
	安徽	16

二、学校体育运动伤害事故的风险致因

笔者将中小学体育运动伤害事故的风险致因分为三大类，分别为体育运动环境和场合的因素、教师与学生行为的因素，以及场地及体育设施器材的因素。

（一）环境因素

学生在进行体育活动的过程中，每一天面对的环境是截然不同的，环境中的风险因素既有自然气候条件因素，也有活动类型和情景因素。[①] 由于案例样本数据中基本没有呈现因自然气候条件导致的事故，故本研究将主要分析活动类型和场景环境因素。从体育运动的场景来看，发生在体育课上的学生伤害事故类型最多，占到 84.53%（见表 4–2）。体育课发生运动伤害事故比例高的主要原因与其上课频率高有关系，因为体育课属于学校正常教育中的常规教学科目，几乎每所学校每周都会有课程安排，而运动会、篮球赛等体育竞赛在学校教育活动中举行的频率较低，相对来说发生事故的案例也偏少，体育训练则多为体育学校或针对体育特长生的训练，发生频率更低，案例也更少。

---

① 王苗、石岩：《小学生体育活动的安全问题与风险防范理论研究》，载《体育与科学》2016 年第 6 期。

表 4–2　不同体育运动场景中发生事故的频率

体育运动场景	案例数量	比例（%）
体育课	153	84.53
体育竞赛	17	9.39
体育训练	9	4.97
其他体育活动	2	1.11
总计	181	100

由于体育课是一种常规存在且发生事故案例频率最大的运动形式，笔者针对体育课上发生的 153 例案例按照运动类型又细分为六类（见表 4–3）。经比较可以发现，体育课上的自由活动时段是发生伤害事故案例频率最多的环节。自由活动，一般是指教师在完成正常的教学内容后，留给学生自我安排活动的时间。由于自由活动时学生分散活动，活动内容多样化，很容易分散教师的注意力，使个别学生脱离教师的监管，从而导致事故的发生。事故发生频率排在第二位的运动类型是跑跳类，跑跳类运动在教学中属于常规性教学内容，特别是跑步，一般的体育课都会将其作为正式教学内容的热身准备，其存在的概率很大，相对发生事故的概率也较大。另外一项容易发生事故的教学内容是对抗性运动，如足球、篮球等。对抗性运动由于存在两个以上运动主体同时运动且具有对抗竞争的因素，使其天然具有较高的安全风险，相应地发生伤害事故的概率比较大。

表 4–3　体育课不同类型教学内容发生事故的频率

教学内容的类型	案例数量	比例（%）
自由活动	51	33.33
跑跳类运动（跑步、跳高、跳远、跳箱、跳鞍马）	44	28.76
对抗性运动（足球、篮球）	18	11.76
攀爬类运动（云梯、高低杠、单双杠）	13	8.50
投掷类运动（投实心球）	10	6.53
其他运动	17	11.12
总计	153	100

（二）人为因素

学校体育不同于竞技体育，不是单纯的单一主体的活动，而是在体育教师的组织下发生的有相互作用的动态过程。在这一动态过程中，教师和学生都会因自身注意义务的降低而导致事故发生的可能。所以，从行为主体来看，中小学体育运动伤害事故中最为主要的两大主体即是教师和学生。从教师主体因素分析来看，在 181 例案例中，有 55 例事故发生的原因包含教师没有及时发现和制止学生危险行为的因素，有 20 例事故发生的原因包含教师没有采取安全防护措施的因素，有 18 例事故发生的原因包含教育教学安排不合理的因素。从学生主体因素分析来看，有 41 例事故发生的原因包含学生之间互相打闹的因素，有 68 例事故发生的原因包含受害学生自身对行为没有正确认知的因素（见表 4–4）。①

表 4–4　体育运动伤害事故发生的人为因素

主体因素	事故发生的原因	案例数量
教师因素	教师没有及时发现和制止学生的行为	55
	教育教学安排不够合理	18
	采取的安全防护措施不到位	20
	事故发生后没有采取及时、恰当的救助	16
	教师没有进行必要的安全教育和提示	15
学生因素	学生之间互相打闹	41
	受害学生自身对行为的错误认知	68
	受害学生自身患有疾病	2

可以看出，教师的影响因素主要表现在教师在组织、管理学生进行体育运动中没有尽到注意义务。包括事前对学生没有进行必要的安全教育和提示、采取的安全防护措施不到位、教学安排不够合理，事中没有及时发现和制止学生的危险行为，事后没有采取及时、恰当的救助行为等。学生的影响因素则主要

① 表 4–4 统计的数据依据案例判决书中法院所认定的造成事故原因的要素，一个案件可能包括一个或一个以上的原因要素，所以该表数据中的数量总和并不是案例样本的总数。

体现在学生对事故风险的认知不足。由于个体对风险事件的认知能够极大地影响到他们的情绪状态（如生气、焦虑和害怕等），从而进一步影响其态度与行为，因此，对客观风险的错误判断会导致不当决策和不安全行为的产生，这是造成体育活动风险事故的主要原因。[①] 中小学生由于年龄大多为十八岁以下的未成年人，其对风险的识别能力、自我控制和救助的能力非常有限，其常常因疏忽大意或过于自信的过失导致事故的发生。

（三）物的因素

物的因素在学校体育运动伤害事故中主要体现为运动场地和体育设施器材的安全隐患。分析具体导致事故的原因可以发现，有场地与运动项目不匹配的情况，如跳远的沙坑不符合软硬度的要求，跑步的场地没有铺设塑胶跑道等；有体育运动的防护设施不到位的情况，如跳高时铺设的海绵垫的大小厚度不符合要求；有场地没有及时清理、检查的情况，如操场上有冰面没有及时处理，雨后的积水没有及时清理等导致事故发生（见表 4–5）。

表 4–5 不同类型物的因素导致事故发生的情况

物的因素的类型	案例数量
场地不符合运动项目的要求	8
体育运动的防护设施不到位	7
场地没有及时清理、检查	4
场馆设计存在缺陷	1

三、体育运动伤害事故中不同风险致因下的责任承担

通过上述对案例样本的分析可以发现，导致体育运动伤害事故风险的因素是多元化的，既有人为因素，也有环境和场地设施的因素，不同类型因素导致

① Sjoberg L，Moen B E，Rundmo T. Explaining risk perception : An evaluation of cultural theory. Rotunde public asjoner，2004 : 5–38.

的事故责任主体承担责任的比例是不同的。本部分笔者将选择具有代表性的几组风险致因与责任比例关系进行分析研究。

（一）单一物的因素导致事故的责任承担

单一物的因素，是指除了物的因素之外，没有其他因素导致事故的发生，物的因素是导致事故发生的唯一因素。在这种情况下，由于学校对于校内的物具有管理和保障的义务，学校具有保证体育运动场地及体育器材设施安全性的义务，学校即成为该类型事故的主要责任主体。我们可以看到，在该类型事故中，90% 的案例学校都要承担 50% 以上的责任，而且有一半的案例学校承担的是全部责任（100% 责任）。相对来说，学生的责任则要小很多，要么是无责，要么是 50% 以下的责任（见表 4–6）。

表 4–6　因体育器材设施及场地安全隐患导致事故的责任承担情况

（单位：%）

责任主体	无责（0）	50% 以下的责任	50% 以上的责任	全责（100%）	合计
学校	0	10.00	40.00	50.00	100
受害学生	50.00	50.00	0	0	100

（二）人为因素导致事故的责任承担

1. 教师因素导致事故发生的责任承担

在学校体育运动伤害事故中，由于教师是学校的职员，其所实施的行为是代表学校，所以因教师行为导致的事故责任由学校承担。在教师未尽到注意义务的事故类型中，教学安排不合理和安全防护措施不到位，学校承担的责任比例相对较高，承担 50% 以上的责任的超过了一半。因为这两种行为完全是学校应当尽到的注意义务。而发现和制止危险行为以及救助行为，属于事故已经发生后的义务，不是引发事故的直接原因，学校承担责任的比例相对较低（见表 4–7）。

表 4–7　教师因素导致的事故中学校责任承担情况

（单位：%）

事故原因	无责（0）	50% 以下的责任	50% 以上的责任	全责（100%）	合计
教育教学安排不够合理	0	33.33	25.00	41.67	100
教师没有及时发现和制止学生行为	0	50.00	13.64	36.36	100
事故发生后没有及时、恰当救助	0	83.33	0	16.64	100
没有进行必要的安全教育和提示	0	66.67	33.33	0	100
采取的安全防护措施不到位	0	15.38	31.54	53.08	100
没有证据证明尽到教育管理职责	0	17.65	35.29	47.06	100

2. 侵权学生引发事故的责任承担

在学校体育运动伤害事故的类型中，除了学校和受害学生两方主体外，还可能存在第三方主体，即侵权人。该侵权人通常是指在体育运动中实施侵权行为导致他人受伤的学生，最常见的即是学生之间因故意或过失打闹引发的事故。据此，可以把学校体育运动伤害事故分成两种类型，一种是无侵权人事故，另一种是有侵权人事故，两种类型的案例中学校承担责任的比例不同。在案例样本中，共有 125 例没有侵权人的伤害事故，在该类型事故中，学校在一半以上的事故中都承担 50% 以上的责任，承担全责的达到 33.6%（见表 4–8）。

表 4–8　无侵权人情况下不同主体承担责任的比例

（单位：%）

责任主体	无责（0）	50% 及以下的责任	50% 以上的责任	全责（100%）	合计
学校	5.60	32.00	28.80	33.60	100
受害学生	33.60	40.00	20.80	5.60	100

而在有明确侵权人的 56 例事故案例中，尽管是发生在学校的事故，但学校没有承担全责的情况，73.21% 的案例中学校是承担 50% 以下的责任。在该类型案件中，侵权人是主要的责任承担者，其不存在无责的情况（见表 4–9）。

表 4-9　有侵权人情况下不同主体承担责任的比例

（单位：%）

责任主体	无责（0）	50% 及以下的责任	50% 以上的责任	全责（100%）	合计
学校	3.57	69.64	26.79	0	100
侵权学生	0	60.71	37.50	1.79	100
受害学生	30.35	67.86	1.79	0	100

对比表 4-8 与表 4-9 可以发现，由于有侵权人的出现，学校承担责任的比例明显降低（见图 4-1）。

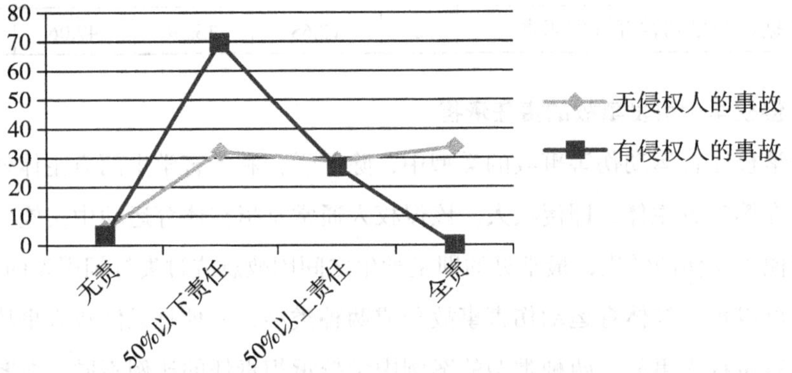

图 4-1　无侵权人和有侵权人事故中学校承担责任比例的对比

3. 受害学生年龄因素对事故责任承担的影响

从受害学生的年龄来看，中小学学生基本都为十八岁以下的未成年人，对体育运动风险的认知及自控能力都非常有限。法院在判定中小学体育运动伤害事故责任的时候，会按照学生的年龄将其划分为无行为能力人和限制行为能力人。无行为能力人是指 10 周岁[①]以下的儿童，在学校中一般为小学一年级到小学四年级的学生；限制行为能力人是指 10 周岁以上，不满 18 周岁的学生，在学校中一般为小学四年级以上到高三年级的学生。不同类型行为能力的学生，在体育运动伤害事故中承担的责任大小并不相同（见图 4-2）。

① 自 2017 年 10 月 1 日起，根据《中华人民共和国民法总则》第 20 条的规定，不满八周岁的未成年人为无行为能力人。

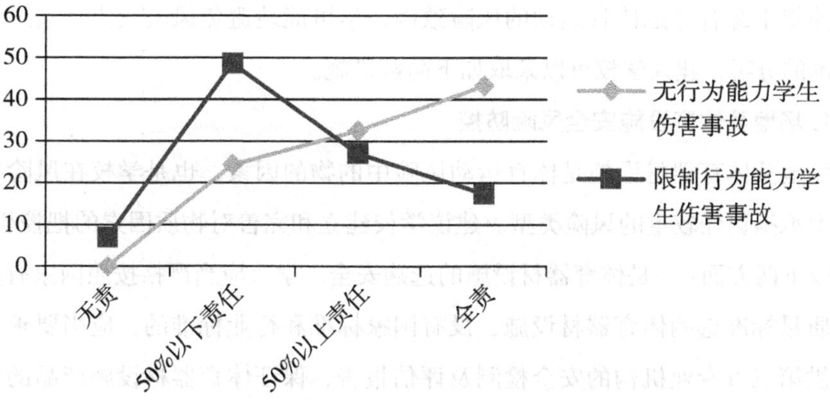

图 4–2 学校在无行为能力学生事故和限制行为能力学生事故中责任承担对比

在无行为能力学生伤害事故中，学校没有不承担责任的情况，而且承担 50% 以上责任的占到 75.68%。而在限制行为能力学生伤害事故中，学校承担 50% 以下责任的超过了一半。可见，法律对学校在保护无行为能力学生的安全管理中要求的注意义务更高。

四、学校体育运动风险防范建议

体育运动自身所具有的高风险性叠加外部风险致因产生综合作用，使得体育运动伤害事故具有客观存在的风险。不过风险是一种概率，虽然我们无法做到完全消除风险，但可以通过研究来尽可能地降低发生风险的概率。厘清风险致因，明晰主体责任，探索建立中小学体育运动的风险防控机制，有助于减少中小学体育运动伤害事故的发生。

（一）建立学校体育运动风险应对机制

风险应对是指针对风险致因制定合理的干预手段，以达到避免或降低风险事件发生概率、减小风险损失并最终达到促进运动安全的目的。[①] 建立体育运动风险应对机制并不是要减少或取消体育运动，而是在正常开展体育教育教学活

① 陈德明、李晓亮、李红娟：《学校体育运动风险管理研究述评》，载《北京体育大学学报》2012 年第 9 期。

动的前提下综合考虑体育运动的风险致因，尽可能地避免风险发生。通过对案例样本的分析，建议学校可以采取如下防范措施。

1. 场地及体育设施安全风险防控

场地及体育器材设施是体育运动风险中的物的因素，也是学校在风险事故类型中承担责任较重的风险类型。建议学校建立和完善对物质因素的把控机制，注重以下两方面：一是体育器材设施的选购安全。学校应当严格按照国家有关产品和质量标准选购体育器材设施，没有国家标准和行业标准的，应当要求供应商提供第三方专业机构的安全检测及评估报告，保证体育器材设施产品的安全性。二是体育器材设施及场地的安全管理。学校应当根据体育器材设施及场地的安全风险进行分类管理。具有安全风险的体育器材设施应当设立明显警示标志和安全提示。学校应当对体育器材设施及场地的使用安全情况进行定期巡查和维护，根据安全需要或相关规定及时更新和报废相应的体育器材设施，及时消除安全隐患。

2. 体育课教学活动中的风险防控

教师进行教学设计的时候，除了考虑目标、内容、重难点等要素外，还要排查教学过程每一环节的安全隐患，要对教学过程中的各种组织活动做出认真的规划。[①] 应认真检查体育器材设施及场地的安全性；在进行正式体育运动之前，教师应当按照教学要求，详细分解讲解，指导学生充分热身，对学生进行必要的安全教育和提示；在正式的体育运动中，教师应采取规范的安全防范措施，并对学生采取正确的保护与帮助。一旦发现学生有危险行为，应当立即制止。对于有特异体质或者特定疾病的学生，不适合参与体育课或统一规定的体育锻炼的学生，学校知道或应当知道的，要采取措施减少或免除其体育活动。

3. 体育竞赛中的风险防控

学校组织开展大型体育活动或体育比赛应当建立专门的应急预案，它是指针对可能出现的体育风险来源以及发生过程而专门制订的应对计划，是用于无预警信息风险事件的一种措施，其目的是对付突发性风险事故发生造成的心理

---

① 郝明：《体育课的安全风险与有效规避》，载《体育学刊》2015 年第 2 期。

恐慌与混乱。[①]同时应成立安全管理机构，有专人负责竞赛的安全工作。赛前应检查体育器材设施及场地，设置相应安全设施及标识，设置现场急救点，安排医务人员现场值守。在进行体育竞赛之前，要针对参加的学生进行专门的安全教育和提示。大型体育活动或体育比赛需要第三方提供交通、食品、饮水、医疗等服务的，应当选择有合格资质的服务机构，依法签订规范的服务合同，保证服务的质量。

（二）合理界定学校在体育运动伤害事故中的责任和限度

现实中，公众往往认为学校对学生具有事无巨细地管理和保护职责，学生只要在学校发生事故，学校即应承担无限责任。事实上，赋予学校无限责任不仅不符合法律规定，而且违背了公平原则，并不利于体育运动伤害事故风险的降低。过分强调学校的责任容易出现两个弊端，一是容易推动学校采取消极回避措施，萎缩体育教学的功能和作用；二是学生由于认为学校会承担全部责任而在日常体育运动中放松对自身的控制和管理，反而容易促使伤害事故的发生。基于此，笔者认为，学校在体育运动伤害事故中承担的责任是有合理限度的。通过对司法案例大数据的分析，建议我国立法和司法部门应从以下几个方面合理界定学校的责任。

1. 风险来源与学校承担责任比例的关系

中小学体育运动伤害事故的风险致因多种多样，既有环境因素，又有物的因素，还有人为因素。我们在判断学校责任的时候，应当考虑到事故风险来源的不同决定着事故各方主体承担责任大小的不同。首先，如果风险来源于学校内部的物质环境，包括运动场地和体育器材设施的配置，课程设置和安排等，学校是负有安全管理注意义务的主要主体，如果因此导致事故的发生，学校将承担主要责任。其次，如果风险来源于有明确第三人的侵权主体，那么侵权人应当承担主要责任，学校承担次要责任。如果风险来源于教师在体育运动中没

---

① 杨辉：《基于风险管理视角的学校体育风险识别及应对策略研究》，载《重庆交通大学学报（社会科学版）》2010年第4期。

有尽到注意义务，如未合理安排教学内容，未进行必要的安全教育和提示等，学校将代表教师承担该事故的主要责任。最后，如果风险来源于受害学生自身，如受害学生自身疾病导致的事故，那么受害学生在此事故中承担主要责任。

2. 受害学生的自我认知与判断能力因素的影响

如前文所析，受害人的年龄影响到事故发生后各主体责任的承担，也就是说，受害学生自我认知与判断能力的高低决定着学校在事故中承担责任比例的高低。如果受害人自身能够预见、避免和应对的安全风险，发生事故后学校所承担的责任相对较低，反之，则责任承担比例增高。正如我国《侵权责任法》中对学校伤害事故归责原则的确定。《侵权责任法》选择按照学生的年龄来划分责任承担，即体现出立法者对受害人自我认知和保护能力的考虑。8 周岁以下的儿童，属于无行为能力者，其自我控制、保护和救助能力非常有限，所以法律对学校的责任要求很高，一旦发生事故，只要学校无法证明自己尽到了教育管理职责，就推定学校承担责任。而对于 8 周岁以上，18 周岁以下的学生，其具有了一定的自我防控能力，所以法律规定学校只有具有过错才会承担责任，学校承担责任的比例相对降低。基于此，在判定学校在体育运动伤害事故中责任承担的时候应当将这一因素考虑在内。

3. 自甘风险原则在体育运动伤害事故中的运用

自甘风险原则，是指行为人明知某种行为具有危险性，但仍然自愿冒险去从事该行为，在危险发生造成自身损失时由受害人自己承担。自甘风险原则被国际上的很多国家适用于学生体育伤害事故的处理之中，已经成为一种常用的原则。我国虽然在法律中没有明确自甘风险原则，但是《学生伤害处理事故》第 12 条第 5 项规定：在对抗性或者具有风险性的体育竞赛活动中发生意外伤害的，学校已履行了相应职责，行为并无不当的，学校不承担法律责任，从一定程度上体现了自甘风险原则。在 181 例案件中，有 2 例案件，法院在审理时认为学校和学生双方均没有过错，学生应根据自甘风险原则承担责任。由于体育运动的竞技性、对抗性等特点，对于体育运动本身固有的风险导致的损害，双方均无过错的，应优先考虑甘冒风险原则，免除学校责任；如果是学生为了学校的利益参加体育比赛而受伤，或者损害后果严重，完全由受害学生承担损失有违公平的，那么学校就应该秉承公平原则分担损失。① 但需要注意的是，并不是所有的体育伤害事故案件都可以适用自甘风险原则，在体育侵权案件中，只有对危险性质、受害人的意思能力、危险发生时间、竞赛规则的重大违反、体育比赛的性质等进行综合考虑，才能在审理体育侵权案件中正确适用自甘风险原则。②

第三节　中小学校园欺凌的预防与治理

近年来，我国中小学校园欺凌现象频发，已出现多起极端校园欺凌事件，严重影响到学校正常的办学秩序和学生个体的身心健康。伴随着互联网传播对校园欺凌问题产生的新闻聚集效应，社会各界对校园欺凌治理问题关注持续热涨。深入了解校园欺凌的现状，探究校园欺凌产生的影响因素，有针对性地提出防治校园欺凌的对策与建议，是提高校园欺凌防治效果，维护学生合法权益和稳定教育教学秩序的重要内容。

一、校园欺凌的内涵界定

欺凌（bullying），又称作欺侮、欺负、霸凌等。通常意义上，"欺凌"表现为威压、胁迫、虐待、恐吓或支配性控制他人等结果，给被害人带来身体上或精神上的长期伤害。校园欺凌是个全球性问题，世界发达国家对发生在中小学校的学生欺凌问题的研究已有40多年的历史。不同时期各国及地区对校园欺凌的概念都进行了不同定义。

20世纪90年代，挪威心理学家丹·奥维斯（Dan OLweus）在大规模调查的基础上对校园欺凌的基本特征进行了归纳性描述：一个学生如果长期、重复地受到一个或多个学生的欺负或骚扰，这种现象就属于校园欺凌。在奥维斯研究的

---

① 林清华、郭秀晶：《学校体育伤害事故的法律分析：司法实践的视角》，载《现代教育管理》2014年第5期。

② 田雨：《论自甘风险在体育侵权案件中的司法适用》，载《武汉体育学院学报》2009年第11期。

基础上，欧美各国陆续扩展对校园欺凌特征的研究，确立了校园欺凌的五个基本要素。一是校园欺凌是发生在学生之间的行为。这里需要注意的是，如果从广义的校园欺凌概念来看，校园欺凌的主体不仅包括学生与学生之间，也包括教师与学生之间，但更多的国家将学生之间的欺凌单独研究，因为学生欺凌属于未成年人之间发生的行为，具有特殊的保护性和教育性。二是校园欺凌是一种力量不均衡的冲突行为，即欺凌者的力量或势力大于被欺凌者。三是校园欺凌是反复或长期发生的行为，不是一次的偶发事件，往往强调这种欺凌是具有持续性的。四是校园欺凌是使被欺凌者遭受身心伤害或痛苦的行为。五是校园欺凌事件中存在着众多围观者。

近年来我国学者也对校园欺凌的概念进行了研究，归纳和总结了不同的定义。如教育部基础教育司组织编写的《防治中小学生欺凌和暴力指导手册》中将校园欺凌定义为："在校学生之间发生的强势一方对弱势一方进行侮辱性身心攻击，并通过重复实施或传播，使被欺凌的学生遭受身心痛苦的事件。"[①] 中国人民大学的申素平教授则将校园欺凌定义为："在学校管控范围内，发生在力量不均衡的学生之间，以直接或间接的形式对他人进行故意的、持续性侵犯，对受害者造成身体、心理伤害或财产性损失的行为。"[②] 华东师范大学任海涛副教授将校园欺凌界定为："在幼儿园、中小学及其合理辐射区域内发生的教师或者学生针对学生的持续性的心理性或者物理性攻击行为，这些行为会使受害者感受到精神上的痛苦。"[③] 从我国学者的研究来看，基本都强调了"力量不均衡""行为具有重复性或持续性""造成了对方身心痛苦的后果"几个要素。

二、校园欺凌的现状描述

我国校园欺凌问题总体呈现"大事较少，小事不断"的特点。校园欺凌问

① 教育部基础教育司组织编写：《防治中小学生欺凌和暴力指导手册》，教育科学出版社 2018 年版。

② 申素平、贾楠：《法治视角下的校园欺凌概念探析》，载《中国人民大学教育学刊》2017 年第 4 期。

③ 任海涛：《"校园欺凌"的概念界定及其法律责任》，载《华东师范大学学报》2017 年第 2 期。

题频发，但极为严重的暴力伤亡事件则相对较少。教育部政策法规司委托课题组承担的“学校安全风险防控研究”项目，在2016年4月至6月对全国29个县市105176名中小学生的抽样调查发现，校园欺凌发生率为33.36%，其中经常被欺凌的比例为4.7%，偶尔被欺凌的比例为28.7%①（见图4–3）。

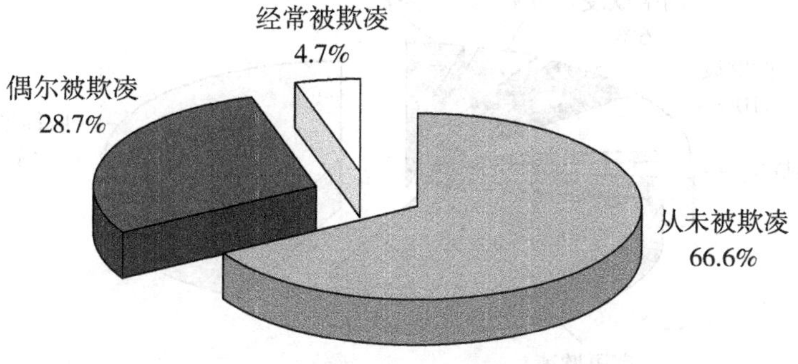

图4–3　全国中小学生认为自己遭受校园欺凌的情况

具体来说，我国中小学校园欺凌现状具有以下特点：

（一）校园欺凌行为的表现形式具有多样性

根据中国人民公安大学课题组公布的针对2012年1月至2016年3月媒体报道的全国范围内发生的109例校园欺凌事件分析得出，我国校园欺凌行为类型主要分为六种：肢体欺凌、言语欺凌、关系欺凌、性欺凌、网络欺凌和财物欺凌，具体发生比率如下（见图4–4）。肢体欺凌，是我们最常见也是最容易发现和辨别的类型，实施者通常会以殴打、推撞、绊倒等肢体方式欺凌受害者，一般会留下痕迹；言语欺凌，指实施者以语言的方式来刺激或者伤害他人，会采用恐吓、侮辱、嘲笑等方式欺凌受害者，虽然在受害者身上不会留下痕迹，但会给受害者心理带来不同程度的伤害；关系欺凌，指欺凌者通过孤立受害者，使其人际关系受到影响，不能正常和同学交往、活动，是一种相对隐形的欺凌，但对欺凌

① 颜湘颖、姚建龙：《“宽容而不纵容”的校园欺凌治理机制研究》，载《中国教育学刊》2017年第1期。

者的心理会造成伤害；网络欺凌，指欺凌者通过微信、邮件、论坛等网络方式，对受害人实施恐吓、侮辱、威胁或者传播不实谣言。网络欺凌具有隐蔽性、匿名性和强扩散性，危害性很大，应对的难度也比较大。

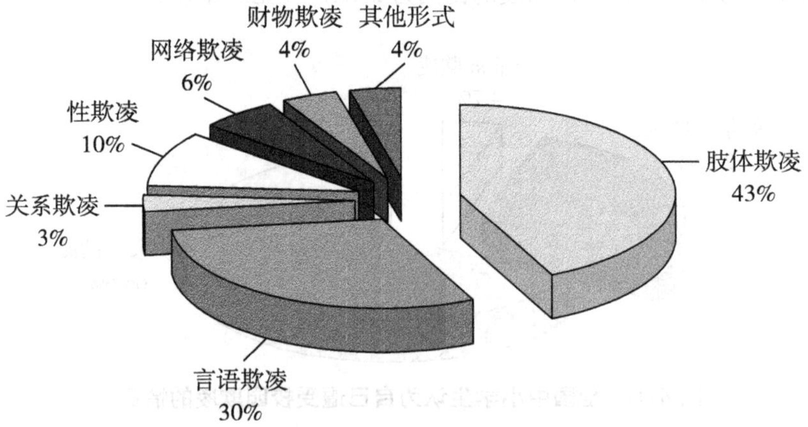

图 4-4　全国性媒体报道校园欺凌事件的主要类型（2012—2016）

（二）校园欺凌事件发生场所具有不确定性

校园欺凌发生的场所比较不固定，既有可能发生在校内，也有可能发生在校外。即使在校内，一般不会发生在课堂上有老师管理的场合，通常欺凌者会选择不易被老师发现的场所，如卫生间，这就给学校对校园欺凌事件的发现带来一定难度。校园周边也是比较容易发生校园欺凌的场所，由于欺凌者为了逃避学校内教师的监管，可能会故意选择被欺凌者放学后的回家路上、网吧等社会环境更加复杂的地点，这就给学校的发现增加了难度，需要学校、家庭和公安部门共同监管和配合。

（三）校园欺凌损害后果的严重性

中小学校园欺凌的主体多为未成年人，自我救助保护能力和心理自我调适能力都很有限，由此导致的后果很可能是身体和心理均受到损害。与一般的意外伤害事故或自然灾害事故相比，校园欺凌由于是欺凌者恃强凌弱，带有主观故意造成的伤害，使得被欺凌者在心理上可能受到更为严重的伤害。受到严重欺凌的学生心理挫折的感受比一般学生更强，可能会被抑郁焦虑等不良情绪困扰，在日常生活中容易表现出孤独、自卑、学习困难（注意力分散，厌学）、人际交往障碍等问题。损害后果的严重性给校园欺凌的应对提出更高要求，不仅在应对过程中要注重对当事人隐私的保护，还要注重帮助被欺凌者社交关系的重建和恢复。

（四）校园欺凌事件的社会影响相对较大

随着社会信息传播手段多元化、传播速度迅猛化，校园欺凌事件一旦发生，顷刻之间可能人尽皆知。学校的背后往往关联着社会网络，家长群、校友群、友邻单位等，一旦事件发生，极易引起学校、学生和家长乃至整个社会的高度关注。校园欺凌事件，"从本质上来说是一种人为的社会关系引起的纠纷"[①]，孩子之间这种社交关系的不平衡容易使成人很自然地联想到成人社会的不平衡，继而带来更多的关于社会关系探讨的延伸。危机一旦爆发并迅速扩散，学校声誉受损、公信力下降、社会恐慌、心理伤害等很容易引起连锁反应，如果不能及时、有效地应对，必然会导致更加严重的损失。

三、校园欺凌行为发生的影响因素

通过调研，笔者了解到，造成中小学校园欺凌的原因不是单一的，而是涉及国家立法、学校管理与教育、家庭教育、社会影响等多方面、多层次的，只有深入了解校园欺凌事件背后的原因，才能真正寻求有针对性的解决办法。

（一）国家和地方立法缺乏对校园欺凌治理的规范

面对中小学校园欺凌和暴力事件，一直以来，国内社会的主流观点认为应该以劝说引导、教育为主，校园欺凌立法、处理机制等方面存在严重不足。由于校园欺凌制度与法律的欠缺，相应的干预机制比较滞后，使得校园欺凌问题研究长期停留在道德层面。校园欺凌立法的欠缺，特别是以下方面均没有明确规定，导致校园欺凌治理实践存在很多问题。一是目前我国在法律层面并没有

---

① 佟丽华主编:《反校园欺凌手册》，北京少年儿童出版社 2017 年版，第 1 页。

对校园欺凌进行明确界定。这就导致在实践中，学校对学生欺凌行为的认定没有明确法律依据，学校及行政部门在预防和应对学生欺凌时都存在对学生欺凌认识不清、认识不足的情况。二是相关治理部门职责不清。实践中政府有关部门对校园欺凌防治的权责不清、责任推诿是影响欺凌防治的重要因素。三是目前学校防治校园欺凌制度不完善。如防治欺凌专门机构及相关岗位教师职责不够明确，发现和举报欺凌的途径不够畅通，学校欺凌事件突发应对不足，对学生进行反欺凌教育的针对性和实效性不强等。四是欺凌者责任的认定问题。由于没有相应法律法规对此明确规范，容易导致实践中对学生欺凌事件的处理不规范、不及时，从而激化矛盾。五是家长与社会责任的不明确。

（二）学校预防和应对校园欺凌的管理不到位

一是学校对反校园欺凌的认识不到位。不少学校的管理者或教师首先对什么是校园欺凌没有形成正确的认识。很多学校认为只有构成严重冲突暴力的行为才是校园欺凌，而对于日常中可能出现的言语欺凌、轻微的肢体欺凌则认为是同学之间的玩耍打闹。另外，还有的学校考虑到自身学校的声誉，不愿意承认和正视学校存在的校园欺凌问题，会采取回避或掩饰的态度，从而导致学校已有的校园欺凌事件或欺凌行为的征兆没有得到及时有效的遏制，等于变相纵容了校园欺凌行为的存在。二是学校没有形成有效的校园欺凌预防机制。实践中，中小学校园欺凌的预防工作主要依靠学校和教师，但实际上学校缺乏相应的程序化处理，如早期干预、事件上报、事中处理等全方位机制。单纯依靠学校和教师，而没有明确的规则，容易在防治过程中产生问题。三是学校处理和应对校园欺凌经验不足。有的学校虽然能够正视校园欺凌问题，但由于对校园欺凌的界定、处置程序、处理等问题还处于模糊状态，上位法及上级文件没有明确的规定，导致学校有时不知该如何去做，从而容易激化校园欺凌的家校矛盾，影响校园欺凌的防治效果。

（三）学校法治教育和心理健康教育的实效性不高

在2014年针对天津市三个区县所做的抽样调查中，关于您认为“学校在预防校园欺凌发生方面存在的问题”中，校长和教师的回答虽有一定不同，但都认为“学校偏重于教学，忽视对学生的思想政治教育”和“缺乏对教师进行校园欺凌防治的专业培训”是学校防治校园欺凌所遇到的重要问题。

在“你认为目前学校的教育工作应加大哪方面内容”调查中，教师们认为，心理健康教育、法治教育、道德教育都应当加强（见图 4–5）。

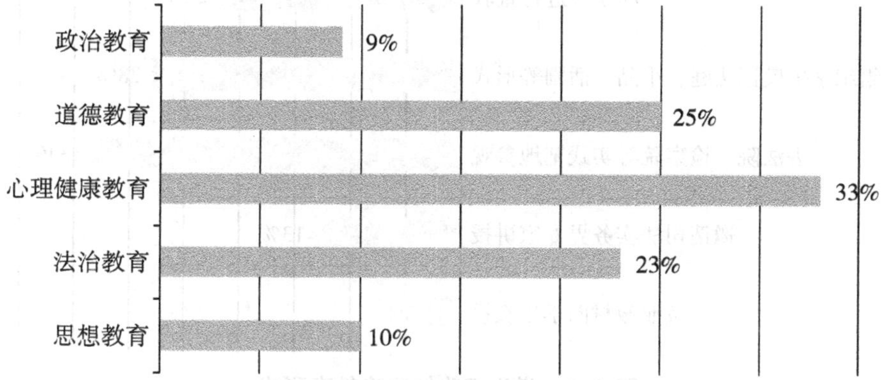

图 4–5　教师认为学校教育工作中应当加强的内容

1. 道德与法治教育

学生道德水平和法律意识不高是造成校园欺凌的重要原因。施暴学生不知何为犯法，实施暴力行为肆无忌惮，受害学生不知如何救济，隐忍负重或是以暴制暴，从而导致校园欺凌事件层出不穷。目前学校已经认识到学校教育对学生的重要性，而校园欺凌事件的频繁发生反映了目前道德与法治教育存在的问题。一是学校普遍重视应试科目，像道德与法治这样的非应试科目还没有得到有效重视。很多学校都把该类教育的内容放在班会课上简单讲讲，内容设计并不完善，没有形成完整的教育课程体系和教学模式。二是教育形式比较单一，以说教式教学为主，学生掌握和理解的程度有限。在“你更喜欢什么样的法治教育形式”调研中，学生普遍更喜欢去法院旁听，参观监狱，模拟法庭，排演小品、话剧等形象生动的教育形式（见图 4–6）。三是中小学校的法治教育资源有限。法治教育是一门专业性比较强的学科，需要具有相关专业知识背景的教师任教，而我国中小学很少有法学专业的专任教师。尽管学校对教师有定期的法律培训，但由于培训时间短、实效性差，培训并没有达到预期目的。虽然有的学校也意识到具有实践性、生动性、形象化的教育形式更符合学生实际需要，如法院旁听，参观监狱等，但这种形式的教育需要公安、司法机关提供资源和支持，缺乏互动的联动平台导致这样的活动实施起来有一定难度。

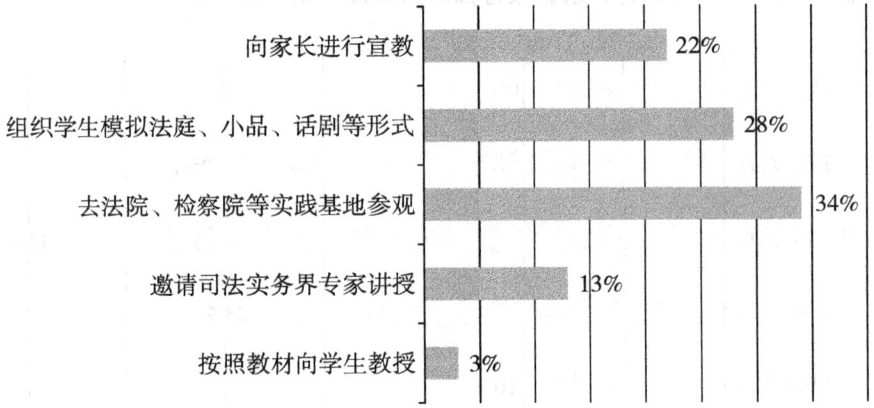

图 4–6　学生喜欢的法治教育形式

2. 心理健康教育

在 2014 年的调研中发现，心理健康教育是当前学校教育工作中的薄弱环节，亟须建立完善的心理健康辅助体系。调查显示，与同学产生矛盾摩擦后，仅有 19% 的同学选择找老师交流，请老师帮助自己解决困难；还有 38% 的同学选择找家长倾诉，寻求父母的安慰与鼓励。对于学校预防暴力犯罪上存在的问题，44% 的同学认为学校不能及时关注有问题学生的情绪，缺乏对个别同学的关爱和帮助。可见，当学生出现心理或情绪上的问题时，他们宁愿和自己的同辈群体交流，也不愿意求助于老师。学校并没有健全的心理辅助体系，缺乏专门的心理咨询室及专业的心理辅导教师对学生提供心理疏导。对心理辅导教师的培训缺乏，即使有，也是各科教师应学校要求，利用寒暑假，参加短期培训，通过考试后颁发结业证书。但类似这样的培训并不够专业，短期学习对于专业的心理健康教育知识并不能系统掌握，更不能熟练运用于解决学生心理问题的实践当中。

（四）家庭环境的影响和家庭教育的缺失

在2014年针对天津市三个区县所做的抽样调查中，关于“您认为导致学生实施暴力行为的原因是什么？”提问中，教师和校长一致认为“家庭环境影响，家庭教育缺失”是主要原因。同时，我们发现，导致低龄暴力犯罪事件发生的家庭因素是多种多样的（见图4–7）。

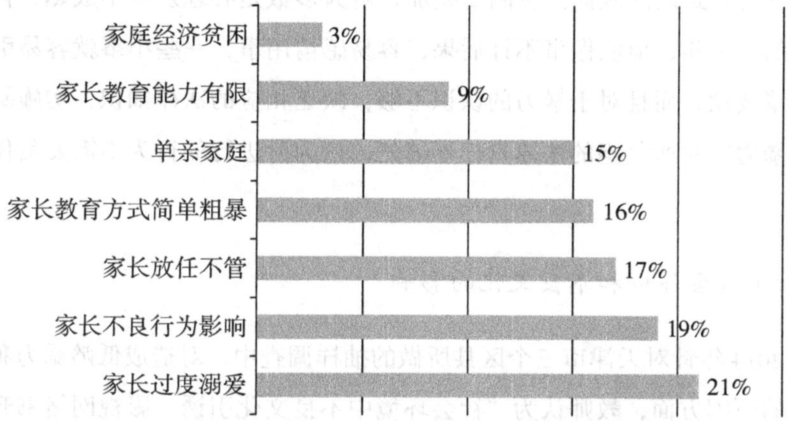

图4–7 教师认为导致学生实施暴力行为的家庭影响因素

从图4–7我们可以看出，目前家庭教育缺失作为导致校园欺凌的主要原因，其具体表现形式主要有以下几种：**一是家长对孩子缺乏关爱和教育。**有的家长忙于自己的工作，常常对孩子疏于管理，认为只要满足孩子的吃穿即可，而忽略了心理教育；还有的家庭由于父母离异或早逝，致使孩子缺乏来自家庭的关爱和教育，容易走上错误的道路。**二是家长过度溺爱孩子。**对孩子的管教以顺从为主，面对孩子犯错不及时纠正，养成了孩子凡事以自我为中心的生活态度，一旦遇到事情可能就以暴力解决。**三是家长自身素质不高。**法治意识不强，教育孩子能力有限。这类家长或是本身就存在不良行为，对孩子成长造成了不良影响，或是有心教育孩子，但无奈自身知识有限，对孩子的教育无法满足其实际需求。同时，我们也发现，家庭经济原因在家庭因素中并不占主导作用，家庭贫困并不是孩子实施暴力行为的直接影响因素。

（五）学生个体生理及心理特点影响

中小学校园欺凌事件中的主体多为10—18岁，该阶段的青少年具有生理机能发育趋于成熟、精力充沛的特点，但是该阶段青少年的心理发育并不成熟，尚未形成完整的人生观、世界观，容易受到外界因素的影响，自控能力较差，容易产生校园欺凌事件。欺凌者和被欺凌者都可能更加内心敏感，人际交往困难，具有自我封闭的倾向。校园欺凌加害者大多数是心理发展不成熟、自控能力较差的青少年，他们做事不计后果，容易感情用事，一些小事就容易引发强烈的情绪波动，而且对于暴力的认识不够，缺乏相应的法律知识，实施暴力前与实施暴力中对所负担的法律责任不清楚，认为所进行的行为不需要负任何法律责任。

（六）社会环境和不良文化的影响

在2014年针对天津市三个区县所做的抽样调查中，对造成低龄暴力犯罪事件发生的原因方面，教师认为“社会环境中不良文化引诱、影视网络书刊中不良文化引诱、社区教育匮乏”是主要原因。在对教师访谈中了解到，目前社会大环境对学生的价值观和人生观造成很大影响，成人社会所存在的拜金、权钱交易、贪污腐败、缺乏正义、黄赌毒等严重影响和腐蚀青少年的心理健康。

在关于导致低龄暴力犯罪事件发生的社会影响因素调研中，教师认为，“网络、电影、电视等传媒中色情与暴力内容的不良影响”最为重要，比例达47%。其次是“社会中出现的拜金、腐败、黄赌毒等不良思想”，比例占40%。这说明，网络、电视等传媒力量及社会环境对青少年的影响非常巨大，单纯依靠家庭教育和学校教育显然乏力。

四、校园欺凌预防与治理的对策

（一）通过立法明确校园欺凌治理机制与主体职责

校园欺凌问题的治理首先要有法可依。对于国家和地方来说，通过立法规范校园欺凌的治理可以有两种立法模式：一是单独出台关于防治校园欺凌的专门性立法。目前，从国家层面来看，并没有出台校园欺凌的专门性立法，对其的规制主要是通过部门规范性文件的形式。从地方来看，2018年11月21日，天津市人大常委会审议通过了《天津市校园欺凌预防与治理若干规定》，成为我国首部规制校园欺凌的地方性法规。二是修改国家或地方的已有相关立法，新增关于校园欺凌防治的具体条款内容。目前，全国人大常委会正着手修改《未成年人保护法》，将在该部法律中增加防治校园欺凌等内容。地方有的省市也出现了这样的立法模式，比如，江苏省2017年6月实施的《江苏省预防未成年人犯罪条例》第33条、第34条、第35条和2016年12月出台的《湖北省预防未成年人犯罪条例》第16条都针对校园欺凌进行了专门性条款的规定。无论是以上哪种立法模式，针对校园欺凌的立法都应当明确以下问题：

一是明确界定什么是校园欺凌。明确校园欺凌的界定是预防和妥善处理欺凌事件的前提和基础。我国现有法律仅针对学生欺凌中肢体冲突并造成严重后果的行为给予相应法律责任进行规定，但伴随着学生欺凌行为方式的多样化与复杂化，言语欺凌、网络欺凌等形式相继出现，如果不明确校园欺凌的具体界定和形式，将会给校园欺凌防治带来很大困难。教育部等十一部门联合发布的《加强中小学生欺凌综合治理方案》虽然对学生欺凌作出了界定，但其仅属于部门规范性文件，效力级别较低，不能作为司法适用的依据。所以，立法应明确学生欺凌的界定和基本表现形式。

二是通过立法明确政府及有关行政部门的职责划分。校园欺凌的治理涉及不同的行政部门，教育部等十一部门联合发布的《加强中小学生欺凌综合治理方案》（教督〔2017〕10号）就规定了教育、综治办、法院、检察院、公安等十一个部门在预防、应对、处置学生欺凌事件过程中各自承担的职责。立法需要结合实际，针对市、区县人民政府及相关部门在校园欺凌防治中的具体职责加以明确划分。只有从立法上明确不同部门的职责，才能在实践中防止部门之间互相扯皮、推诿责任。

三是明确学校防治校园欺凌的具体职责。学校是防治学生欺凌的重要主体，学校具有对学生进行行为规范管理和德育、法治教育、心理健康教育的优势，应当在防治学生欺凌中发挥重要作用。通过立法，明确学校在预防和应对学生欺凌中应当承担的具体职责。包括事前预防、事中调查与应对以及事后的处置与救助等责任。同时还应当明确校长、教师等在防治校园欺凌中的主要责任。

四是建立和完善多元化的防治欺凌教育培训体系。强化教育培训是预防校园欺凌事件发生的重要途径。从教育培训的对象来说，不仅包括（已经成为或可能成为）欺凌者或被欺凌者的学生，也包括教师和校长，更包括对家长的培训。从教育培训内容上来说，要区别于一般泛泛的学校安全教育，而是要有针对性地建立专门针对校园欺凌的品德教育、心理健康教育、安全防护教育、法治教育。教育培训的形式应当多元化。通过立法，应当明确不同主体在校园欺凌教育培训中应当承担的责任，发挥司法、妇联、共青团等不同部门和社会组织的资源优势，建立校园欺凌教育培训的有效机制。

五是明确校园欺凌事件的调查与处置。立法应当明确欺凌事件发生后学校及教育部门的调查程序，以及学生及其家长不服处理结果时的救济程序。同时，针对校园欺凌行为的不同类型和情节严重程度，明确相应的处置措施，对实施欺凌者进行教育惩戒、行为矫治以及承担相应法律责任。此外，在校园欺凌处置过程中，学校与教育、公安、法院、检察院等部门如何各司其职，相互配合加以明确规范。

六是明确家长与社会的责任。立法应明确家长对学生的监护职责，家长应承担其对子女的家庭教育和管理职责，防范子女实施欺凌行为和遭受欺凌。同时，强化学校周边综合治理，规范社会环境对未成年学生的保护，形成学校、家庭、社会“三位一体”的防治格局。

（二）学校建立校园欺凌防治的具体制度并切实执行

学校在校园欺凌的防治中居于重要地位。校园是学生的主要学习场所，也是欺凌问题的主要事发地。各学校应当高度重视校园欺凌的治理，建立防控校园欺凌的专门机制。校园欺凌的防治制度应当包括从最早期的校园预防机制，到欺凌事件发生时学校的恰当处理，以及事后对欺凌者和被欺凌者双方进行心理干预等。具体来说，包括以下几个层面：

1. 建立防治校园欺凌的工作机制

学校根据实际成立由校长总体负责，分管校长具体负责，相关部门和教职工、少先队辅导员以及社区工作者、家长代表、法律顾问、校外专家等人员组成的学生欺凌治理委员会（高中阶段学校还应吸纳学生代表），切实加强防治学生欺凌日常管理工作。学校驻地公安、检察、法院等政法机关委派1名法治副校长每学期定期驻学校办公，普及宣传防学生欺凌相关法律知识，指导、参与学校日常管理防控和学生欺凌事件调查处理，并将该校学生欺凌防控情况纳入对法制副校长的考核内容。

学校应制定完善防治学生欺凌工作制度，主要包括：相关岗位教职工防治学生欺凌的职责、学生欺凌事件应急处置预案、学生欺凌的早期预警和事中处理及事后干预的具体流程、校规校纪中对实施欺凌学生的处罚规定等。学校应在校园公示栏等明显位置公布预防学生欺凌举报电话和学校责任人及联系方式，便于学生举报、反映欺凌学生的行为。同时，建立学校的安全保卫制度，严格落实值班、巡查制度。

2. 重视校园欺凌调查评估和先期预防

学校应对本校校园欺凌发生状况进行调查评估，日常的调查评估可以提前发现校园欺凌的征兆，并在此基础上制订专门的校园欺凌预防方案。在日本，学校会对学生进行定期调查，以便及早发现欺凌的苗头。例如，在日本岩手县中小学，每个学生自入学起就有一张“学生指导卡”，该卡由班主任填写，主要是记录学生的成长。若在就读的过程中，学生欺凌别人或者被别人欺凌，班主任就会把欺凌事件记入其“学生指导卡”中，以便在所有教员中共享信息。同时，班主任除了通过“学生指导卡”记录学生的生活外，还有一个协助师生之间进行沟通的方法——“生活记录笔记”。一般情况下，学生的笔记中若出现欺凌或者被欺凌的描述，该笔记将会在全体教师之间进行流通，引起各任课老师对该生的关注，学校也会联系该生家长，引起父母的高度重视。这些都有效强化了师生、家校之间的沟通，为防治校园欺凌奠定了基础。所以，学校的欺凌防治方案应明确、具体，明确哪些行为属于欺凌行为，如果发现或遭受欺凌行为该如何寻求帮助。

3. 加强师德建设和专项培训，构建公平教育环境

在防治学生欺凌的过程中，教师扮演着重要角色。教师尤其是班主任是班级的管理者，对学生在学校的行为负有重要责任，而实践中所出现的教师对学生的不公平对待也是引发校园欺凌的一个因素。因此，建设良好的教师文化，形成良好的师德师风，塑造良好的教师形象对构建平等、平安的校园有着积极的作用。

教师应平等、公平地对待每一位学生，不因学生的家庭背景、权势、经济条件、学习成绩等对学生差别对待。教师要关注学生的个体差异，关爱每一位学生，有教无类，不得对任何学生进行歧视或不平等待遇。为此，要加强师德师风建设，教师要从自我做起，率先垂范，以高尚的人格感染学生，以博大的胸怀爱护学生，构建一个公平的教育环境。

同时，应当对教师进行校园欺凌的专项培训，加强其对校园欺凌防治的认知，充分发挥其在防治校园欺凌中的重要作用。学校可以通过邀请专家进行专题讲座、举办主题沙龙和研讨会、开设短期培训课程、为教师提供网络资源与案例等方式，针对教师开展培训。通过对教师的培训，帮助教师辨别校园欺凌的性质，使其更好地在教学过程中识别欺凌行为，尽早进行干预，防止事态升级。同时，还应当重塑教师的权威，赋予教师惩戒权，改变教师不敢管、无法管的状况。让欺凌者对自己的行为负责，使其得到应有的教育与处罚。

4. 营造平等和谐的校园文化和班级文化

良好的校园文化氛围对学生的成长具有重要的影响作用。学校应通过多种形式组织开展健康向上、格调高雅的校园活动，形成团结向上、互助友爱的校风、学风。通过各种正面教育活动，增进学生之间的友谊，树立不欺凌、不围观的基本观念。班级是学生学习生活的主要集体，大多数学生很大程度上是从班级生活中学会与人相处的知识和技能的。班主任应当带领学生创建平等、友善、团结的班集体。布置整洁、美观、温馨的教室环境，制定反校园欺凌的班级规定，开展反校园欺凌班级活动，形成互助友爱的班风。只有良好的班级文化氛围才不会给欺凌留下滋生的土壤。

通过学校和班级的教育活动，教会学生尊重他人、树立行为底线意识及掌握同学之间纠纷解决的正确方式。让学生认识校园欺凌的危害，树立正确的道德观和人生观，加强情绪调节和自我管理能力，减少和避免校园欺凌行为的产生。

5. 建立校园欺凌的应急处置机制

一旦发生欺凌，学校应保证受害学生能够第一时间得到帮助和保护，在掌握基本事实的基础上按照严重程度分级，向学生、学生家庭、学校工作人员和其他人员报告欺凌事件的过程，不掩盖不隐藏，并在必要时报警；同时为被欺凌者提供心理咨询、健康服务等医疗安排，帮助被欺凌者疏导情绪。

当教职工发现、学生或者家长向学校举报有校园欺凌行为发生，学校应当按照学校的学生欺凌事件应急处置预案和处理流程对事件及时进行调查处理，由学校学生欺凌治理委员会对事件是否属于学生欺凌行为进行认定。原则上学校应在启动调查处理程序 10 日内完成调查，根据有关规定处置。对经调查认定实施欺凌的学生，学校学生欺凌治理委员会要根据实际情况，制订一定学时的专门教育方案并监督实施欺凌学生按要求接受教育，同时针对欺凌事件的不同情形予以相应惩戒。

情节轻微的一般欺凌事件，由学校对实施欺凌学生开展批评、教育。实施欺凌学生应向被欺凌学生当面或书面道歉，取得谅解。对于反复发生的一般欺凌事件，学校在对实施欺凌学生开展批评、教育的同时，可视具体情节和危害程度给予纪律处分。情节比较恶劣、对被欺凌学生身体和心理造成明显伤害的严重欺凌事件，学校对实施欺凌学生开展批评、教育的同时，可邀请公安机关参与警示教育或对实施欺凌学生予以训诫，公安机关根据学校邀请及时安排人员，保证警示教育工作有效开展。学校可视具体情节和危害程度给予实施欺凌学生纪律处分，将其表现记入学生综合素质评价。屡教不改或者情节恶劣的严重欺凌事件，必要时可将实施欺凌学生转送专门（工读）学校进行教育。未成年人送专门（工读）学校进行矫治和接受教育，应当按照《中华人民共和国预防未成年人犯罪法》有关规定，对构成有严重不良行为的，按专门（工读）学校招生入学程序报有关部门批准。涉及违反治安管理或者涉嫌犯罪的学生欺凌事件，处置以公安机关、人民法院、人民检察院为主。

（三）切实提高学校教育的实效性

在校园欺凌的防治教育中，道德与法治教育非常重要。道德教育是培养学生的高尚品行，规范学生言行的重要学科，法治教育是增强学生法治意识，提高学生法律素养的重要学科，学校必须把道德与法治教育同文化教育放在同等重要的位置。

学校应严格按照《道德与法治》课程的要求，通过正规课程传授道德与法治的教育知识和理念，按照教学大纲保证课时，保证教学效果。学校应注重对学生思想和精神的引领，注重学生思想道德水平的提升，深化课程改革，并在学校的课程和文化中渗透教育理念。提高法治教育教师的专业能力，学校可以组织现有教师参加法律专业的学历教育或进修，地方政府部门可以组织法治教育教师的培训，提高教师的法律知识和素养，并积极引进高等院校法学专业毕业生或相关法治工作者加入中小学教师队伍，优化教师结构。同时，建议由地方政府牵头，联合行政机关与司法机关为学校搭建教育平台，使相关法治教育资源与学校共享。从而可以采取学生乐于接受且教育效果较好的多样化形式，如通过开展法治知识竞赛、模拟法庭、法院旁听、参观监狱等活动生动、形象地实现教育目的。

中小学校园的欺凌者和受欺凌者多数有着个体性格特点，加强中小学生个体心理的干预，是防治校园欺凌现象的有效措施。学校应关心弱势中小学生的学习和生活，增强其成就感，树立其自信心，避免遭受欺凌。鼓励并支持性格孤僻、自卑的学生积极参与社会和学校组织的各项活动，主动参与人际交往，大胆展示自己。中小学校应注重对学生的心理疏导，引导学生心理健康发展。设立心理咨询室，配备专（兼）职的专业心理咨询师，通过心理健康教育活动课和经常性心理咨询活动等形式，对学生进行心理健康教育。积极关注问题学生、学习困难学生和人际关系困难学生，对那些有严重心理问题的学生进行个别监控和心理矫正。欺凌行为发生后，对学生积极进行心理干预。及时了解欺凌者的心理动态和行为动机，通过角色扮演与移情体验，引发学生进行深层次的思考和反省，及时纠正自己的不良行为。

（四）规范和探索校园安全保卫模式

校园安全保卫包括校内安全保卫与校园周边安全保卫，实践中，由于学校安保工作的不到位，导致发生了校园欺凌事件后，没有及时发现，及时救助，容易造成恶性后果。规范和加强校园安全保卫，需要注意几点。

1. 校内安全保卫模式探索

一是要规范保安聘用制度，切实发挥其有效作用。学校应当聘用专业保安服务公司的保安员，保安员应当具有救护能力和安保技能，同时要有工作经验，以青壮年为主。明确保安的职责，对外来人员进出学校进行询问、登记。及时制止发生在校园内和校门口的违法犯罪行为，对制止无效的违法犯罪行为立即报警，同时采取措施保护现场。

二是可以探索建立校园警察的派驻模式。从长期来看，可以将校园警察作为专业、正规的警种之一，建立专门的招录标准、任职资格、培训制度和考核制度，由政府统一投入资金保证校园警察待遇。从短期来看，可以先从公安机关二线、退休民警中选择熟悉业务，具备丰富工作经验和业务技能，身体条件允许的警察长期进驻校园，同时结合在职警察轮值进驻校园，由老民警和在职民警共同保护学校安全。校园警察应当具有和普通警察一样的治安管理权与刑事案件侦查权。同时，针对中小学校园的特点，校园警察的主要职责还包括依法开展校园内安全保卫和周边治安整治，组织师生开展预防安全事故的培训演练，协助指导师生开展安全教育实践活动等。校园警察可与保安、校卫队等人员共同组成学校安全管理队伍，这样的安全保卫队伍既有执法权力，又有执法能力，可以充分发挥出安全保卫的作用。

2. 校园周边安全保卫模式探索

随着青少年学生学习和生活活动空间的拓展以及成长环境的复杂化，单纯依靠公安机关和校园保安的力量恐怕难以承担校园欺凌现象的防范任务。虽然政府有职责保障校园安全，但在社会主义市场经济条件下，单纯依靠行政命令和宣传动员难以发动社会公众真正参与到校园欺凌的预防中，依靠公民的道德感和奉献意识不足以形成强硬的力量。因此，对中小学校园欺凌的防治就需要拓展视野，创新社会参与形式。在市场经济下，可借鉴美国、日本等发达国家的做法，尝试建立校园及周边安全防范的市场化运行机制。如有专门公司提供有偿服务，学校通过与专门的防范公司签订契约，明确双方的权利义务以及违约责任。推行民营校园欺凌与暴力防范机构，将其作为辅助性的校园安全维护力量，对于校园欺凌现象的治理具有较大意义。当然，对于校园安全保障的市场化运作，还需要进一步细化相应的管理规定，规范运作，建立和完善资格认证与监督制度。

（五）充分发挥政府、家庭、社会多元主体的作用

1. 多方联动加强家庭教育

家庭对于人的影响是最早的，也是最深刻的。校园欺凌成因中所涉及的个人因素，都与家庭有一定的关系。父母是孩子的第一任老师，父母的一言一行对孩子的行为方式有着潜移默化的影响。校园欺凌的防治中家长是不可或缺的重要主体。需要引导家长转变不良教育方式，提升家长教育素养。多种途径加强对家长的教育培训，如社会专门机构负责对家长的教育培训，尤其是法治教育、道德教育、心理知识培训等。社区承担相应的责任，利用多种形式对家长进行教育培训。探索建立强制亲职教育制度。通过立法将家长的责任进行明确化和强制化执行，给家长以履行监护职责的威慑力，一定程度上有利于家长在校园欺凌防治方面的作用发挥。

2. 加强行政执法，营造良好社会环境

防治校园欺凌并非教育部门或学校单方面的责任，其事件背后涉及各方面因素的影响。因此，防治工作是一个系统的社会工程，需要各方力量的主动参与和积极配合。政府在预防和治理过程中应起主导作用，其他各部门协同防治，共同组成针对校园欺凌的综合治理机制。应加强对广播、电影、电视、戏剧、出版物的监督管理，最大限度地杜绝暴力、色情、赌博、恐怖活动的镜头和情节向未成年人播放。要加强对电子游戏场所、网吧、营业性歌舞厅的监督管理，不得允许未成年人进入。加强不良网站的治理和清除，加大执法力度，一旦发现允许未成年人进入的网吧，应立即关闭，并记人经营者诚信档案，取消其再

次从事网络文化场所的经营资格。加大出版和图书、影视音像制品市场的治理，坚决清除兜售黄色小报、口袋书等不健康读物的小商小贩，切断青少年接触不良思想的源头，从根本上防范不良文化因素对青少年的影响。

3. 强化社会组织功能，为反校园欺凌提供民间支持

我国可借鉴国外经验，借助社会力量，成立反校园欺凌基金组织、帮扶机构以及心理咨询服务中心等，加大财政支出对该类社会组织的支持力度，为校园欺凌受害者提供无偿帮助。各类非政府机构可以通过建立反校园欺凌的服务平台和开通反校园欺凌热线电话，组织专业社会工作者、公益律师和志愿者开展有针对性的自护教育、心理辅导和法律咨询，多种渠道关注和解决校园欺凌问题。近些年来，北京、上海等一些省市试行了驻校社工，将专业社工引入中小学开展校园欺凌防治，取得了较好的效果。建议推广驻校社工经验，实行“一校一社工”制度，将专业社工引入校园欺凌的防控。但同时需要注意，对于参与反校园欺凌的社会公益组织或社工，应对其资质进行法律审核和认定，获得相应资质的社会组织及其工作人员可承担问题青少年的矫正工作，避免非正当机构带来负面作用。

第五章

公共治理视角下的校园安全协同治理

现代公共治理理论强调政府通过制度创新来保障政府、市场、公民、社会共同参与公共事务管理并承担相应责任，只有充分调动利益相关人的积极性，才能达成公共利益的最大化。公共安全治理作为公共治理中的重要任务，是现代政府必备的主要能力之一，但这并不意味着政府是现代社会公共安全治理的唯一主体。把政府视为公共安全治理的绝对主体是传统管理机制的特征，与现代政府应是责任政府、“小政府”的观念背道而驰。现代社会公共安全事务更多体现在民众日常生活中，需要“通过公民民主参与方式实现社会的自我治理”。①

随着我国社会结构的转型与变动，利益格局逐渐多元，利益纠纷和利益冲突愈演愈烈，激化和引发了大量的社会问题。学校原有的单一主体的“控制式”“命令式”治理方式在应对校园安全的复杂局面及校园安全事故的纠纷解决方面都极易产生新的次生危机。在校园安全频发的严峻形势下，要切实提高校园安全治理绩效，就必须重新审视校园安全治理的可能性路径选择，优化治理模式，积极推进治理创新。中小学校园安全治理作为公共治理的重要组成部分，需要调动政府、学校、企业、家庭、社会的多元参与，充分发挥各个层次主体的积极作用，构成多元主体协同护校的模式。

① 朱武雄:《转型社会的公共安全治理——从公民社会的维度分析》，载《东北大学学报（社会科学版）》2010年第8期。

第一节　市场机制中的校园安全专业化服务

随着社会的专业化分工与现代信息技术的快速发展，我国各行各业都在市场竞争机制中逐渐向专业化道路发展。在这种社会专业化的背景下，校园安全治理也日益呈现出专业化需求。例如，伴随着高科技的发展，学校安全保障所赖以存在的物防及技防建设产品，如电子围栏、一键报警装置等都不是仅仅依靠学校自身能力可以完成的。再如，学校法律纠纷的解决，需要有非常专业的法律知识，仅仅依靠校内人员有时是无法达成预期的。这些专业化的服务与以往政府提供的公共服务性质不同，专业化服务的提供者更多的是在市场竞争机制中的市场主体，他们以自身的产品或服务来获得相应的市场购买。近年来，我国各地方根据安全领域的不同特性和需求，都在逐渐通过采取购买市场服务的方式来实现校园安全的专业化治理。本节将主要从校园保安、学校法律顾问和物防及技防企业三个维度来论述校园安全的专业化服务。

一、校园保安的专业化服务

校园保安是指符合规定条件，经过考试合格，取得保安员证，在学校、幼儿园为广大师生提供人身、财产、信息等安全防范服务的人员。面对经济体制深刻变革、社会结构深刻变动、利益格局深刻调整的当今，校园保安在维护校园安全稳定中的作用愈加凸显。

（一）我国校园安保组织体系的现状

从目前我国实践来看，中小学校的安保组织基本上是校内安保和校外警察相结合的模式。从校内安保组织来看，主要包括三个层级，一是学校安全管理的领导机构，一般以校长为主要负责人，其他部门领导为机构成员，负责总体组织、领导和监督学校安全管理工作；二是学校安全的主管部门，主要是学校的保卫、总务或后勤部门，负责管理学校安全工作具体措施的落实；三是学校安全的具体执行机构，主要是各校聘用的保安，也有个别学校有自己的校卫队，具体负责学校门卫、巡逻、守护等安全防范措施。从校外安保组织来看，根据我国《中小学幼儿园安全管理办法》的规定，公安机关具有了解掌握学校及周边治安状况，指导学校做好校园保卫工作，及时依法查处扰乱校园秩序、侵害师生人身、财产安全的案件，协助学校处理校园突发事件的职责。所以，公安机关的警察也是保护校园安全，协助学校处理突发事件的另一安保主体（见表5-1）。

表 5-1 我国校园安全保卫组织体系

组织类别	领导机构	主管机构	具体执行机构	校外机构
组成	校长及部门领导	保卫、总务、后勤等部门	聘用保安、校卫队	公安机关警察
职能	组织、领导、监督	管理具体措施实施	门卫、巡逻、守护等具体安保措施	违法犯罪案件、校园周边安全

从组织体系上看，我国的校园安保组织看似比较健全，但在实际运行中存在一定问题。

首先，安保人员缺乏专业性和执法权，导致保安护校模式的实效性有限。自近年我国接连发生多起校园恶性暴力事件后，从国家到地方普遍开始重视校园安保问题，国家教育部要求每所中小学配备专业保安人员。目前我国中小学基本都通过保安服务公司或者自行聘用保安，负责学校的门卫查询、校内巡逻和安全守护等保卫工作。笔者走访多所学校，发现目前这种保安护校的模式存在一些问题，导致护校的结果并不乐观。一是保安的专业素养较差。目前学校雇佣的保安文化层次普遍较低，大多是高中以下学历，缺乏专业的技能培训，在业务、法律知识及新技术应用上相对欠缺。保安的安全保卫职能往往仅被弱化为“看门人”，对不法分子无法构成强有力的威慑力。而且一旦发生暴力事件，以现有保安的能力恐怕无法有效应对。二是保安没有执法权。校园内的保安是没有执法权的，也就是说，如果遇到可疑状况或突发险情，保安由于缺乏执法依据可能无法及时阻止。像中小学校园这种以未成年人为主体的场所，一旦突发安全事件后果将非常严重，如果在发现可疑情况时能提前制止则可以减少不必要的损失，但保安没有执法权很可能会贻误制止的最佳时机。三是保安人员数量少、年龄偏大、力量明显不足。有的地区的中小学无论学生人数多少，大多只配有1—2名保安，并没有根据师生人数确定保安配备的比例。再加上一些学校聘用的保安年龄偏大，这样的安保人员负责整个校园安全，明显力量不足。

其次，公安机关警力有限，缺乏与学校的日常联合机制。自2010年学校安保工作引起重视后，很多中小学都与所属区域民警形成了共同保卫机制，一些民警也会定期在学校周边巡逻保卫。但由于公安机关警力有限，大多民警只是兼职，使得民警护校的趋势有所下降，无法从根本上解决校园安全保障不足的问题。目前，我国有些省市公安机关也在探索和实践“校园警察”制度，但还是存在一些问题。一是由于警力不足的原因，大多数地区的警察只能在上下学的高峰期在校门口巡逻，不能实现“全日制”驻校。一旦校园内发生突发安全事件无法第一时间出现和制止。二是由于没有专门的“校园警察”制度作保障，岗位定责、业务培训、工资待遇等问题都无法解决，一旦其他地区需要抽调警力，校园警察就面临“流失”的危险，难以长期稳定地发挥作用。三是公安机关和学校在日常校园安全管理上缺乏建立有效的联系及合作机制。当可疑校外人员进入校园时，学校没有及时发现，当学校发现作案人实施犯罪行为时公安机关又不能及时赶到，致使不幸事件发生。在日常安全管理中，学校和公安机关的联系并不多，双方也没有建立日常沟通联络机制，从而导致在共同护校的过程中没有形成完善的合作机制。

最后，安保经费不足导致安保组织运行缺乏保障。学校安保组织的运行需要相应的经费作为保障。校园安保人员的聘用、培训，配备安保装备，都需要资金作支撑。目前有些地区对校园保安待遇较低，甚至无法保证达到当地最低工资标准，这也是造成学校难以聘用到专业性强、素质高的保安人员的原因之一，更不用说日后再花钱培训了。由于资金短缺，有些学校没有校园紧急报警设施，保卫装备配备不足，技术手段落后，即使有些学校已经配有安全保卫设备，也是设备陈旧老化，不同程度地影响了校园保卫部门的快速反应能力和安全防范水平。目前学校的教育资金大部分都集中配置在教育教学方面，投入学校安全保卫领域的经费则很不充足。安保经费的解决，单靠学校自身力量难以实现，需要政府统一建立专项资金，划拨学校用于安保工作，从而保证安保组织的正常运作。

（二）市场化机制下校园保安的服务现状

随着我国经济社会的发展和社会公众安全需求的日益提高，保安服务业得到了迅速发展。1984年12月，深圳市公安局组建了全国第一家保安服务公司。到2010年，全国由公安机关组建的保安服务公司发展到2800余家、保安从业人员达200余万人。专业化的保安服务担负了大量保护人身安全、财产安全和维护社会治安秩序的任务，对于增加就业也发挥了一定的作用。但是，保安服务工作中也存在一些亟须加以规范的问题，如除经公安机关批准成立的保安服务公司外，大量保安组织和人员从事的保安服务活动，还没有纳入公安机关的监管范围。保安员缺乏培训，服务不够规范，引发与客户的矛盾，甚至酿成治安案件。因此，为了规范保安服务活动，加强对从事保安服务的单位和保安员的管理，保护人身安全和财产安全，2009年9月28日国务院第82次常务会议通过《保安服务管理条例》对保安服务进行了明确规范。相应地，校园保安作为保安服务的一种重要类型也得到了规范。但是，在市场化的校园保安服务过程中，仍然存在一些问题，需要学校加以注意和规范。

1. 校园保安的聘用

尽管《保安服务管理条例》对保安服务进行了明确规范，可是社会上依旧充斥着一些不正规的保安服务公司，有些是单位自己办的，有些是个人变相经营组建的，这些保安服务公司混杂在保安服务业市场中有时难以辨别。2015年，公安部、教育部印发的《中小学幼儿园安全防范工作规范（试行）》明确规定："学校保安员应按照《保安服务管理条例》的规定择优聘用，实行由派驻的保安服务公司和学校双重管理，日常管理以学校为主。"但不少校园在保安使用上，不是从保安服务公司直接聘用，而是经过其他中间机构，变"双重"管理为"多重"管理，存在严重的"管用脱节"现象，为校园带来诸多安全隐患。[①]《保安服务

① 余长仁：《规范校园保安队伍建设的思考》，载《中国安全生产》2018年第7期。

管理条例》对保安员的聘用有严格规定。但在实践中，个别保安服务公司在聘用保安员时，求简单、图省事，登记前不了解其家庭背景及现实表现、不做政治审查、不参加公安机关考试、不进行相关培训、不签订劳动合同、不参与各类保险、不落实体检，直接派驻到工作岗位，造成校园保安队伍政治素质不高、文化水平低、年龄结构偏大、知识技能欠缺，无法满足校园安全保卫的需要。

2. 校园保安的管理体制

在落实保安服务公司和学校双重管理过程中，有的学校把保安当成“外人”，把对保安的日常管理推给教育行政管理部门或保安服务公司，自己当“甩手”掌柜。有的学校事事都安排给保安，人为加大保安的工作量，牺牲保安的休息时间，造成保安与学校在工作上的对立，影响工作效果。有的保安服务公司或中间机构，对校园保安管理缺乏应有的制度与力度，只派驻不监管，未定期到所派驻的学校进行沟通、了解，校园保安的“双重管理”变成“无人管理”，校园保安完全处于“放养”状态。

3. 校园保安的培训不规范

保安服务业是一个新兴的特殊性服务行业，但综观我国保安服务业教育培训的现状，存在着“重经济效益轻培训质量”的思想倾向，培训内容不规范。目前，我国保安教育内容没有统一的标准，各培训机构自行其是，培训内容偏差很大。公安部有关文件要求保安人员在上岗前必须经过三个月的培训。实际上，三个月的培训只是对保安人员训练时间的最低要求，对于较高层次的保安人员的训练，这点时间是远远不够的。即便如此，许多保安服务公司从本身的经济利益出发，连最低的培训时间也保证不了，甚至不经过培训就上岗。同时，对保安人员的教育训练缺乏考核制度，目前全国没有统一的考核制度。虽然有关文件要求保安人员必须经教育训练，考核合格后才能持证上岗，但从实际情况看，此类考核只是走过场，并不能落到实处。

4. 保安人员工资待遇低，无保障制度

最近这几年，各地保安人员流失率很高，造成保安队伍人员更新频繁，业务不精，服务质量难以提高，这种现象制约着我国保安服务业的发展。究其原因，主要是保安人员待遇低，社会地位不高。据调查，目前各地保安员的工资待遇与国家职工相比差距较大，保安人员收入大都维持在所在地区的最低工资收入水平，福利待遇没有保障。有的公司缺乏奖惩机制或只惩不奖，员工干多干少一个样，干与不干一个样。社会上一部分保安服务公司的经营者急功近利，不与保安员签订劳动合同，影响保安人员的工作积极性。再加上由于保安工作大都是门卫、站岗，工作单调、枯燥，很容易产生厌烦心理和不愿干的念头。

（三）市场化机制下校园保安服务的规范化

校园保安是目前我国学校安全保卫工作的主要执行者，建立和规范保安人员从聘用、培训、配备、职责分配到待遇等一系列制度是保证保安人员充分发挥作用的前提。尽管目前我国没有针对校园保安的统一立法规定，但很多地方针对本地校园保安都进行了规范。例如，上海市教委、公安局联合制定的《上海市中小学、幼儿园保安服务管理规定》，北京市公安局起草、北京市质量技术监督局批准发布的《中小学幼儿园校园保安服务规范》分别针对中小学幼儿园的保安管理和服务标准进行了规范，起到了良好的示范作用。

1. 规范校园保安的聘用

从聘用上来说，根据公安部、教育部印发的《中小学幼儿园安全防范工作规范（试行）》的规定，“学校保安员应按照《保安服务管理条例》的规定择优聘用，实行由派驻的保安服务公司和学校双重管理，日常管理以学校为主”。学校应当聘用专业保安服务公司的保安员，没有条件的学校可以自行招用有资质的保安员，但应当向所在地公安分（县）局治安支（大）队备案。保安员应当具有救护能力和安保技能，同时要有工作经验，以青壮年为主。针对校园工作的特殊性，保安员在上岗前应当接受一定的心理测试、安保技能测试等，保证从事校园安保工作的保安具有专业技能。同时，根据《中小学幼儿园安全防范工作规范（试行）》第 5 条规定：“学校保安员应当按照不低于以下标准配备：师生员工总人数少于 100 人的学校至少配 1 名专职保安员；100 人以上 1000 人以下的学校，至少配 2 名专职保安员；超过 1000 人的学校，每增加 500 名学生增配 1 名专职保安员。寄宿制学校至少配 2 名专职保安员，在上述标准的基础上每增加 300 名寄宿生增配 1 名专职保安员。”

校园保安必须从有资质的保安公司聘用，减少中间参与机构，确保双重管理有效落实。保安服务公司要规范保安招聘、政审、体检、培训等环节，订立劳动合同，参加各类保险，确保校园保安基本权利、基本素质的落实。公司与学校要严格按照合同协议，同一标准、同一要求，加强相互沟通与交流，正确处理好管与用的关系，全面掌控校园保安实际表现，防止管用脱节。

2. 明确校园保安的职责

根据《中小学幼儿园安全防范工作规范（试行）》的规定，保安员、门卫、安全保卫人员应当熟悉学校安全管理、治安保卫相关法律法规、安全标准和规章制度，熟悉掌握学校及周边治安特点及校园安全防范工作重点；值勤时应按有关规定着保安服或佩戴学校保卫人员标识，携带橡胶警棍等相应的安全防卫器械和应急处置装备，并熟悉使用方法。学校安全管理机构应当组织门卫和保安员加强门卫管理，确保校门口 24 小时有人值守，其他出入口开启时有人值守，做好车辆、人员进出登记，防止未经许可人员进入学校；对学校重点部位及周边巡查每日不少于 5 次。在学校上学、放学时段，凡是有人员、车辆进出的校门口应当组织门卫和保安员在岗值守，维护人员、车辆出入秩序，做好安全巡查工作；组织教师和家长志愿者在学校及校门口开展护校工作。对发现的与违法犯罪有关的可疑情况及时报警，对正在发生的侵害师生的违法犯罪行为，迅速使用防卫器械先期处置。

3. 校园保安培训的规范化

在市场经济中，行业与行业的竞争，企业与企业的竞争，归根结底是人才与人才的竞争。保安服务业的特殊性，决定了对保安人员的素质有特殊要求。建立一支训练有素，思想业务双过硬的队伍，才能在稳定校园治安秩序和政治安定中发挥作用。同时，社会治安形势日趋复杂，智能化犯罪越来越多，高科技手段在安全防范领域的普遍应用，对保安人员的素质提出了更高要求。对保安人员的教育训练是提高保安队伍素质的根本途径。一是建立统一的、正规的培训机构，把对培训机构的管理纳入公安机关的管理范围。公安机关主管部门要对培训机构的办学场所、经费、师资队伍、教学设备等方面进行严格审查，符合相关条件的，允许从事培训业务，否则，坚决予以取缔。二是科学制定培训的时间、内容、标准。根据保安人员的不同层次、不同岗位，制定不同的培训标准，进而统一课程设置、统一教学计划、统一教学大纲和教材，确保培训质量。经初步面试、政审合格后，公司应对拟聘用的保安进行公司文化、法律法规、规章制度、工作性质等方面的详细培训，讲清福利待遇、奖惩机制等敏感性问题，明确任务要求、岗位职责等。保安被派驻到学校时，公司与学校要严格履行交接手续，针对办学特点等进行岗位辅导，熟悉掌握各类安保器械、报警系统等使用、管理，明确执行校园“封闭”式管理规定中守护、巡查、安全技能防范、随身护卫等具体工作及要求。学校可对保安进行教育教学管理培训，不断提升其使命感、责任感。三是建立严格的考核制度和管理制度。保安服务业应借鉴其他行业如律师业、会计业的经验，建立全国统一的考核制度，考核合格，取得保安人员资格证书，由公安机关颁发上岗证，才允许从事保安服务业务。这就避免了各地在考核过程中走过场、走形式的混乱现象，确保保安人员的素质。

4. 提升保安人员的物质保障

保安人员的大量流失和所造成的保安队伍不稳定现象，已严重影响到了保安服务公司的队伍建设和正常经营。所以要从根本上解决此类问题，要从以下两方面入手：一是完善的保障制度。这项制度应该包括两大方面：一方面是工资福利保障。保安人员的工资应与所在地区职工的正常生活水平相符，福利待遇应与国家职工福利待遇相同。保安服务公司应制订保安人员工资浮动方案，实行责任底薪的基本工资和绩效的提成奖金制度，调动全体保安人员的积极性。另一方面是落实保险制度。随着国家保险法和社会保险条例的规定，每名参加工作的职工都有社会保险。包括：养老保险、基本医疗保险、失业保险等。各保安服务公司应为广大保安人员缴纳保险，维护他们的合法权益。保安服务公司经营者应克服自己的投机心理，把保险纳入企业的长远建设去考虑。二是有计划地将优秀的保安员由临时制转为长期制合同工，这一部分保安人员主要是指保安队伍中的中坚力量，对保安工作起着举足轻重作用的骨干分子。对转为长期合同工的保安人员，实行待遇上要适当倾斜，如解决户口问题等，这些政策的出台，既将对在职的保安人员起到激励作用，也会对社会从业人员起到吸引作用，从而最大限度地保证保安队伍和服务质量的相对稳定性。

二、学校法律顾问的专业化服务

《国务院办公厅关于加强中小学幼儿园安全风险防控体系建设的意见》(国办发〔2017〕35号)中在第20项“积极构建学校依法处理安全事故的支持体系”中明确指出:“各地要采取措施,在中小学推广建立法律顾问制度。……借助专业机构在损失评估、理赔服务、调处纠纷等方面的力量,帮助学校妥善处理事故。”实践证明,学校法律顾问制度的有序运行,可以助力于学校校园安全的规范管理、学校师生合法权益的保障和维护、校内纠纷解决机制和突发事件应急机制的建立等工作,对于推进中小学校园安全工作具有重要的现实意义。2013年《中共中央关于全面深化改革若干重大问题的决定》和2014年《中共中央关于全面推进依法治国若干重大问题的决定》分别提出了“普遍建立法律顾问制度”“积极推行政府法律顾问”的要求,进一步为我国学校法律顾问制度的深入实践和逐步完善提供了政策支持和方向指导。

(一)法律顾问制度的重要作用

中小学依法治校要求学校遵循法治思维、运用法治方式,按照法律的规定建立健全学校内部治理结构和各项规章制度,积极维护师生合法权益,依法依规管理学校事务,开展教育教学活动。中小学校法律顾问在提高师生法律意识、妥善处理学校法律事务和纠纷、强化依法治校力度等方面有着不可替代的作用。

首先,法律顾问是中小学校的“法律智库”。一是开展法治教育和培训,提高学校管理者和师生主体的法治意识。[①]二是为学校做出的各类法律行为提供法律意见和法律咨询,对学校办学和管理行为进行法律风险的分析和评估,负责草拟、修改或审查学校各类合同。三是参与和指导学校做好建章立制工作,[②]帮助学校制定章程及以章程为核心的规章体系,建立学校规章的审查与清理机制。

---

① 王华伟、冯文全:《法律顾问在高校依法治校中的职能和作用》,载《当代教育论坛》2007年第7期。

② 侯铁虎、王志强:《充分发挥法律顾问在依法治校中的作用》,载《中国高教研究》2004年第9期。

在建立健全学校各项规章制度的基础上，辅助学校做好构建依法治校校内治理结构的工作。四是在构建和完善学校民主管理和决策机制、健全社会参与机制等方面提出专业意见。

其次，法律顾问是学校和师生的“维权利器”。通过律师顾问合同的约定，学校法律顾问可以代理学校的诉讼、仲裁、执行和其他非诉法律事务，参与学生人身伤害赔偿、教职员工劳动纠纷，有效维护学校和师生合法权益。

最后，法律顾问是学校安全工作的有效推手。法律顾问可以参与到学校的法治安全教育、学校安全事故处理等工作中。法律顾问可以协助学校开展安全教育，协助学校应对突发事件、协助做好校园安全防范、学校周边环境安全隐患的处置。对于涉校纠纷起到“定分止争”的作用。法律顾问有利于增强学校依法、妥善处理学校法律纠纷和各类校园伤害事故的能力，不仅可以依法收集和保存事件发生过程中的各种证据，还有利于依法规范突发事件发生后的善后处理，[①] 保证学校正常教学秩序。

（二）我国学校法律顾问制度的运行机制

由于行政区域、学校性质、办学情况等多方因素的差异，我国各地区学校法律顾问的运行模式各不相同，具有区域化、多样化、差异化等特点。根据学校法律顾问聘任主体的不同，可以分为行政部门主导模式、学校主导模式和行政部门指导下的学校主导模式三种。

1. 行政部门主导模式

法律顾问制度主要涉及学校和法律顾问两方面主体。学校属于教育领域，由教育行政部门主管；法律顾问多是由律师担任，律师工作的指导与监督由司法行政部门负责。因此，实践中学校法律顾问涉及的行政部门主要是教育、司法行政部门。

行政部门主导模式是指由地方政府或地方教育、司法行政部门选拔或聘任有资质的律师作为所在行政区域内的学校法律顾问，并将聘任的律师具体分配

① 肖建国：《校园突发事件的法律制度对策》，载《思想理论教育（新德育）》2006年第6期。

到行政区域内的各个中小学校，实现“一校一顾问”的法律顾问模式。此种模式下，教育、司法行政部门牵头负责学校法律顾问配备工作。司法行政部门对律师、基层法律工作者担任法律顾问工作行使指导、管理和监督职能，对法律顾问的工作纳入年度考核内容。教育行政部门对学校法律顾问工作开展情况和工作实效进行检查、督导。行政部门主导模式下的法律顾问运行机制具有效率高、普及广、灵活性不强、对程序正义的要求较高等特点。

2. 学校主导模式

学校主导模式是指学校自主选择和聘任具有资质的律师作为学校的法律顾问的模式。在这种模式下，学校和律师事务所（或律师）作为顾问法律关系的双方主体，一般以签订顾问合同的形式明确约定双方的权利、义务、工作机制、违约责任和纠纷解决途径等内容。学校与法律顾问是民法意义上的平等主体，双方的行为方式应当严格以顾问合同的规定予以执行。学校和法律顾问均有权依据合同对对方主体进行监督或追责。对于学校而言，学校主导模式下的法律顾问制度具有自主性强、灵活性高等特点。其局限在于，此种模式下学校是否能够及时、有效聘任法律顾问，很大程度上依赖于校长对法律顾问的认可程度，或者说是校长个人依法治校的理念意识是否建立。

3. 行政部门指导下的学校主导模式

行政部门指导下的学校主导模式是指由地方教育、司法行政部门按照一定的公开化、透明化的程序遴选出具有资质的律师事务所，并向辖区内的学校推荐，指导学校单独或联合聘请法律顾问，最后由学校与律师事务所签订顾问协议，聘请该律师事务所的律师作为学校法律顾问的模式。

行政部门指导下的学校主导模式与行政部门主导模式在法律关系方面具有本质区别。前者的聘任主体是中小学校，后者的聘任主体是行政部门。换句话说，两种模式下顾问法律关系权利义务的承担主体是不同的，一个是学校，一个是行政部门。在运行机制方面，行政部门指导下的学校主导模式兼具前两种模式的优势，既具备效率高、普及范围广的特点，又赋予了学校自主选择是否聘任、怎样聘任的权利。

（三）学校法律顾问制度有序运行的障碍因素

1. 制度外部法治环境支撑不足

作为推进依法治校理念从思想意识到实践操作的重要手段，学校法律顾问制度的普及和运行从根源上依赖于相关利益主体对法律和法治的尊重和认可，进而将法的文本规定和法的权威性内化为他们内在的、自觉的规则意识。从当前社会法治环境来看，我国正处于依法治国的关键时期，虽然已经基本形成社会主义法律体系，但国家的法治实施体系和法治运行机制正处于不断完善的过程中。社会公众的法律意识有待于进一步加强，尚未在社会层面形成尊重法律、崇尚法律的普遍意识形态，我国社会整体对法治和法律的尊重和信仰都有待提升。具体到教育系统，仍然存在教育部门依法行政的意识不强，学校对依法办学的理解相对狭隘，教师和学生的权益未能得到有效保障等问题。任何领域的法治化发展都要植根于社会大环境之中，如果社会层面对法律的重视度不够，必然影响教育领域法治化的进程，进而造成学校法律顾问制度赖以运行的法治环境薄弱的问题。

2. 制度内部主体认识不够

学校法律顾问制度的利益相关主体主要包括教育行政部门、学校、校长、教师、学生及其监护人、律师和律师事务所等。首先，教育行政部门、学校（校长）等对法律顾问制度的重视和认可程度直接影响着学校法律顾问制度能否有效构建和运行；其次，教师、学生及其监护人对法律顾问制度的认可程度影响其能否长期和有序开展；最后，法律顾问即律师或律师事务所的工作态度和实践，直接影响着学校法律顾问的实效性，其顾问工作的实效性直接影响其他利益主体对于学校法律顾问重要性的重新定位。总的来说，学校法律顾问制度对于推进依法治校的重要性尚未得到利益相关者的普遍认可，相关利益主体在学校法律顾问制度建构方面存在利益博弈。

首先，在需要行政部门主导或参与的学校法律顾问聘任模式中，教育、司法部门能否有机配合直接决定着法律顾问制度运行的成败。由此产生的问题在于，行政部门之间的有机配合问题、谁牵头、谁负责，容易出现多头管理或管理漏洞，互相推诿等。其次，学校法律顾问制度运行所需经费的主要来源方是政府，教育主管部门则是政府出资行为的代表方和具体实施方。法律顾问经费由教育主管部门列支，那么其总体经费的数量就会相应地减少，在一定程度上降低了教育部门推进学校法律顾问制度的积极性。再次，对于学校、教师、学生及其家长而言，他们更多是希望通过学校法律顾问辅助处理各种突发事件，维护合法权益并解决纠纷。而对于该制度对其教育管理工作形成的法律监督和带有"妥协性"的权益止损，他们会在一定程度上予以排斥。[①]最后，律师或律师事务所是学校法律顾问制度重要的实施主体。通常而言，法律顾问是以追求经济效益最大化和法律效果最优化为工作目标的。对于学校法律顾问而言，在工作内容总量一致的情况下，中小学的公益性和经费固定性决定其经济效益可能要低于企业法律顾问。律师作为理性的经济人，对收益的合理追求具有天然性和当然性。如何在法律顾问的经济收益与中小学办学公益性之间做好平衡，是学校法律顾问面临的问题。

3. 制度运行程序保障有待提升

在行政部门主导模式和行政部门指导下的学校主导模式中，均是由行政部门在"资质优秀"的律师事务所中选拔。笔者认为此种选聘形式有待完善。因为衡量一个律师事务所及其律师能否做好学校法律顾问工作，不能只看律师事务所是否"资质优秀"，而是应当综合考量律师事务所和律师的专业精神、业务专长、时间与精力的投入程度等。"资质优秀"的律师事务所及其律师通常是经济、金融纠纷案件较多，这些案件的标的动辄成百上千万。从经济人角度来分析，这样的律师事务所和律师很可能因为法律业务繁多，既不热衷也无暇参与学校法律顾问工作。可是，碍于地方司法局等行政主管部门的单方选择，又不得不参与其中。在这样的情况下，选拔为学校法律顾问的律师事务所或律师既因为业务繁忙不能全身心做好学校法律顾问工作，又因为积极性不高影响学校法律顾问工作的实效。在司法实践中，"普通资质"的律师事务所和律师恰恰是接触人身伤害、合同纠纷、保险理赔、起草公司法律文件等诉讼和非诉案件较多的

---

① 李祥、吴希：《中小学法律顾问制度：现状、困境与对策》，载《中小学管理》2014年第4期。

群体。而学校法律顾问的工作内容主要是对学校办学与管理行为、对外经济活动、内部规章制度、教师聘任合同纠纷、学生伤害事故等提供法律评估和法律意见。从业务相关性分析，“普通资质”的律师事务所及其律师也可以做好学校法律顾问工作。

（四）学校法律顾问制度有序运行的优化思考

1. 建立灵活自主的学校法律顾问聘任模式

学校法律顾问的聘任模式需要综合特定的时间阶段、区位特点、专业人才资源的配备等因素进行确定。一方面，在现行中小学办学情况来看，学校法律顾问的聘任模式以行政部门指导下的学校自主选聘模式更具有优势。首先，中小学校在依法治校方面远远落后于高校。中小学既缺乏法律方面的专业人才，也没有形成普遍的法治意识和法治思维。这样一来，中小学校在法律顾问的选聘工作中的专业性不够，需要政府和主管行政部门予以协调。其次，中小学校普遍对教育行政部门具有很强的依赖性。笔者曾就学校安全事故纠纷及其解决对部分中小学校做过调研，几乎所有学校都表示希望政府出面对纠纷处置协调。最后，对于政府部门而言，为了保证基础教育学校教育教学的有序开展，避免出现辖区教育“一放就乱”的现象，教育部门也愿意或不得不进行引导。此外，经费问题也是中小学校乐于教育部门主导参与到学校法律顾问工作中的重要原因。

另一方面，随着我国教育改革与教育治理现代化的深入和发展，中小学办学自主权和办学自主性的不断明晰，学校主导模式是学校法律顾问制度的发展方向。随着学校依法治校工作的不断推进，学校师生法律意识和法律素养不断提高，学校法治氛围不断积淀和浓厚，学校自主办学理念进一步深入，中小学自主选聘法律顾问应当成为未来的趋势。

2. 健全学校法律顾问制度的程序保障

首先，在行政部门主导模式和行政部门指导下的学校主导模式中明确教育、司法行政部门的职责，尤其是行政部门在监督和追责方面的权责，建立起政府主导的风险防控体系。应当建立法律顾问淘汰制度，定期对聘任的律师事务所进行考评和监督，对于不能按时、保质保量完成顾问职责的，应当及时进行清退。

其次，学校法律顾问的聘任范围应当扩大至学校所在市区的全部律师事务所，而不是现在的“资质优秀”的律师事务所。同时，可以以招投标的形式，由学校或教育行政部门通过司法行政部门向所在地区的律师事务所发出邀标函，有意向的律师事务所可以进行竞标。在选聘法律顾问的过程中，应当避免行政部门或学校领导人员或利害关系人的“权力寻租”问题，建立明确可行的回避程序。此外，还应当在选聘过程中注重教师、学生及其家长的参与权和知情权。

三、物防及技防企业的专业化服务

随着现代科技的快速发展，校园安全的防护设施日益显现出专业化和高科技水平。越来越多的学校也会根据形势选择科学、有效且节约人力、物力的安防系统作为保护校园安全和方便学生管理的重要手段。

（一）校园安全物防及技防的政策要求

2015年3月16日，公安部办公厅、教育部办公厅发布的《中小学幼儿园安全防范工作规范（试行）》中在物防建设规范中要求：

“学校应当设置高度不低于2米的围墙或其他实体屏障，实行封闭式管理；学校出入口设置门卫值班室，配备必要的防卫性器械和报警、通讯设备，并建立使用保管制度。”

“针对学校周边治安特点，设置相应的安全防控设施，强化校门及周边区域安全防范能力。根据学校校门及周边50米区域治安、交通环境实际情况，因地制宜设置家长等候区域，设置隔离栏、隔离墩、减速带或升降柱等硬质防冲撞设施，确保师生出入安全，秩序井然。”

“学校视频监控室、财务室、实验室、计算机室等贵重物品和设备点，档案室、中考高考试卷保管室等保密资料存放点，有毒、有害、易燃等危险品存放场所的出入口应当安装防盗安全门，窗户应当安装金属防护栏等防护设施。”

“水电气热等设备间应设置消防设施和防护设施，指定专人负责看管。教学楼、学生宿舍、食堂等学生集中学习和生活场所应当按国家有关消防技术规范设置消防设施、配备消防器材，并定期检测更新，保持完好有效。安全出口、疏散通道、消防通道应保持畅通，按规定设置消防疏散指示标志和应急照明装置。学生宿舍未设置火灾自动报警系统设施的，应安装点式火灾报警探测器。”

“校内应当根据需要设置规范的安全警示牌、交通标志标牌标线、交通信号灯、人行设施、分隔设施、停车设施和减速带等。”

在技防建设规范中，对学校技防设施安装提出要求：

“（一）学校大门外一定区域内应由属地公安机关设置视频图像采集装置，采集及回放视频图像应能确保特别是夜间清晰显示监视区域内人员活动和治安秩序情况。

（二）学校应在大门口设置视频图像采集装置，采集及回放视频图像应能确保特别是夜间清楚辨别进出人员的体貌特征和进出车辆的车牌号。

（三）学校门卫值班室应设置一键式紧急报警装置，并与属地接警中心联网。

（四）教学楼、学生宿舍楼主要出入口、走廊，食堂操作间、配餐间、留样间内和储藏室的出入口，操场等人员聚集场所应安装视频图像采集装置。

（五）易燃易爆等危险化学品储存室、财务室、实验室等重要场所在安装视频图像采集装置的基础上应安装入侵报警装置。

（六）学校应设置安防监控室，对本单位的视频图像采集、报警、电子巡查及系统信息通过管理软件实现联动管理，视频图像采集系统和报警系统应接入公安机关监控和报警平台，暂不能联网的应预留接口，并符合相关信号采集与传输标准。

（七）学校重点部位和区域可根据需要设置电子巡查装置及其他技术防范措施。”

从上述文件规定我们可以看出，学校安防设施的要求日益呈现出专业化和科技化的特征。术业有专攻，这些专业化的学校安防设施不是学校依靠自身就可以建设的，需要通过购买市场上的专业化服务来实现。目前，我国各地方逐渐在市场上形成了一批专注于学校安防设施建设的企业。他们专门致力于校园安全防护设施的开发和应用，可以为学校的安全风险防控提供有力而专业的服务。

（二）校园安全物防和技防企业的专业化服务

随着近年来安防技术的快速发展，一些学校现有的安防系统性能水平已远远落后于当今社会的安防技术水平，学校应在现有安防系统的基础上进行系统升级改造或者重新架设新的安防系统，提高安防系统的运作质效，达到辅助监控管理、减轻执勤人员劳动强度、防止或减少人为的差错和失误，实现向科技要效率、向科技要安全的目的，以适应新时期对校园安防系统的要求。校园安全物防和技防企业可以根据学校的现实需求提供相应的风险防控硬件及软件设施，主要有：

1. 安装校园出入口门禁管理

出入口门禁管理系统是校园安防建设的一个重要内容。出入口门禁管理有助于加强学生及校园内相关人员的管理和控制。学生和工作人员通过刷卡出入，门禁管理系统对人员进行身份鉴别、确认，并对通行时间等进行实时控制和记录，从而有效防范外来人员对学校安全防范工作的干扰或破坏。出入口门禁管理系统应具有与视频监控系统联动的功能。若发生外来人员强行闯入时，出入口门禁管理系统可联动视频监控系统，校园监控中心、公安局监控中心的监视将自动弹出报警提示和该出入口对应的视频图像。通过安装出入口门禁系统，可以促进管理，加强出入口保卫管理人员的防范意识以及校园保安工作的责任心，严格执行来访登记及过程跟踪，实现对出入口车辆、人员进行有效控制。

2. 视频监控系统和报警装置的安装

安装集报警、监控等功能强大的安防系统已成为必然，这种集成化的安防系统不仅能节省成本，而且也符合校园面积大、布点多等特点。同时，根据高校和中小学的安防不同特点，可以建造适合不同校园格局的安防系统。高校人员密集，要求监控到校区每一个角落，需要在校内每栋宿舍的走廊、楼厅等处都装有摄像机；中小学人员密集性并不大，校园相对高校面积比较有限，因此监控主要设备在学校周边区域和学校门前，保障校园内的绝对安全。

学校出入口设置的视频监控点应能覆盖学校门口四周25米以上，不应出现监控盲区，监控和回放图像应能清晰显示区域内人员的体貌特征和活动情况，并能紧急报警。学校办公楼、教学楼、实验楼等楼道、重点实验室、试卷室、危险品储藏室、财务室等重要部位和学生主要活动场所均必须安装相应的监控系统。同时必须能够与当地公安机关实行联网。此外还应设立专门的值班室并有专人负责。

3. 实现各安防子系统间的联动

针对中小学及幼儿园的校园暴力事件，学校的视频监控和紧急报警系统应与 110 指挥中心视频系统联网，特别是安装在校门口附近的快球摄像机应能覆盖学校门口两边 25 米以上，同时在门口附近安装能与监控系统联动的紧急报警钮。一旦出现紧急情况，各级人员即可通过触动紧急按钮，联动摄像机自动调整角度对报警区域进行监视和录像，并通过网络将警情上传至 110 指挥中心，同时将图像自动切换到现场，以便于警方及时采取有效措施制止校园暴力事件发生。建立监控系统与报警系统、门禁系统的联动，加快出警速度，第一时间查看警情，加强视频复核，有效解决漏报、误报问题，可以最大限度地发挥安防系统的安全防范作用，使校园安全得到有效的警力保证，这对于中小学及幼儿园防止校园暴力事件极其重要。

4. 联网实现监控平台集中管理

从教育监控系统建设发展趋势来看，随着学校治安问题的日益突出和统一监控管理需求的日益迫切，各级各类学校不仅在学校区域内建设自己的校园安防系统，各个区域公安机关也开始将整个区域的学校的监控系统进行联网管理，通过联网监控，实现了对整个区域学校治安监控图像的共享和综合管理，真正实现监控图像全局保存、使用和管理。公安机关可以实时调用各学校的图像资料，灵活了解掌控全区域范围内各个学校治安报警的情况。特殊情况下，还可以对联网范围内的各校园云台、室外球机等前端设备进行控制，有利于警方及时查看警情，迅速制止校园突发事件的发生。同时，管理平台的统一规划、统一建设，可以最大限度地节约建设资金和降低防控成本，有利于后期扩展和维护。

尽管建立智能化的科技校园安防系统在资金和人员等方面仍存在相应的困难，校园安防建设尚缺乏标准指导，安防建设效果因而受到一定的影响，但是考虑到校园安全的重要性，全社会都应该行动起来。面对当前社会各界的安防需求以及近期日渐严峻的反恐态势，需要结合科技创新以全新的模式提供多样化、智能化、一体化的安防监控专业服务，协助各地公安机关建立起社会治安综合防控体系，尽早建立一套能够快速反应、统一监管、行之有效的校园安防系统以保障学生们的生命财产安全，为校园编织一张密不可侵的保护网。

除了本节以上所论述的校园保安、法律顾问、物防技防企业可以为校园安全提供更加专业化的服务，还有很多领域可以引入市场主体的服务。通过引入市场机制中的第三产业来减轻学校非教育职能的负担逐渐成为世界各国学校所采取的方式。我国的学校应当用更大的外部力量来解决现有的和未来将会遇到的问题。如政府大力扶植教育行业内非营利性保险事业的发展，给学校、师生双方均提供抵御风险的能力（意外伤害等）；再如将后勤服务，如物业、餐饮进一步社会化，国家适当鼓励资质好、能力强的企业，兼并弱小，做大做强；推行行业标准化管理，将食品卫生监督的职能内化到企业内部运行标准当中，让企业自觉自愿遵章守纪，不仅维护企业自身信誉和长远利益，也从而保障了在校师生的食品卫生安全。

第二节　新媒体趋势下校园安全网络舆情风险及应对

随着现代信息社会的快速发展，新媒体正在日益普及，并逐渐成为舆情事件的助推器，校园安全网络舆情也不例外。通过新媒体，组织和个人都可以以较低的成本聚合起颇具规模的网络群体，营造巨大网络舆论压力，催化和加剧校园安全问题。[①] 新媒体是一把双刃剑，校园安全问题因新媒体而产生和激化，也有可能因新媒体而淡化和解决，这就需要我们以更加开放的思想和创新的思维运用新媒体来发现、应对和解决校园安全问题。同时，从政府层面应当确立新媒体的传播规范，塑造正面的舆论氛围，推动化解社会矛盾。

① 聂智、曾长秋：《论虚拟社会治理中自媒体舆情引导》，载《学术论坛》2011年第12期。

一、校园安全网络舆情现状

新媒体技术赋予普通网民在社会事件中发声的权利，进而使得网络舆情日益复杂化和多元化。传统媒体时代，受到传播技术和媒介体制的限制，公众话语权基本被官方垄断，公民个体的声音很难汇聚成强大的力量传播。然而，伴随着新媒体的出现和互联网的兴盛，新媒体技术通过降低普通大众发声的门槛，为人们情绪、意见和观点的传播提供了技术上的可能。一台电脑或者一部手机就是新闻和意见的编辑器和发射器，用户可以通过微博、微信、论坛等应用创造内容，并公开发布。用户的粉丝群和朋友圈有多大规模，就有多大的受众群，这就相当于传统媒体时代的发行量和收视率。新媒体技术的应用使信息生产和传播的门槛大大降低，“人人都是麦克风”的时代已经形成。

（一）网络舆情载体

中国教育网络舆情报告显示[①]，2015年，在教育网络舆情传播载体方面，以新闻网和微博为主要的传播区载体，两大传播平台的占有率分别为45.70%和37.23%，二者所占比例较2014年均有所增加，2015年有超过七成的教育舆情事件由新闻网和微博平台首发。对一级传播载体中的新闻网做细分后发现，全国性的新闻网站仍是教育新闻传播的主流渠道。在排名前十的新闻网站中，腾讯网、新浪网、网易新闻以及凤凰网为全国最主要的新闻门户网站，中国新闻网、新华网、人民网、中青在线为主流的中央级官方新闻网站，澎湃新闻和《新京报》则是在报道全国性新闻方面较为突出的地方媒体。此外，社会论坛和校园论坛作为以兴趣话题交流为主的社区平台，亦占有一定的份额。其中，由百度贴吧、天涯论坛、猫扑论坛、凯迪社区等构成的社会论坛在传播载体方面占有10.39%的比例，而以各个高校校园BBS组成的校园论坛占比为4.90%。外网、微信和博客均只占有不超过1%的比例，所占份额较小。

值得注意的是，微信平台如今已成为日常交流、新闻发布和舆论生成的重

① 唐亚阳主编:《中国教育网络舆情发展报告2016》，北京师范大学出版社2017年版。

要领域，在舆情的传播上应同样占有较大的比例。但由于微信为半封闭的传播平台，其舆情信息难以捕捉和把握，所以作为舆情的传播平台，微信有被低估的可能。

（二）校园安全网络舆情影响

校园安全利益相关者范围极广，议题敏感度高，一旦曝光，社会恐慌的传播效应和社会风险的连锁效应凸显，舆情热度升温较一般热点事件来说更快更猛。不少发生在 2015 年的校园安全类热点事件都可印证这一点。如江苏南京小学生秋游踩踏事件、陕西吴起女生逼学妹向官员卖处事件、福建起火幼儿园扔孩子事件、河南焦作幼师针扎学生事件等，都在事件曝光当日形成舆情峰值，成为热点话题。校园安全舆情的发展也对事件的处理带来影响。统计发现，所列事件案发后得到学校、公检法机关、当地教育部门乃至教育部等高度关注，社会反响十分热烈。例如，在泉州惠安县校园欺凌事件发生后，涉事学校第一时间向家长道歉，并及时向上级教育部门报告。当地教育部门和警方迅速介入调查，泉州公安在微博上也积极跟帖回应。但同时也存在一些网络舆情应对的缺陷。如部分学校与政府部门集体失语。欺凌事件曝出之后，部分涉事学校未进行任何回应，当地教育主管部门以及其他相关政府部门也未表态。部分学校没有迅速发布权威信息，及时回应社会和广大师生的关注，而是抱有侥幸心理，怕影响校园稳定和学校形象，采取隐瞒的手段或用“不清楚”“不知道”等含糊其词。还有的学校表面上说是在调查中，却迟迟没有向社会公布事情的真相和处理结果。许多学校没有建立一套完整的舆论应对机制。新媒体时代，信息发布的渠道不只限于接受记者采访、召开新闻发布会，还要建立学校自身的发布平台，如官方微博回应，并及时发布事件的进展，是消除公众疑虑的最快速有效的方式。

（三）校园安全网络舆情发展特点

在关于校园安全类热点事件的早期讨论中，网民习惯于在第一时间将责任归咎于校方、教育主管部门、其他相关政府部门及其人员，表达出明显的不相信和指责态度。有研究者认为，这是当前社会生存状态下，人们现实压力的一种表现。人们在一些事件中表现的暴力行为，看上去是针对某些特定的当事人，但实际上它是人们针对普遍社会压力的一种泄压行为，特定事件或人物只是一个启动阀口。而网络表达的相对自由性为这种压力释放提供了可能。后续随着媒体评论深入，网民关注焦点有所转移，随着网民理性意识的回归和获取事件信息的需求得到满足，主观攻击的言论大幅减少，理性反思越来越多，舆情议题开始从质疑宣泄性议题转化为追责建言型议题，主要体现为少了初期的激烈情绪和批评锋芒，转而更多关注责任追究，表现出就事论事的态度，就事件本身进行深入分析和探讨，针对事件中出现的各方责任与制度弊端提出建设性建议。

同时，校园安全类热点事件网络舆情容易激活公众关于同类事件不同时段的集体记忆，如山东女教师令学生集体掌嘴事件后，此前的"校园虐童"案例又被重新讨论，"教师作威作福""学生被虐不敢说"的认知定式再度固化。或者个案发生后，短期内类似议题被不断挖掘，对公众情绪产生强烈刺激，形成声势浩大的社会关注和探讨，如2015年江苏"毒跑道"事件发生后，"毒跑道"向多地"蔓延"，广东、深圳、上海、浙江、陕西、江西、河南、北京等地均曝出"毒跑道"现象。

二、校园安全事件的媒体效应

在互联网时代，新媒体在校园安全问题的发生、发现、扩散、应对、处理、善后中均扮演着重要角色。特别是"新闻媒体是否存在示范效应""新闻媒体报道是否对系列学生侵害事件的连续发生负有一定责任"的讨论成为国内学者热议的话题之一。不仅新闻媒体本身，社会学、犯罪学、心理学、教育学等学科领域也纷纷加入讨论中来。从讨论的角度来看，大多学者所持的是效果论的立场，争辩的是新闻媒体报道在校园安全事件发生中所起的作用。从争辩的结果来看，可以将这些观点归纳为三种[①]：第一种观点持"肯定论"，认为媒体的报

① 张英萍：《儿童校园安全构建：多学科的视角——校园安全问题研究述评》，载《浙江师范大学学报（社会科学版）》2012年第3期。

道的确是引发后续类似恶性案件的导火索。持此观点的学者认为，如此巧合地在这么短的时间里屡发戮童惨案，根源或许正是媒体渲染报道的结果。[①]由于当前网络和社会媒体追求吸引受众的眼球和增加点击率，扩大自身的传播效应，对有些负面新闻大肆报道，甚至违反新闻职业道德对新闻事实加以放大、夸张，对受众产生了强烈的消极心理暗示，产生了“示范效应”。第二种观点持“否定论”，认为这系列的校园安全事件与媒体的报道方式无关，媒体应当坚定履行对公众知情权负责的报道义务。“这类事件显然不是靠媒体的自省或者规避报道就可以做到的”，媒体有报道事实的义务，公众有知晓事实的权利。第三种观点持“平衡论”或称为“规范论”。2010 年，在《新闻记者》第 7 期上连续刊发了三篇文章，这三篇文章的作者分别是杜骏飞、阴卫芝、周海燕等，他们持的是一种较为客观、平衡的观点，并且强调对新闻传媒自身的规范。他们认为，不应完全忽视媒体报道对校园安全事件可能产生的负面影响，但是，不能就此提出媒体不做或少做报道。[②]新闻媒体在面对校园暴力事件时，需在“必须报道”和“新闻报道伦理”之间求得平衡。除了新闻报道的责任外，这些系列校园安全事件背后折射的媒介伦理议题，以及媒体如何规范自身报道行为，需要更加被关注。

从上述观点来看，这场争辩尽管在开始的时候是围绕着新闻传媒在报道校园安全事件时的适宜性和方式展开的，但是它进一步引发了新闻传媒对自身责任、规范性以及伦理问题的思考。由于校园安全事件的报道具有一定的特殊性——涉及未成年人、涉及教育部门、涉及人性的敏感问题。因此，在构建校园安全方面，尤其是校园的舆论安全和心理安全，传播媒介到底要扮演怎样的一个角色，值得深入探究。目前从国外对校园安全体系的研究来看，媒体并不是独立在校园安全体系之外的，而是被纳入校园安全体系中的一个联动环节。在涉及校园安全的事件中，政府、学校、媒体、社区、家长共同组成一个校园

---

① 王锋、翟文茜:《校园暴力事件新闻报道的负面效应——以系列侵害事件报道为例》，载《东南传播》2010 年第 7 期。

② 阴卫芝:《校园暴力案报道的伦理反思》，载《新闻记者》2010 年第 7 期。

安全防御网，媒体真实地但有限制地向社会报道相关信息，并教育、引导民众共同关心和保护校园安全，是媒体报道被赋予的责任。

三、媒体规范化与舆情风险应对

在新媒体对校园安全网络舆情的影响下，必须重视媒体报道的重要作用。一方面，要规范媒体的报道；另一方面，事件当事方应掌握舆情应对的方法。

（一）校园安全事件媒体报道的规范化

媒体及其从业者必须牢牢记住媒体自身肩负的社会责任，及其公共性和公益性的社会属性，这是由媒体自身的特性所决定的。媒体具有引发理性讨论，促进合理思考的作用，同时也有将理性摧毁的破坏力，媒体能够推进文明的进步与发展，同时也能使之受到阻碍与破坏。对于校园安全事件长期的不良报道，可能会导致媒体在报道该议题时呈现出庸俗化的特征，助长某种不正之风。校园安全事件特别是校园暴力事件的新闻报道并不等同于一般的社会新闻报道或教育新闻报道，为了有效防止因报道校园安全事件而带来的社会恐慌，其报道应该有一定的指导与规范，具体而言应该包括：

一是遵守媒体行业内约定而成的行业自律规范。要进行负责任的新闻报道，媒体必须严格遵守新闻职业道德准则，尊重社会的伦理道德。例如，我国报纸行业的自律公约规定："报纸媒体要遵守国家对新闻行业的各项规定，担负起媒体的社会责任，自觉摒弃有损国家利益和公众利益的、内容低俗的或未经证实的新闻报道作为自身参与市场竞争的手段。"美国职业新闻记者协会所制定的媒体从业伦理规范也提出："媒体要清醒地认识到某些信息的采集与报道会给受众带来一定的不适和伤害，媒体具有报道的自由但同时也要接受约束""媒体一方面要求别人怎么做，另一方面也要向要求受众那样要求自己"。所以，对于校园安全事件的新闻报道应客观、中立，不刻意煽情、不刻意渲染暴力细节；坚持新闻真实，对有疑问的新闻源要先查证后使用；坚持多角度多方面的客观平衡中立的报道；在事件调查结果公布之前不做归因，不做媒介审判；合理使用新闻配图，对涉及隐私的画面进行必要的处理等。

二是要保护未成年人的隐私权。当前媒体在校园暴力事件的新闻报道中，基本能够遵守媒体自身所承担的社会责任与伦理责任。但在涉及未成年人为施暴者的校园暴力事件中，很少有媒体能够顾及未成年人的感受，不管采访对象是否愿意接受采访，都对其进行采访，实际上，这种违背采访对象意愿的采访，不但得不到媒体需要的信息，同时也会对采访对象造成一定的伤害。媒体在校园暴力事件的新闻报道中，对于施暴者也要保护其合法权益，如果在校园暴力事件新闻报道中，媒体出现伦理的缺失，与施暴者相关的老师、父母、朋友都有可能成为舆论攻击的对象，变成媒体新闻报道下的受害者。

三是担负起新闻媒体的“把关人”作用。媒体在新闻报道中要牢记自身的社会责任，在舆论引导过程中媒体的功能不可忽视，媒体所面对的受众是复杂的，一方面，受众对高品质新闻内容有强烈的追求；另一方面，受众也对一些低俗猎奇内容抱有兴趣。在这些信息当中，媒体充当的是把关人的角色，媒体自身的功能和社会属性要求其不能一味迎合受众的低俗偏好。在海量信息中挑选出与人民群众利益相关的信息，选择某一事实中具有一定社会作用和影响的内容进行报道，坚决遏制新闻失实现象的出现，严厉打击谣言的传播，面对已经发生的信息危机，媒体要在第一时间给予澄清，消除社会中的不确定因素，缓和社会矛盾，维护社会稳定。

（二）校园安全网络舆情应对

校园安全网络舆情的治理应对是一项复杂而艰巨的工作。由于事件发生主体的身份牵涉学校和教育领域，个人的偏常行为常常给学校或教育部门带来组织性危机，并给后者带来不小的挑战。然而网络舆情并非洪水猛兽，只要掌握了舆情的发展规律和应对技巧，不但可以转危为安，甚至有可能借此提升学校形象。

1. 根据舆情的发展阶段采取不同的应对措施

校园安全舆情的演进趋势与其他类型的舆情演进趋势类似，同样要经历从潜伏期、爆发期、高潮期到消退期、平稳期的过程。在此过程中相关部门的应对至关重要，一旦出现差错，往往失之毫厘，谬以千里，对负面舆情的处理也成为当前教育管理部门工作的重点和难点。针对负面舆情，学校以及教育管理部门可以在舆情演进的不同阶段选择不同的方式介入。[①]

首先，舆情爆发期以舆情监控为主。舆情大规模爆发之前往往会经历较长时间的潜伏期，但由于潜伏期舆情难以捕捉和察觉，舆情的着手处置往往从爆发期开始。网络舆情进入爆发期后，相关信息处于相互碰撞、从分散向集中的过程，任何观点都可能最终成为主流舆论。此时，相关部门应着手启动应急预案，加强对舆情的监督，紧密关注和把握网络上各家意见的交锋汇聚，为后续的应对打下基础。

其次，舆情高潮期以积极回应为主。网络舆情达到高潮期时，网民情绪最为高涨，这一时期是相关部门所面临的舆情危机最严重的时期，但这一时期网民分散的观点多演变成集中的一种或几种观点，相关部门已经能够针对其中的舆论进行回应。同时，相关部门应加紧制订具体的回应方案和文本，对舆情进行及时干预，抑制热度继续攀升。在此期间，教育管理部门与学校相关机构在舆情回应时应以积极的姿态面对公众，通过新媒体及时发布权威信息，利于揭示真相，澄清谣言，以正面信息引导“沸腾”的民意，及时制止谣言的扩散。校园新媒体可以通过不同平台，如微博、QQ、微信等集体发声，通过议程设置形成舆论合力，促进正面信息的集聚与放大，抢占网络空间的主导地位，压缩谣言与虚假信息的传播空间，积极发挥新媒体的正面舆论引导功效。[②]

最后，网络舆情消退期以形象修复为主。舆情回应仅是短时期内对公众质疑的回复，引发事件的根本问题并没解决，相关事件主体在公众中的形象仍然没有恢复。因此，舆情消退期是修复形象、增强公信力的关键时期。这一时期，相关部门应利用舆情高峰期过后公众注意力转移的相对空闲期，对事件展开深入调查，及时将事件原因及相关责任人的处置结果公之于众。事件原因和相关责任人处置结果的公布不仅是舆情处置的后续工作，更展现了学校或者教育管理部门负责任的形象以及表达了对公众意见的尊重，对于修复，甚至提升学校

① 唐亚阳:《中国教育网络舆情发展报告 2016》，北京师范大学出版社 2017 年版。

② 陈世华:《新媒体参与校园安全治理的逻辑与进路》，载《东南学术》2018 年第 5 期。

和教育管理部门被教育舆情所破坏的公众形象具有重要作用。

2. 学校及教育管理部门应重视传统媒体与新媒体的结合

首先，加强自身平台建设。学校机构及教育管理部门要想在负面舆情的回应和正面舆情的宣传上抢占主动权，就必须加强自身社交平台的建设。社交平台的建设需要建立一支熟悉互联网运营，能够完成从内容创作到内容把关的人员完善的队伍。学校社交平台的运营应保持一定的活跃度并积极与受众展开互动。在以学校和教育管理部门为主体的官方微博、微信平台上塑造积极、正面、美誉度较高的形象，将为有效应对教育网络舆情打下良好的基础。①

其次，重视与传统媒体和新媒体的合作。报刊、广播电视等传统新闻媒体对教育领域中的学校和管理部门具有舆论监督的作用，但二者并非水火不容，学校和教育管理部门应以开放、包容的态度看待新闻媒体。从前文的平台传播特征可以看出，传统媒体在教育网络舆情的传播过程中仍然起着不可替代的作用。尽管传统媒体曝光的重大舆情的信息源大多是新媒体，但传统媒体仍是讨论教育问题的主要阵地，而这些潜在舆情点被传统媒体捕捉后，会以新闻或深度报道的形式引爆，并在社会上引起更大反响。所以，学校及教育管理部门要注重与传统媒体的合作。同时，应提升新媒体的运用能力，扩大与网民的互动空间。学校及教育主管部门应积极通过开通官方微博和官方微信平台，即时与网民进行有效互动，拓展网民教育诉求的表达渠道。在具体热点事件网络舆情应对中，提高网络新媒体的运用技巧，通过新媒体平台扩大信息的覆盖面与影响力，使其成为新闻媒体、官方网站之外的辅助和补充引导力量。②

第三节　家庭、社区、社会组织参与校园安全治理

随着经济的快速发展和社会转型，各类社会矛盾日益凸显并相互交织，矛盾“连锁反应”与“蝴蝶效应”频繁转化，矛盾的顽固性和爆发性增强，平息

---

① 唐亚阳：《中国教育网络舆情发展报告 2016》，北京师范大学出版社 2017 年版。

② 李青鹰：《校园安全类热点事件网络舆情应对研究》，湖南大学 2016 年硕士学位论文。

和化解矛盾的难度显著增大。[①]校园安全内容涉及食品安全、交通安全、消防安全、疾病预防等各方面，仅靠学校这一单一主体无法满足安全预防的多元化需求，需要全社会，包括政府、社会、社区、学校、家庭与个人等多主体参与校园安全建设，提供系统支持。

一、专业社会组织的介入

如前所述，随着校园安全问题的复杂化和专业化，学校的自身能力与精力有限，无法满足目前校园安全治理的现实需求。专业化的社会组织利用其自身优势介入校园安全的风险防控中来已成为全球防治校园安全的重要趋势。

国外很多国家都非常重视专业社会组织对学校安全治理的介入。例如，法国的公共服务传统中，有许多是来自非政府领域，如红十字会组织，也有一些为辅助教育机构更好地完成教育任务而成立的针对学校安全需要进行专业指导和服务的社团协会。法国教育部采用政府购买服务的方式，通过资助这些社团协会的项目，达到改善校园安全状况的目的。非营利性社团协会进入教育系统进行服务，需要报教育部进行资质审批，五年有效，五年后经过审核，可以延续。这些社团协会的资质经过教育部认可后，即在网上公布名单，公示其协会目标、协会地址、联系方式、网址等，[②]全国学校可以根据需要联系其提供服务。在公共卫生领域，有法国红十字会、法国全国卫生教育委员会联盟、法国国民教育卫生行动与文献协会。在酒精、毒品、艾滋病、情感、性教育领域，有巴黎大区艾滋病预防与信息提供中心、艾滋病团结组织（在学校机构开展主题活动，进行艾滋病预防、教育活动，帮助艾滋病患者）、法国全国反酒精、毒品、药物依赖协会、"自爱"协会（青少年性教育、反对性暴力）、"芝麻开门"（情感和性教育协会，志愿者入校做宣传和倾听）。在交通安全教育领域，有法国公立教育系统校车全国协会、道路事故预防协会（研究、落实一切有利于降低道路交通事故频率和严重性的建议）、法国愤怒摩托车手联盟（摩托车安全教育）。

---

① 顾华祥：《社会管理法治机制建设若干问题探讨》，载《唯实》2012年第4期。

② 《教育系统合作伙伴名录》，http：//www. education. gouv. fr/cid21129/les-associations-agreees-dans-l-education-na-tionale. html，最后访问时间：2016年6月1日。

在反校园暴力领域，有“生命之路”（反对放学路上的暴力、勒索行为）、非暴力新闻（预防社区暴力，帮助受害者寻找援助，媒体宣传、倾听受害者、冲突管理、矛盾调处、非暴力宣传）、“启迪”协会（针对郊区问题青年的学业、课外、社会行为教育）、“调解一代”（预防暴力、矛盾调解和平教育、青年社会责任教育）。在日常安全教育领域，有法国重大风险与环境保护教育者培训中心、法国学生窒息事故家长协会（警告不要玩丝巾、塑料袋等容易导致学生窒息的玩具）、“小淘气”急救组织（警示、教育在校学生游戏中的危险）、反网络犯罪（学校层面开展教育，提高反网络犯罪意识，反思网络管理问题）。在弱势权益保护领域，有法国学生联盟（在押服刑人员教育志愿者项目）、“医院里的孩子”［儿科住院就诊和“工读学校”（CLIS）学生的学业、心理辅导协会］、恐同急救组织（为受歧视的同性恋提供电话服务，在公众舆论和公权力领域进行权益保护宣传）、种族歧视急救组织（发现、揭发种族歧视行为，提供相关教育信息、资料）、倾听自杀者（7天24小时，公开全国统一电话号码，提供心理辅导和援助）。这些社团协会往往也是由学生家长参与，对学校可以起到很好的辅助作用。每年所属地方政府根据年度报告和新一年的行动计划，会对社团协会组织进行一定程度的资助，这实际上也是学校教育的有益补充。[①]

在校园欺凌的防治方面，很多国家的社会组织及其他第三方也会介入。由于校园欺凌问题是在多方环境系统共同作用的背景下产生的，和社会风气、网络环境、政府忽视、学校回避、学生叛逆期、家长溺爱或放任等都有较大关系，其防治和治理难度也较大。基于公平公正的理念，日本立法规定校园欺凌案件必须引入第三方介入机制。学校设立“咨询委员会”和“学生安全对策支援室”，主要由律师、心理医生、前警官和大学教授等专业人士组成，既为预防校园欺凌，也为在事件发生后全方位保护学生利益提供支持。再者，日本政府善于用明星偶像作为宣传大使，利用其影响力进行反校园欺凌的宣传。美国第三方社会机构也高度关注校园欺凌事件。早在1987年，美国国家学校安全中心就借助哈佛大学的研究力量，推出了“校园霸凌实务工作坊”项目。一些志在推广反对霸

---

① 王鲲：《法国校园安全管理：机制、法规与启示》，载《青少年犯罪问题》2016年第5期。

凌行为的个人，通过建立网站、演讲等方式宣传校园欺凌的危害以及防治措施。例如，查韦斯·布朗创办的 Mojo Up（http://majoup.com）就是帮助青少年站起来反对霸凌的一个专业网站，目前聆听过他演讲或参与过其反霸凌课程活动的学生已经超过一百万。①

从全球各国利用专业社会团队来协助校园安全治理的情况来看，社会团体对学校教育的辅助作用非常明显。对学校急需解决的问题，建立有针对性的团体，来处理学校没时间、没精力、没人手、没资质解决的新问题，充分发挥了校外人士的积极性、主动性，以更低的成本、更高的效率，辅助学校完成学生的全面教育，与此同时，还能强化家校沟通，分清责任和主次，让学校真正扮演起教书育人的角色，提高家长在学生教育当中的参与度和责任感，让家庭则回归配合学校教育的角色。这和我国政府现阶段培育社会组织，促进社会组织的发育，政府购买服务的思路一致。在未来立法当中可以考虑适当预留社会组织服务的空间，顺应发展趋势，使社会积极参与到学校安全管理中来，让学生、家长、社会的利益和诉求统一起来，共同遵守社会行为规范和共同价值观，更好地发挥其主观能动性，同时减轻教育主管部门的人事财政压力。

二、社会工作者的安全教育

学校社会工作是运用社会工作的理论、方法与技术，对正规或非正规教育体系中全体学生，特别是处境困难学生提供的专业服务。其目的在于帮助学生解决在学校中遇到的问题，协调学校、家庭、社区之间的关系，促进社会的和谐发展。由于学生大部分时间都在学校度过，大部分学校没有专职的安全教育教师，处在学校的大环境中，就需要一个合适的人选在学校、家庭、社区之间作为协调方，更好地利用资源为学生的安全服务，因此，开展学校社会工作对学生开展安全教育就显得尤为必要。

美国在 20 世纪 20 年代，已经在小学普遍尝试推行“驻校社工”模式，更好地促进学生有秩序地健康成长。香港的社会工作发展较快，早在 20 世纪 50 年

① 刘恋：《日本：明确校园欺凌定义，建立应对措施》，载《平安校园》2016 年第 10 期。

代就尝试着推行此模式，并且学校社工的出现，更好地解决了学生出现的问题，有利于学生的健康成长。上海浦东新区在2002年率先试点了“一校一社工”的制度，并且取得了良好的效果。

学校社工在学校内长期与学生相处，往往会比学校领导和教师与学生的关系亲密，学校社工可以利用这种亲密的关系更好地观察学生，从学生的原生家庭、生活环境、学习情况、自身情绪、社会关系、与他人相处模式等方面记录学生出现的一些问题，其中尤其要注重的是学生安全方面易出现的问题。学校社工在建立安全档案时，除了注意与学生的沟通之外，也要注意与学校领导及教师之间的沟通，从课堂上学生的表现、学生参加学校组织的大型活动、学生处理应急事故的表现等全面记录学生的表现，分析出学生易出现的安全问题，并及时与学校、学生的监护人取得沟通，更好地监护学生的健康成长。

学校社工在学校内与学生朝夕相处，了解学生比较深入，尤其学生出现的安全问题，其针对性更强。对于心理承受能力较弱的学生，学校社工采取抗逆力的专业方法，可以使学生在面对日常生活及学习中出现的逆境时，能够正视自己的问题，积极勇敢地去面对。针对一些安全意识较差的学生，在组织小组活动时，可开展安全学习小组、安全技能小组等，活动的开展主要以学生安全需要为主，保持对学生注意力的吸引，引导学生自主学习安全知识，提高学生的安全意识。

社会工作也可以和社区工作相结合，凭借社区力量，充分调动社区的所有资源来处理社区问题，从而促进社区多方面协调及有序发展。中小学的学生大部分住在学校周边的小区，利用社区的资源为学生的安全教育提供服务，是社会工作者从改变学生所处环境开始的。社区工作的开展，主要是调动社区内的居民共同参与学生安全教育的活动，在社区内营造有利于学生安全的成长环境，充分利用社区所拥有的资源，更好地提高学生的安全意识，帮助学生解决其存在的安全问题，促进学生与社区的和谐发展。开展社区工作，除了社区工作人员的帮助，也需要专业的社会工作者的帮助，在社区内进行安全知识宣传、安全教育培训，减少学生发生安全事故的隐患。与社区合作开展学生安全知识教育讲座活动，学生的监护人及学生都可参加，这样不仅提高了学生自身的安全意识，也提高了监护人的安全意识。在社区开展安全教育活动的前期，社会工作者应对社区居民的安全意识进行走访调查，了解居民最需要掌握的安全知识情况，并针对当地的实际情况提出相应的宣传甚至解决办法。设计活动方案时，社会工作者需与社区工作人员协商，针对社区环境，力求有针对性地开展活动，使活动效果最大化。社会工作者可以提前向社区居民安全发放知识传单，传单上包括基本的安全知识，如假期游玩安全事故防范、夏季溺水防范、冬季爆竹意外事故防范等。在社区社会服务活动的进行阶段，应该举办丰富多样并具可操作性的具体实践活动。例如，在周末或者利用节假日休息的时间，开展亲子安全教育知识竞赛或者安全知识的生活化应用的话剧表演。这样既可让监护人明确对学生安全教育的重要性，同时通过寓教于乐的方式来提高学生的安全意识水平。调动一切可利用的资料调动学生及其监护人的参与积极性，让社区的安全教育不再只是形式。在后期，应该定期或者不定期地进行电话回访，调查参与情况和安全知识的普及情况。

三、家庭与社区的联合

学校安全涉及的利益主体较多，不仅关系到学生、教师和学校的切身利益，也关系到家庭、社区和整个社会的稳定。但由于我国长期以来居民的参与意识较低，社会参与积极性始终不高。一方面，由于家长本身缺乏安全知识和技能，或者因工作繁忙疏于对子女进行安全教育，家长对学校的安全工作参与性较低，甚至完全依赖学校。另一方面，社区没有充分发挥与学校的联合作用。国外的社区一般都与学校具有紧密联系，社区及志愿者的服务基本上成为学生放学后的第二课堂，无形中对学生的安全保护也发挥了巨大作用。而我国的社区与学校联系较少，志愿者服务也不发达，社区对居民的安全保护作用没有发挥出来。

在校园安全防范机制的构建方面，余中根老师曾详细介绍过美国马里兰州的巴尔的摩市（Baltimore）的经验。[①] 美国巴尔的摩市充分发挥了学校、家庭和

① 余中根：《构建有效的校园安全防范的学校、家庭与社区合作机制——美国巴尔的摩市的经验及其启示》，载《外国中小学教育》2010年第7期。

社区的联合作用，有力地保障了学生的安全。其采用的是联合项目制，参与该项目的学校根据自身特点，采用不同的结合方式，如南湾（South Bay）小学和社区公司合作，启动校外活动项目；北部（Northside）小学和家庭合作，建立老人巡逻队，使孩子在上学和回家途中不受到侵扰；西港（Westport）小学为青少年配备导师。他们认为，学生校园安全防御机制的建立，不应该是学校单方面的努力，而更应该加强学校、家庭和社区的合作，才能更好地对我们的学生进行照管、保护和教育。而目前我国的现实情况是，通常将学生的校内安全作为学校的责任，校外安全作为家庭的责任，社区的考虑几乎没有，更遑论学校、家庭和社区之间的联动和合作了。

在美国巴尔的摩市的南湾小学项目中，南湾小学尽力确保其学生在校外远离危险环境。学生在成人的支持和指导下，学会了在危险情况下如何求救。学校的关注重点在这一类学生身上：这些学生的父母由于要工作，而无法在下午后半段时间对其子女进行监管，一部分学生已经在这些未受到监管的时间，跟随年龄大一点的青少年做坏事，包括破坏公物和打架。[①] 为了减少此类侵扰事件，南湾小学的校长和教师们启动了一个校外活动项目，使学生在一个安全的、有成人监管的环境中，有机会发展技能与潜能，并培养自己的兴趣和自信。这些活动包括：童子军、拒绝加入毒品俱乐部、足球、舞蹈、啦啦队、空手道、体育运动、艺术、缝纫等。这些活动得到家庭、社区和志愿者的资助。南湾小学合作项目方案的一个重要资助者是一家当地的化学公司。该公司不仅资助校外活动，还资助其他几个校内项目。例如，在一个得到家长肯定的项目中，这家化学公司的雇员充当了导师，以帮助被挑选出来的学生。这些学生因为需要一位能尽到照看职责的成人而被选出来，这些成人愿意花时间与学生进行交谈，并增强学生的自信心。[②] 学校尽力确保每一位有需要的学生都能得到导师的帮助。

---

① Gregory S.Pettit.The impact of after-school peer contact on early adolescent externalizing problems is moderated by parental monitoring，perceived neighborhood safety，and prior adjustment，Child Development，2009，70（3）：768.

② Heath，S.B.&McLaughlin，M.W.A child resource policy：Moving beyond dependence on school and family，Phi Delta Kappan，2007，108：579.

目前，学校正与这家公司设计一个针对学前班和小学一年级学生的活动，告诉他们如何数数，并能在紧急情况时拨打911求救。

北部小学的行动小组启动了一类志愿者计划，叫作“老人巡逻队”。例如，在上学和放学途中，北部小学的许多学生会受到邻近一所中学的年龄大一些的学生的恶作剧或侵扰。[①]行动小组联合负责人与住在学校附近的几个老人商谈，请他们帮忙，以确保学生早上能安全地到达学校，安心学习，并在下午回家的途中不会受到侵扰。六位老人积极而热情地答应了，并开始实施计划。巡逻队的老人精心穿戴，使学生和其他人能很容易地认出他们。他们要参加应对侵扰和紧急情况的培训，要参加常规计划会议，以便组织巡逻活动，并在志愿者缺席或生病时安排替代人员。北部小学行动小组的代表要参加这些会议，并对项目效果进行评价。老人巡逻队之类的项目，帮助北部小学创设了一个安全的、受到监控的环境，并向学生和其他人传达了一个有效的信息，即学校教育、安全和按时到校是很重要的。这些项目也说明，学校与家庭（不仅是父母）之间的合作是重要的和可行的，能使青少年在上学和放学途中更安全。北部小学认为，家庭不仅仅指的是父母，它还包括祖父母、外祖父母、叔叔、舅舅、姑姑、阿姨、保姆、姐姐、哥哥、继父、继母等。北部小学指出，老人有更多的空余时间，是很好的志愿者，能为一些年轻父母作出重要表率，孩子们也很喜欢这个项目。

学校与家庭和社区合作，能够为学生在学校和校外创设更安全的环境。学校、家庭和社区对学生的教育和社会化起着交叉影响[②]。学生的发展与这三种机构的利益密切相关，只有通过这三种机构的合作和互相支持，才能促进学生的最优发展。而且，要使所有学生在社会能够成功，需要各方面的支持，学校无法单独提供足够的资源，因而需要家庭和社区的积极参与。因此，在校园安全防范中，要重视学校、家庭和社区的合作，建立良好的合作关系，以确保学生

① R.Ceballo&V.C.McLoyd.Socialsupport and parenting in poor, dangerous neighborhoods, Child Development, 2007, 93 (4): 1315.

② Epstein J.L.Toward a theory of family-school connections : Teacher practices and parent involvement, New York : De Gruyter, 1987.

和教职工的人身安全和财产安全。[①]

我国目前的情况，中小学生基本上都是就近入学，也就是按照学生户籍所在地的居委会管理划片入学，这样学校与社区的地理位置基本是一致的，这也为社区在保护学生安全方面提供了便利条件。社区居委会可以按照对口学校学生开展各种安全保卫和安全教育活动。例如，社区可以举办针对放学后无人看管的学生开展“社区学校”或“社区课堂”，由社区志愿者针对学生特点开展课外辅导、兴趣小组等多种形式的活动，既避免学生无处可去可能发生安全事故，也可以提高学生的学习技能。社区还可以联合家庭开展多种形式的安全教育培训活动。可在社区设立家庭教育指导咨询中心，对家长开展道德教育、法治教育，同时提供有关教育学、心理学方面的知识培训；可利用演讲、座谈、研讨、研习等多种形式对家长进行辅导，尤其是对父母离异家庭和特殊家庭要加强指导和引导，以提高家长的家教水平。家庭作为学生生活的重要载体，家长应当积极参与到学生的安全保障工作中来，对于有时间和能力的家长可以加入社区志愿者团队，其他家长可以通过定期联络和沟通的模式，加强与学校和社区的联系，三者之间积极互动，及时了解和掌握学生的实际需求，共同确保学生在校园内外都能得到安全保障。

---

① 佘中根:《构建有效的校园安全防范的学校、家庭与社区合作机制——美国巴尔的摩市的经验及其启示》,载《外国中小学教育》2010年第7期。

第六章

学生伤害事故的责任认定

法律对学校安全注意义务的规定体现了立法者对处于相对弱势的学生群体的关怀，一定程度上平衡了学校与学生之间的关系，维护着学校正常的教育教学秩序。然而，一旦发生校园安全事故，这种平衡关系便被打破，学校与学生之间因事故责任的认定而频起纷争。受害的学生家长往往指责学校没有尽到对学生安全管理的注意义务，而学校则主张自己已尽所能，不能承担“无限责任”。面对双方的纷争与诉求，法官往往会基于同情弱势而偏向利益受损方。由此导致学校在媒体的指责声中走向另一个极端，试图通过取消春游、校外实践活动，甚至课间休息等来尽可能地降低发生安全事故的风险，继而又引来家长对学校教育活动的不满，加剧双方的矛盾。

不论对于学校、学生，还是法院，目前最重要的是需要厘清学校在学生安全管理中应尽到何种注意义务，而这种注意义务的合理限度又该如何界定？基于此，我们采用案例大数据的研究方法，择取真实发生的、并且已经法院判决的中小学学生安全事故案件，通过分析法院对学校在学生安全事故中的责任判定，反观学校在学生安全管理中的注意义务与合理限度。

第一节　学生伤害事故中学校安全责任的类型

一、学生伤害事故与学校安全责任的关联性

（一）学生伤害事故与学校安全责任的联系

学校安全责任体现在方方面面，以安全责任的对象划分，可以是对学校自

身、对社会、对任意第三人在财产和人身方面的责任。学生伤害事故中的安全责任仅是其中一个部分，但对于学校而言，其主要职责是教书育人，学校与学生的交集与互动最为直接、频繁，因此，学校对学生伤害所负的安全责任应当是极其重要的组成部分。教育部 2002 年 9 月 1 日起实施的《学生伤害事故处理办法》将学生伤害事故界定为“在学校实施的教育教学活动或者学校组织的校外活动中，以及在学校负有管理责任的校舍、场地、其他教育教学设施、生活设施内发生的，造成在校学生人身损害后果的事故”。从该规定的表述来看，凡在校学生与学校存在交集的时间、地域、活动发生的造成其伤害的事故，都属于学校对学生的安全责任范围。

从时间联系上看，学校安全责任首先发生在学生就学期间。按照中小学的一般作息时间，上学到放学的全过程，学校都负有相应的安全责任，甚至在某些特定情形下，“在学期间”还会延伸到上学之前以及放学之后。例如，学校提供接驳校车服务时，从学生在指定地点上下校车开始，即使活动区域不在校内，学校仍负有安全责任；对于学校提供住宿时，学校对学生在非就学的住宿期间亦应当具有相应的安全责任。

从地域联系上看，学校的安全责任范围涵盖了整个校园、宿舍等学校管理控制的全部区域，在学校组织学生从事校外活动期间，该地域范围也覆盖了校外活动区域，某些情形下，学校对校外活动区域的安全责任更甚于校内。

从活动联系上看，不仅包括《学生伤害事故处理办法》中所述的教育教学活动和学校组织的校外活动，在学生就学期间，发生在校园内的活动还应当包括学生在不受学校直接管理下的自由活动。

（二）从司法案例大数据看学校安全责任的重要性

学校安全责任体现在学校对学生所负有的安全管理的义务方面。法律上的义务在实际发生安全责任事故后，会直观地反映为义务主体对于违反义务的行为所应负的法律责任，具体为发生学校安全责任事故案例中法院对于学校应承担何种责任，以及该种责任在整个事故中所占的比重。为此，我们通过威科先行法律数据库，检索了裁判时间为 2015 年 1 月 1 日至 2017 年 12 月 31 日，与学生伤害事故有关的一审民事判决书 1827 份，通过对大数据的统计分析，以求更准确地反映出学校安全责任在学生伤害事故中的影响。

表 6-1　学校在学生伤害事故中承担责任的情况

编号	学校责任比例	案件数	占比
1	无责	203	11.11%
2	50%（含）以下责任	664	36.34%
3	50%（不含）以上责任	473	25.89%
4	全责	487	26.66%
合计		1827	100%

表 6-2　受害学生在伤害事故中自负责任的情况

编号	受害学生自负责任比例	案件数	占比
1	无责	902	49.37%
2	50%（含）以下责任	706	38.64%
3	50%（不含）以上责任	183	10.02%
4	全责	36	1.97%
合计		1827	100%

表 6-3　第三方侵害人在学生伤害事故中承担责任的情况

编号	第三方侵害人责任比例	案件数	占比
1	无责	197	20.33%
2	50%（含）以下责任	461	47.57%
3	50%（不含）以上责任	265	27.35%
4	全责	46	4.75%
合计		969	100%

由表 6-1 可见，学校在学生伤害事故中没有承担责任的案件仅占全部案件的 11.11%，也就是说，在与学校有关的学生伤害案件中，学校在将近 90% 的案

件中都对受害学生承担了侵权赔偿责任。以具体责任占比为例，学校承担 50% 以下责任占比超过三分之一，而承担 50% 以上直至承担全部责任的情形则超过了一半，以学校承担责任案件数量为基数的话，该比例则超过了六成。反观受害学生自己在伤害事故中承担责任的情况，接近一半的案件没有承担责任，承担 50% 以下次要责任的案件不足 40%，承担主要责任和全部责任的案件总计不足 12%。与学校承担责任的状况形成了鲜明的对比。

为了能更准确地体现学校在此类案件中承担责任的状况，我们另行统计了存在第三方侵害的案件。这里的第三方所指的范围较大，案例中均将该第三方作为共同被告，包括学校的教师、其他学生、外来人员等。在 1827 个案例中，有 969 个案例存在第三方侵害的情况，其中，第三方没有承担责任的占比 20.33%，承担 50% 以下次要责任的接近五成，而承担了主要责任和全部责任的案件则刚刚超过三分之一。

结合上述三个表格的信息，学校在绝大部分学生伤害案件中都将承担责任，且承担主要责任和全部责任的情形居多，而学校之所以会有超过三分之一的案件仅承担次要责任，是由于存在第三方侵害的事实，减轻了学校的责任。

二、学生伤害事故中学校安全责任的类型

（一）学生伤害事故类型

校园安全事故具有多元化、复杂化的特征，不同类型伤害事故中学校应当尽到的管理职责及应当承担的责任比例是不同的。为了便于统计，我们将前述 1827 个案例的裁判时间限定为 2017 年 1 月 1 日至 12 月 31 日，筛选出 510 个案例对学生伤害事故类型进行划分，并按照引发事故原因的不同把学生伤害事故划分为六种类型。

表 6–4　学生伤害事故的主要类型及所占比例

编号	事故类型	数量	比例
1	因学生之间行为引发的事故	244	47.84%
2	教学及体育活动引发的事故	112	21.96%

续表

编号	事故类型	数量	比例
3	学校场地及设施引发的事故	113	22.16%
4	因学生自身原因引发的事故	25	4.90%
5	校外第三人导致的事故	8	1.57%
6	其他	8	1.57%
合计		510	100%

通过对不同类型事故案例的具体分析我们发现，法院在每种事故类型中对学校所负有的管理、教育职责以及该注意义务对学校最终承担责任比例的影响，是有区别的，而这种不同的责任比例具有潜在规律，可以为实践中学校安全注意义务的履行提供指导。

（二）学生伤害事故不同类型中的学校安全责任

1. 因学生之间行为引发的事故

表 6–4 显示，因学生之间行为引发的事故是学生伤害案件的主要类型，占整体案例样本接近一半，相较排在第 2、3 位的事故类型的案例总和还多。从判决书对此类案件事实的描述，可以把学生之间的行为分为三种不同类型，每种类型中学校承担责任的比例有所区别（见表 6–5）。

表 6–5 三种不同类型学生行为引发的事故中学校承担责任的情况

（单位：件）

行为类型 / 责任比例	各方无过错的行为	一方或多方具有过失	一方或多方具有故意
无责	2	8	14
50%（含）以下	55	41	27
50%（不含）以上	48	16	2
全责	22	5	4
合计	127	70	47

第一种是各方均无过错的行为，该种行为最为常见，通常表现为学生之间的玩耍、无伤害故意的打闹或者发生在参加某种活动、队列、行进过程中的误撞等情形。由于双方均没有主观过错，学校承担责任的比例较大，在样本案例中学校无责的情况仅有2件，而承担了主要责任以上的案件超过了50%，学校承担全部责任的案件数量则在三种类型中占比最高，超过70%。例如，在（2016）吉0721民初3441号案件中，法院通过监控录像查明受害学生在大课间时与其他学生嬉戏过程中倒地，摔伤牙齿，学生年龄尚小，游戏玩闹本是天性，在相互游戏过程中，双方都没有伤害对方的故意，仅是不慎发生了事故伤害，对此，法院认为学校在管理方面有疏漏，判决学校对受害学生的损失承担了全部责任。当然，虽然从学生的主观意志与受伤害的结果关系上看，学生都不具有伤害他人的意思，伤害的发生一般也介入了意外的因素，但大部分案件中，法院也会通过对伤害发生的过程判定直接致害的学生和受害学生存在法律上的过失，而由学生一方承担相应的责任，这也是大部分案件中法院认定学校承担部分责任而非全责的理由。

第二种是学生之间一方或双方主观上具有过失，即应当预见自己的行为可能发生损害后果，因为疏忽大意而没有预见，或者已经预见但轻信能够避免，最终导致事故发生。样本案例中通常表现为直接产生致害行为的学生不合理地使用某种器物，如削尖的铅笔、有尖头的圆规、玩弄飞镖等情形。在这种情形下，由于实施致害行为的学生存在主观过失，该学生或者其监护人必然会被认定承担部分或者全部责任，直接影响就是学校在该类案件中承担责任的比例将减少。此类案件中，有11%的案件学校完全没有责任，也有不足10%的案件学校承担了全部责任，但大部分情况下，占样本案例接近60%的数量，学校都会承担小于50%的较轻责任。（2016）粤0607民初4844号案件比较典型，实施致害行为的学生在自习课上，将修改过的作业、粘有纸屑及笔头的透明胶卷成一团，从其座位处隔空抛向远处的垃圾筒，在抛砸过程中，透明胶卷直接砸中受害学生左眼，导致受伤。该案中，致害学生与受伤学生不存在相互玩耍的情形，两者本无关联，仅是由于前者做出的某种非常规的行为，造成了后者无辜伤害。致害学生在应当预见其行为可能导致其他学生受伤害的情况下，仍然为之，其对所导致的伤害后果，存在主观上的过失。而受害学生在事故中被动受伤，不存在任何过错。因此，法院认定致害学生由于其过失行为对受害学生承担 80% 的主要责任，而学校则由于负有教育、管理职责而被认定承担 20% 的次要责任。

第三种是学生之间一方或双方具有主观故意，即明知自己的行为会带来损害后果，而希望或放任这种后果的发生，如互相斗殴或者故意找人打架致对方人身损害。此类情形需要判断学生在伤害过程中的具体情况，区分单方致害，还是互相致害，又或者是受害方原因引起的致害方伤害行为，这对学生之间以及学生与学校之间承担责任的结果有重要影响。在（2017）皖 1323 民初 102 号案件中，致害方与受害方都是寄宿学生，因事先有矛盾，致害方趁受害方去厕所的时机对其进行殴打，后经学校老师发现及时通知家属。法院最终认定由于致害方已属于完全民事行为能力人，由其承担全部责任，而老师发现学生受伤后已经履行了及时告知家长的义务，学校对此不承担责任。这里值得提及的是，根据 2016 年 5 月国务院教育督导委员会发布的《关于开展校园欺凌专项治理的通知》中对校园欺凌的表述，即“发生在学生之间蓄意或恶意通过肢体、语言及网络等手段，实施欺负、侮辱造成伤害”，这种一方具有主观故意的情况涵盖了校园欺凌的行为方式。但由于目前我国立法上并没有对校园欺凌的明确界定，我们无法对该类型案件进行单独归纳整理，可以肯定的是，校园欺凌属于一方具有明显故意的行为，欺凌方要对损害后果承担责任，学校则需要根据具体情况承担相应的责任，但不意味着存在欺凌方责任时，学校就不承担主要责任，这需要从学校对欺凌方的教育、管理义务和对产生欺凌行为的消极作用方面考察。在此类学生伤害事故中，学校是否尽到了教育、管理的职责，即是否尽到了其应当尽到的注意义务是法院审判的焦点问题。从法院判决来看，在因学生之间行为引发的学生安全事故中，学校未尽到的注意义务贯穿事故发生的事前、事中和事后（见表 6-6）。

表 6-6 案例中学校在因学生之间行为引发的事故中未尽到的注意义务

未尽到注意义务的内容	数量	比例
非上课期间未及时发现并制止事故发生	137	62.27%
上课期间或组织活动期间学校未及时发现并制止事故发生	41	18.64%
日常安全教育与宣传不到位	5	2.27%
学校教育教学设施不完善	5	2.27%
放学期间或者住宿期间未及时发现并制止校园内事故	28	12.73%
未尽到及时救助的义务	4	1.82%
合计	220	100%

首先，在事故发生之前，学校有对学生进行安全教育的义务。虽然案例样本统计中显示，单纯根据学校在事故发生之前没有履行日常安全教育与宣传的理由，来认定学校未尽到注意义务的案件较少，但作为学校证明其已经履行义务的必要前提，学校应当将安全教育纳入教学计划，在学科教学和综合实践活动课程中渗透安全教育内容。从法院认定来看，以该理由认定学校存在管理责任的案件里，在事故发生时以及之后的处理过程中，学校都是没有任何过错的，仅因无法举证证明事前安全教育的履行行为而承担责任。从这个角度来说，尽管事前教育无法从根本上避免伤害事故的发生，但却是学校安全责任的起点，也是履行教育管理行为的重要表现。案例样本中，学校提供证明其进行了安全教育的证据有：学校管理制度汇编、学校宣传手册、班会记录、学生安全责任书、校务日志、班主任工作日志、每日安全提示记录、班级安全公约、学校广播的安全注意事项等，可以看出，实践中学校对学生进行安全教育的形式和方法可以是全方位、多角度的。如果学校由于没有对学生进行安全教育而发生事故，学校势必将承担责任。

其次，在事故发生时，学校有及时发现并制止的义务。非上课期间是学生发生伤害的高发时段，主要有上学放学期间、课间休息期间、午餐午休以及住宿期间。按表 6-6 显示，这一期间发生学生之间引发的伤害事故占比高达 75%。在此类案件中，法院认定学校责任时，通常以学校没有安排教师或者管理人员监督为由，认为学校具有管理失职。(2017) 吉 0283 民初 732 号案件中，受害学生在食堂就餐后被其他学生撞伤，法院认为事故发生时现场并没有管理人员，未能尽到管理职责；(2017) 鲁 1324 民初 106 号案件中，受害学生在课间休息时间帮同学修理钢笔时，被其他同学从背后推搡，导致左眼被笔尖刺伤事故发生，法院认为，学校作为教育机构应当预见，无民事行为能力人在拥挤的教室内学习期间会有意外发生，而疏忽大意没有预见或轻信能够避免，未尽到对未成年人全面、细致的管理职责；(2017) 吉 0122 民初 3389 号案件中，受害学生因放学后上校车之前在校园内与其他同学玩耍疯闹受伤，系属学校疏于安全教育管理之职责。由此可见，对于非上课期间，如果在发生学生伤害事故时，学校没有安排老师或者管理人员在场，一般会被法院认为未尽到管理职责，法院在该问题的态度上比较一致，十分苛刻。而上课期间则不同，无论正常授课期间，还是学校安排的自习课期间，任课教师都具有及时发现和制止学生危险活动的义务，一旦任课教师离岗，学校必然在管理责任上存在严重失职。样本案例中之所以存在将近 20% 的案件发生在上课期间，较大程度上与任职教师离岗，不能及时发现并制止伤害行为有关。

最后，事故发生后，学校要尽到救助和通知义务。学生一旦发生伤害事故，学校的第一要务是救助学生，同时通知学校家长。学校的救助应当及时、恰当，同时，应当穷尽各种联系方法来尽快通知学生家长。(2016) 川 1722 民初 2201 号案件中，致害学生在晚自习课间多次与其他同学嬉戏，未顾及自身行为有对他人造成伤害的可能，在嬉戏过程中撞到在教室过道正常行走的受害学生，造成受害学生左眼受伤致残的后果后，校方并未重视，也未及时带领或要求受害学生去校医室或医院检查、治疗，而是在六天之后才派人陪同受害学生去医院检查，故法院认定，学校在该事情的发生及事后处理方面，有疏于管理和保护的不当之处，对受害学生左眼受伤致残的事故存在一定的过错。

2. 教学及体育活动引发的事故

表 6–7 教学及体育活动的主要类型

类型	案件数量	占比
体育活动（含体育课、运动会、对抗性运动）	108	96.43%
军训	1	0.89%
课外实践活动	1	0.89%
防震逃生演练	2	1.79%
合计	112	100%

如表 6–7 所示，体育活动发生学生伤害事故在该类型事故中占比十分突出。教育部于 2015 年 4 月发布的《学校体育运动风险防控暂行办法》中，对学校体育运动的界定是，“教育行政部门和学校组织开展或组织参与的体育教学、课外体育活动、课余体育训练、体育比赛，以及学生在学校负有管理责任的体育场地、器材设施自主开展的体育活动”，同时提出学校“组织学生参加体育锻炼活动应当加强体育运动风险防控工作”，但体育活动仍是学生伤害高发的事故类型。

体育教学或竞赛活动有其自身的特点，即一般的体育项目以锻炼身体，达到教学目标为宗旨，而竞技性运动，如足球、篮球等身体接触较多，对抗性较强，如果是比赛项目则追求更快更高更强的目标，其危险性更高。因此，当追求体育运动本身所承载的价值时，必将伴随可能产生的危害后果，而这一危害后果是在从事运动之前就已经足以预见到的。如果追求人身安全价值时，运动本身的价值也势必大打折扣。从样本案例中不难发现（见表 6–8），接近 90% 的因体育活动造成的学生伤害中，学校都承担了责任，学校承担全部责任的案件更是超过了三分之一，加上主要责任的案件数量则达到了三分之二以上，仅 11.61% 的案件中，学校没有承担责任。可见，在法院对学生参加体育运动的态度来看，其更倾向于保护学生人身的安全，也就意味着学校对此要具有更高的注意义务。

表 6-8　教学活动中学生伤害事故学校责任占比

责任比例	案件数量	占比
无责	13	11.61%
50%（含）以下	21	18.75%
50%（不含）以上	38	33.93%
全责	40	35.71%
总计	112	100%

而学校在体育运动中的注意义务，比较具体地体现在《学校体育运动风险防控暂行办法》中所规范的管理职责和常规要求。从管理职责上来说，（1）学校应当建立校内多部门协调配合、师生员工共同参与的学校体育运动风险防控机制，制订风险防控制度和体育运动伤害事故处理预案，明确教务、后勤、学生管理、体育教学等各职能部门的职责，组织和督促相关部门和人员履行职责，落实要求。（2）严格按照国家有关产品和质量标准选购体育器材设施，没有国家标准和行业标准的，应当要求供应商提供第三方专业机构的安全检测及评估报告，建立体育器材设施与场地安全台账制度，记录采购负责人、采购时执行的标准、使用年限、安装验收、定期检查及维护情况。对体育器材设施应当严格按照安装要求，由供应商负责完成安装，安装完成后学校应当进行签收，签收结果记录在体育器材设施与场地安全台账中。（3）应当按规定安排学生健康体检，建立学生健康档案，按照《中小学生学籍管理办法》规定，纳入学籍档案管理。学生新入学，应当要求学生家长如实提供学生健康状况的真实信息。转学应当转接学生健康档案。对不适合参与体育课或统一规定的体育锻炼的学生，学校和教师应当减少或免除其体育活动。（4）应当主动公示体育运动风险防控管理制度、体育运动伤害事故处理预案等信息，接受家长和社会的监督。从常规要求来说，（1）教师在体育课教学、体育活动及体育训练前，应当认真检查体育器材设施及场地；体育课教学、体育活动及体育训练中，应当强化安全防范措施，对技术难度较大的动作应当按教学要求，详细分解、充分热身，并采取正确的保护与帮助。（2）学校组织开展大型体育活动或体育比赛，应当成

立安全管理机构；制订安全应急预案；检查体育器材设施及场地，设置相应安全设施及标识；设置现场急救点，安排医务人员现场值守；对学生进行安全教育。组织学生参加跨地区体育活动和体育比赛，应当根据活动或比赛要求向学生及家长提供安全告知书，获得家长书面反馈意见。大型体育活动或体育比赛需要第三方提供交通、食品、饮水、医疗等服务的，应当选择有合格资质的服务机构，依法签订规范的服务合同。（3）学校应当根据体育器材设施及场地的安全风险进行分类管理。具有安全风险的体育器材设施应当设立明显警示标志和安全提示。需要在教师指导和保护下才可使用的器材，使用结束后应当屏蔽保存或专门保管，不得处于学生可自由使用的状态；不便于屏蔽保存的，应当有安全提示。教师自制的体育器材，应当组织第三方专业机构或人员进行安全风险评估，评估合格后方能使用。（4）学校应当对体育器材设施及场地的使用安全情况进行巡查，定期进行维护，根据安全需要或相关规定及时更新和报废相应的体育器材设施，及时消除安全隐患。（5）应当利用开学教育、校园网络、家长会等进行体育安全宣传教育，普及体育安全知识，宣讲体育运动风险防控要求和措施，引导学生和家长重视理解体育运动风险防范。（6）应当主动公示体育运动风险防控管理制度、体育运动伤害事故处理预案等信息，接受家长和社会的监督。

表 6-9　法院认定学校在教学及体育活动事故中未尽到的注意义务

未尽到注意义务的内容	案件数量	占比
未能及时发现并制止事故发生	7	7.07%
未能提供符合要求的体育设施及防护措施	45	45.46%
未能尽到完全安全提示及教育	24	24.24%
体育教学活动安排不恰当	4	4.04%
教师未在事故发生现场	15	15.15%
未尽到及时救助义务	4	4.04%
合计	99	100%

从案例样本来看，学校在体育教学及竞赛活动中容易忽视的注意义务集中为：没有严格按照教学大纲进行教学活动，提供的防护措施不到位；对学生课前进行的

安全教育不够全面、具体两方面，两类案件合计占比接近 70%（见表 6–9）。基于体育活动本身所具有的高风险性，司法实践对学校提出了较高的要求，如果学校在事前没有尽到自身的注意义务，那么一旦发生事故其承担责任的比例会非常高。

3. 学校场地及设施引发的事故

表 6–10　学校场地及设施引发的事故原因与学校责任比例

事故原因＼责任比例	无责	50%（含）以下	50%（不含）以上	全责	合计
地面湿滑、积雪及物件磕绊摔伤	2	10	18	36	66
物件损坏	0	2	1	5	8
物件使用	2	2	5	7	16
危险品	0	0	1	2	3
食物中毒	0	0	0	1	1
学生不当行为	1	6	8	4	19
合计	5	20	33	54	113

依照《物权法》的规定，学校是建筑物、构筑物、教育教学设施和物品等物的所有权人，享有占有、使用、收益、处分的权利，相应地，《侵权责任法》则规定了物件损害责任，所有人对其享有权利的物，由于违反法律法规规定的情形，应当承担侵权赔偿责任。《学生伤害事故处理办法》则规定，学校具有保证学校的校舍、场地、其他公共设施，以及学校提供给学生使用的学具、教育教学和生活设施、设备符合国家规定标准的义务。根据《中小学幼儿园安全管理办法》的规定，学校应当建立校内安全定期检查制度和危房报告制度，按照国家有关规定安排对学校建筑物、构筑物、设备、设施进行安全检查、检验；发现存在安全隐患的，应当停止使用，及时维修或者更换；维修、更换前应当采取必要的防护措施或者设置警示标志。学校无力解决或者无法排除的重大安全隐患，应当及时书面报告主管部门和其他相关部门。从表 6–10 中也能看出，该种情形下，学校承担学生伤害后果的责任比例都是非常高的，超过 95% 的案件中

学校被法院认为应当承担责任，而接近一半的案件中学校承担了全部责任，免责的案件仅有 5 件。

案例样本中，基于学校场地及设施引发的学生伤害事故中的原因，并非全部由于学校对自有设施维护管理不当所致，例如，学生在跑步、走路、上厕所甚至在宿舍换衣服过程中不慎摔倒，在部分案例中并非场地存在致人滑到的因素，或者学生在使用某种学校的物品过程中发生了意外等情形，从法律的注意义务上来说，引起学生伤害的原因力，不仅仅是学校对物的维护管理行为，更多的仍是教育职责。（2016）湘 0104 民初 4028 号案件中，法院查明的受伤事实仅仅是受害学生在上学期间摔倒，即认定学校应当承担赔偿责任。（2017）湘 0623 民初 845 号案件亦是如此，学生在下台阶过程中摔倒，法院认为学校在台阶处没有防护措施，遂认定学校承担全部责任。

当然，也存在学生不当行为与学校对场地和设施管理的疏忽相结合造成的损害，如学生攀爬树木、窗台，翻越护栏等，对此，学校被认定存在过错的理由通常是未能及时发现并制止学生的危险行为，没有对相关设施设置防护措施。（2017）鄂 1202 民初 536 号案件中，受害学生在学校二楼教室的后墙窗户玩耍，不慎从没有安装防护设备的窗户平台上摔下去致原告摔伤，法院认为学校未在教室窗户安装安全防护设施，教学楼存在明显不安全因素，且没有对在校学生的安全意识尽到足够的教育、管理职责，导致原告能够轻易翻越而摔伤，学校应当承担 80% 的赔偿责任。

4. 因学生自身原因引发的事故

表 6–11　学生自身原因引发事故的原因类型及学校责任

自身原因 \ 责任比例	无责	50%（含）以下	50%（不含）以上	全责	合计
自杀	0	1	1	0	2
自身危险行为	4	3	1	0	8
自身患有疾病	2	8	3	2	15
合计	6	12	5	2	25

表 6-12　学生自身原因引发事故中的学校注意义务

学校注意义务	案件数量	占比
未能及时发现、教育、制止	9	47.37%
未能及时履行救助义务	8	42.10%
没有建立完善的制度	2	10.53%
合计	19	100%

该类型事故的风险来源为学生自身因素，学校在不可预见的范围内，无法对学生自身原因造成的损害后果作出判断与提前采取措施，因此，学生本人是该类型事故责任的主要承担者。由表 6-11 可见，该类型事故中学校没有承担责任以及承担较轻责任的占样本案例的 70% 以上，特别是学生自身危险行为案件中，学校没有承担责任的案件达到 50%。所以，学校在该类型事故中未尽到的注意义务类型及数量均比较少（见表 6-12）。根据学牛自身原因的不同可以把该类型事故分为三种情形，即学生的自杀行为、学生的危险行为，以及学生自身疾病引发的事故，不同类型事故中学校应尽的注意义务不同。

（1）学生自杀行为引发的事故

学生自杀事件的直接侵害人虽然是学生本人，但学校同样在特定情形下仍需要负有相应的注意义务，从时间点上区分，主要包括两个方面，一是自杀事件发生前，如果学生向老师或学校明确表示要实施自杀行为，或者有明显的自杀征兆，学校应及时发现并做好心理疏导工作。（2017）豫 1522 民初 1530 号案件中，受害学校在校期间割腕自伤，法院认为，受害学生应当对自身行为的危险具有一定的预见性，对自己的行为应有一定的认知能力，其出现问题不通过合理途径寻求解决办法，而采取割腕自伤，存在一定的过错，而事故发生前，受害学生已经出现异常，老师未加注意，亦未及时疏导，学校存在过错，综合考虑本案发生的时间、地点、原因，学校和受害学生各承担 50% 的责任。自杀事件发生前还有一种情形是，学校的某种行为促使学生产生了自杀、自伤的念头，而对自杀、自伤所使用的工具或物品，学校也存在管理上的疏忽，这种情形下，学校会承担较重的责任。（2017）吉 0822 民初 166 号案件中，受害学生与其他同学发生口角后，因受到老师体罚，气愤之下吞食学校投放的老鼠药受伤，法院认为作为学校，对学生在校学习、生活期间校内的人身安全负有监管的责任，因学校对学生批评、教育不当及对校园内管理不善及工作中存在一定的疏忽和过失，是导致受害学生最终造成伤害后果直接原因的，学校应承担主要民事责任，酌定为90%。二是自杀事件发生后，学校要尽到及时救助、及时通知监护人的义务。这是学校对学生看管、救护义务的自然延伸，具体包括学校的安全保障措施能否及时发现学生存在自伤行为，发现自伤行为之后是否积极地履行救助义务以及救助义务的履行是否适当。

（2）学生自身危险行为引发的事故

该类型事故虽然是学生自己行为导致的，但学校对于该行为的发生，如果是可以预见的，应当提前进行安全教育，采取尽量避免事故发生的防护措施，如果学校尽到了注意义务则在事故中不承担责任。（2017）鄂1381民初228号案件中，受害学生为寄宿生，事发前向老师请假回家，但当天晚上宿舍熄灯关门后返回学校，从学生宿舍楼的一楼沿墙利用床单向上攀爬时，不慎从楼上坠落，法院虽然结合受害学生年龄及智力状况等，认为其对自己攀爬墙壁的危险后果应当预见，但仍实施了攀爬行为，造成伤害而承担主要过错责任，但仍认为学校不应以休息时间或者受害学生已经请假为由拒绝学生往返于校园，也不得以学校进入夜间休息时间而疏于管理，从而认定学校对损害后果承担次要责任。

如果学生的危险行为是由于学校管理疏忽所致，学校也会承担较重的责任。（2016）闽0922民初1875号案件中，受害学生因疲倦在教室中独自一人睡着，被值班学生锁住了教室门，由于教室门窗没有防护网栏，受害学生被迫尝试着从教室窗户沿着下水管道爬下楼，不幸在顺爬过程中，跌落受伤。法院认为，在未确定教室无人的情况下，教室门被锁上，致受害学生被困其中而无法正常放学，学校未尽到安全管理义务，对事故的发生负主要责任；事故发生时，受害学生虽然系限制民事行为能力人，但可以进行与其年龄、智力相适应的民事活动，其对从二楼窗户外利用管道下楼可能产生的后果应该认知，由于在下爬过程中缺乏必要的谨慎，以致跌落受伤，其自身也有过错，应承担相应的责任。

（3）学生自身疾病引发的事故

在学生自身疾病引发的事故中，学校的注意义务一般有两种。第一种是家长已经将学生具有特异体质的情况提前告知了学校，这时学校就具有针对该学生采取适当教学方式的注意义务，避免采取诱发学生疾病产生的活动。（2016）苏0206民初2455号案件中，受害学生母亲曾口头告知学校老师该名学生患有QT间期延长综合征，曾有过晕倒的症状，掐人中就会苏醒，平时不能剧烈运动等情况，事发时为体育课上，活动内容是跳绳体测，体育老师事先知道该学生患有心脏病，遂进行询问，在得到肯定答复后，允许其测试，但测试开始不久该学生发病。法院认为，班主任及体育教师虽然获知该学生有特异体质或特定疾病，但对该疾病的危害性及严重程度未必存在详尽的了解，此前该学生也曾参加如仰卧起坐、立定跳远、跳绳热身等体育活动，其本人的表述及行为也无法推断出疾病的严重程度。但基于其所患疾病的特殊性及其特异体质，学校还是应尽到谨慎的保护义务。在跳绳测试前，体育老师虽对其能否跳绳进行了必要询问，但基于前述情况，轻信其参加跳绳测试不会出现意外，并未尽到谨慎的安全保护及管理责任，对因此而引发心脏疾病致抢救无效存在一定的过错。根据原因力大小分摊责任的原理，认定学校承担30%的赔偿责任。

第二种是家长没有提前告知学校学生具有特异体质，学校也没有进行不恰当的教育教学行为，那么学校的注意义务主要是事故发生后及时、恰当的救助和通知监护人。（2016）苏0312民初7547号案件中，受害学生在校学习期间，因身体不适，出现发烧等症状，任课老师发现后要求其联系家长，但当时受害学生以及任课老师均未告知家长。间隔1—2天后，原告病情未见好转，任课老师发现后电话联系家长要求到校接原告去治疗，经诊断该学生患有败血症。法院一方面认为学校工作人员发现受害学生病后没有采取将其送到医院救治等措施，具有一定过错，另一方面也认为学生在配备了校讯通卡并可以联系家长及老师的情况下，没有及时联系家长及老师，其自身亦存在过错，同时败血症本身并无特殊的临床表现，在学生没有及时向学校报告的情况下，学校也难以及时发现。因此，法院认定由学校对该学生的损失承担10%的赔偿责任。

5. 校外第三人导致的事故

该类型中的第三人是有特指的，是除学校工作人员、本学校内的学生之外的第三人，也可以统称为校外人员。事故发生的地点既有校内，也可能有校外的情况。例如，校外人员无论是否有正当理由进入校内，对校内学生造成的侵害，包括校外机动车在校园内撞伤学生，校内第三方施工人员造成学生伤害，校外人员到校内打伤学生等，也存在校内学生因不当事由离开学校而在校外环境下发生的损害，如擅自离校，或者在上下学过程中受到校外人员伤害等。

虽然致害方来自第三方，但学校对其导致学生伤害事故的安全责任，仍属于其管理职责范围。例如，对校外人员、车辆进出学校的安全管理责任，对学生在上学期间可能擅自离校的发现和制止义务等。基于该种情形具有直接侵权人，学校承担责任的形式比较复杂，我们将在后文详细讨论，本处不再赘述。

第二节　学生伤害事故中学校安全责任的法律认定

一、学生伤害事故案件的基本法律关系

（一）学校

学生伤害事故中，学校无论是否最终承担法律责任，受伤学生及其监护人都必然将学校作为排序首位的赔偿义务人，即使存在第三方直接侵权的情况下，只要该侵害行为发生的时间和地点是在教学期间和学校管辖范围内，学校无一例外将作为追诉对象出现在被告席上。《学生伤害事故处理办法》将学校界定为“国家或者社会力量举办的全日制的中小学（含特殊教育学校）、各类中等职业学校、高等学校”，依照《教育法》《民办教育促进法》的规定，学校又分为公立学校和民办学校，前者是以财政性经费、捐赠资产举办或者参与举办的非营利性组织，后者则是国家机构以外的社会组织或者个人，利用非国家财政性经费，面向社会举办的教育机构，除义务教育之外，民办教育机构可以选择非营利性或者营利性。虽然两者在主体性质上有所区别，但在学校安全责任领域并

无差异，都需要受到《侵权责任法》教育机构责任条款的规制。

在学生伤害事故案件中，学校是作为民事主体身份出现的，依据《教育法》的规定，学校具备法人条件的，自批准设立或者登记注册之日起取得法人资格，而具备法人资格是其依法享有民事权利，承担民事责任的基础。实践中，也存在部分企业、事业单位自办的学校，如果仅作为单位下属部门而非独立法人，责任主体则应是开办单位。

（二）学生

《学生伤害事故处理办法》规定，学生是指在学校中全日制就读的受教育者。学生是对处于接受教育阶段的自然人的统称，而办法中所界定的学生范围，即学生伤害事故中的学生应仅指在学校教育管理职责范围内管辖的学生，例如，放学后或者放假后已脱离学校管辖的学生，对其发生伤害事故，就不再因学生的身份而与学校发生关联，在这种事故中，学生仅是一般的自然人主体。

《义务教育法》第 11 条规定："凡年满六周岁的儿童，其父母或者其他法定监护人应当送其入学接受并完成义务教育；条件不具备的地区的儿童，可以推迟到七周岁。"又依据《民法总则》第 17 条、第 18 条、第 19 条、第 20 条规定，从适龄儿童开始接受义务教育至高中毕业，按照民事行为能力的划分，这里的学生又可以分为不满 8 周岁的无民事行为能力人、已满 8 周岁不满 18 周岁的限制民事行为能力人和已满 18 周岁的完全民事行为能力人。

民事行为能力的有无与自然人的意识能力有关。意识能力是对自己行为所发生何种效果的预见能力，自然人有无意识能力属于事实问题，我国现行立法技术对心智正常人采取年龄主义划线，即达到一定年龄即认定其有行为能力。另外，自然人在因过错侵害他人权利而须负民事责任时，能不能自负其责，不仅取决于其意识能力，还与责任能力有关，责任能力是自然人对自己行为加害后果承担责任的能力。民事行为能力与民事责任能力既有相同之处，也有不同之处，有民事行为能力人，同时也是有民事责任能力人，但限制民事行为能力人，是有责任能力的，而不是限制责任能力。法律对自然人行为能力的划分不仅影响到其自身的责任能力状态，在自然人受到损害时，法律在判断侵害人法定义务大小和程度时，同样会依据受害人民事行为能力的不同而有所区别。在学生伤害事故中，这种区别就比较明显，对于无民事行为能力的学生伤害事故，适用《侵权责任法》第38条规定，限制民事行为能力则适用《侵权责任法》第39条，而完全民事行为能力人则适用《侵权责任法》第6条的一般规则。结果就是，同样一起学生伤害事故案件中，针对不同民事行为能力的学生，学校由于义务内容与程度不同，所应承担的责任就会存在很大差别。例如，学校在校园内听到上课铃声后奔跑去教室的过程中摔伤，假设学校的地面没有任何水渍、积雪、阻挡物的情况下，如果是不满8周岁的学生受伤，学校较大可能会承担主要责任，而已满8周岁的未成年学生受伤，则一般会基于学生自身对危险后果的预见程度，减少学校所承担的责任，在已满18周岁的成年人受伤时，则因其已具备完全的预判行为后果的能力，学校可能不承担责任。

学生因年龄划分的民事行为能力，决定了在小学阶段，学校将面临无民事行为能力和限制民事行为能力的学生，而中学阶段则是限制民事行为能力和完全民事行为能力的学生，导致学校面临的安全责任具有很大的复杂性，也意味着小学阶段，学校面临的安全责任要远高于中学阶段。有观点认为，探讨学生伤害事故中的学生仅指未成年学生，这种说法是不全面的，尽管中小学招收的学生绝大部分是未成年人，伤害事故的受害对象也主要是未成年学生，但不能就此排除少部分成年学生，如此一来，将同处学校环境下的成年学生一概排除在外，有违公平，也不利于立法上的效率原则。①

（三）学校与学生的法律关系

学生伤害事故纠纷的主体主要是学校与学生两方，而学校与学生之间究竟是何种法律关系，是首先需要解决的问题，其法律关系的性质影响到在伤害事故中，学校对学生相关安全责任的界定以及归责原则等。对此，学界有不同的观点和看法，主要学说有监护关系说、特别权力关系说、教育契约关系说、双重法律关系说。

---

① 叶厚隽：《论学校事故中的学校与学生关系》，载《河南社会科学》2006年第5期。

1. 监护关系说。该说又有监护责任转移说、委托监护关系说。[①]前者认为，监护人将未成年学生送入学校时，监护责任就从监护人转移到了学校，由学校在其管理范围内对学生履行监护责任，这种转移的结果就是，在学校履行监护职责期间，原监护人的监护职责发生转移，不再履行监护义务，也不再因学生发生的对其他人的法律责任承担后果；后者则认为，依据最高人民法院《关于贯彻执行〈中华人民共和国民法通则〉若干问题的意见（试行）》第22条，"监护人可将监护职责部分或者全部委托给他人"的规定，认为在学生交付给学校管理后，即发生了原监护人与学校之间的委托监护关系，学校基于该委托行为，而对学生行使监护职责。该说的主要问题在于法律依据都不充分：（1）依照《民法总则》第28条规定，学校不是监护人的主体。（2）无论是转移还是委托，都需要明确的法律依据，特别是前者，在民事法律规范上首先应当有所谓的转移监护规则，毕竟监护制度是对不具有完全民事行为能力人的特别保护制度，其依法产生，根据自然人的行为能力特点而设，但无论《民法通则》还是《民法总则》都没有法定的监护责任转移制度。而委托行为是一种民事法律行为，其产生应当有委托人与受托人之间的委托关系，且委托事项也应是法律允许的内容。监护职责作为监护人的法定职责，不具有可转授性，无法形成民事委托关系，在法律上也没有规定该种情形下属于法定委托的范畴。（3）监护关系说将监护人职责强加于学校，将学校与未成年学生作为同一民事主体对待，在其发生伤害事故或者造成他人损害时，学校无一例外会承担全部责任，这与学校的法律地位及其对学生的教育管理职责并不相称，也完全摒弃了家长在未成年学生上学期间的教育责任。（4）如前所述，在校学生不仅有未成年人，还有已具有完全行为能力的成年人，该说涵盖的学校与学生之间法律关系的范围也不充分。

2. 特别权力关系说。按照传统行政法学说，也可以称为内部行政管理关系，"是相对于一般权力关系，基于公法上的特别原因、特定目的，在必要的限度内，以一方支配相对方，相对方应服从为内容的关系"。[②]这一理论意味着，学校对

---

① 袁古洁:《论学校在学生伤害事故中的法律责任》，载《体育学刊》2003年第5期。

② 屈满学、张国栋:《浅析学生与学校的法律关系》，载《当代教育科学》2003年第5期。

学生（包括其父母）具有总体上的支配权，在学校内以及学校教育有直接、间接关系的领域，作为特别权力服从者的学生一般不能主张其基本权利，要在多方面接受来自学校的控制，而且在合理的限度内，学校作为特别权力机构，即使没有法律上的规定，在必要情况下，也可以根据学校内部的规则、制度，对学校进行约束，在对学生采取教育上的某些措施，如惩戒处分，即使像听课、退学等会给学生造成重大影响、具有重大法律效果的处分，作为学校的内部行为，学校具有广泛的自有裁量权，司法审查受到限制。[①] 显然，特别权力关系说或内部管理关系说并不符合教育法治的现实要求。现代法治社会的基本要求意味着学校的的各种行为也应当在法治的框架下进行，当学生的权利受到学校侵害时，应当提供合理的救济途径，而不是以学校的内部管理行为规避法律。有些人动辄以西方法治国家也存在特别权力关系为借口，主张在我国扩张特别权力关系的应用范围，实际上，大陆法系国家一直在对包括学校与学生关系在内的各种特别权力关系问题进行反思和讨论，这种理论是与权力至上、行政权优先的绝对主义相适应的，它所具有的反法治主义、反民主主义的性质与以主权在民为基础、彻底的人权尊重主义和法治主义原理为特征的现代民主国家的宪法体制极不相容，早已渐渐失去存在的土壤。[②]

3. 教育契约关系说。该说是在彻底批判传统的特别权力管理理论的基础上，由日本学者室井力首先提出的。他认为，在现代公共教育法制下，教育应完全摆脱权力作用，学生与学校之间应当脱离行政法而成立民法上的契约关系。学生与学校双方的地位平等，学校在教育过程中，基于教育管理职能在一定范围内行使与其职能相称的权能，但这种权能不同于特别权力总括性的支配权能，学校执行教育管理行为的目的主要是保障学生学习和人身安全的实现，并非实施教育者的支配权能。但是基于契约关系的本质是一种交易关系，将教育行为与交易等同的说法，导致这种理论没有得到学界的普遍认同，此后通过理论的修正，出现了行政契约理论，认为国家的基本义务中包含对教育的推行，因此

---

① 尹力:《试论学生与学校的法律关系》，载《北京师范大学学报》2002 年第 2 期。

② 方芳:《法治视野下的学校治理与学生权利保护》，天津教育出版社 2012 年版，第 13 页。

教育行为不能被界定为私法上的营利行为，但教育的过程中也应当排除国家权力的过分介入。因此，学生与学校之间的关系本质上应属于国家和学生立于对等的地位，并为追求教育目的而依合意成立的行政契约关系。然而，利用契约理论解释学生与学校之间的关系，也存在诸多问题：（1）我们通常所说的教育一般是具有公益性目的，而契约关系中的核心是追求等价交换，大部分契约关系不包含任何公益性内容，与教育行为恰恰相反，以契约关系解释具有公益性目的的教育活动，本身就格格不入。（2）契约关系中等价交换，意味着双方之间有一定的利益交换，具有明显的营利性目的，虽然按照我国现行法律规定，允许存在具有营利性的民办教育，但更广泛的教育形式属于非营利性的公立教育机构，这与契约中所追求的营利性是有冲突的。（3）契约关系中的双方应当是地位平等的民事主体，如果将学生与学校的地位界定在同一水平线上，对于高等教育以上及非公益性教育来说还可以适用，但对于具有公益性质的中小学教育来说，会对学校造成极大的被动。如果学生以地位平等来对抗学校的教育管理行为，势必使学校和老师处于尴尬境地，难以履行职责。（4）从归责原则来看，契约关系中一方违反契约或者履行契约不当的行为造成相对方损害时，一般不考虑违约方的主观过错情况，多采用无过错责任原则，以行为具有违反契约约定的表象来认定违约方责任，如此一来，学校将负担难以承受的法律责任，对其完成教育教学任务构成极大的阻碍，也会影响到国家推行教育事业的基本目标。

4. 双重法律关系说。这种观点认为，学校与学生之间的法律关系具有复合性，无法简单地用一种法律关系予以完全概括，其应当包含部分行政法律关系和部分民事法律关系，具体来说就是因教育管理而产生的教育行政法律关系，因教育保护而产生的教育民事法律关系。[①] 在前一种关系中，学校作为行政主体，行使包括招生权、教育管理权、行政处分权等在内的教育管理权，学生依照法律有接受教育的权利和义务，在后一种法律关系中，学校承担着提供教师、教学设备、教学资料、校舍食堂和对学生安全教育、保护的义务，对这种义务的不

① 舒利：《论学校与学生的法律关系》，载《当代教育科学》2003 年第 5 期。

履行或者履行不当的法律责任，应当属于民事法律责任范畴。[①]

我们认为，学校与学生之间是一种综合了行政法律关系和民事法律关系的特殊法律关系，具有一定的合理性，也有学界和实务界将其归为教育法律关系。一方面，虽然学校本身不是国家行政机关，但依据法律规定享有一定的教育行政管理权，比较直接地体现在《教育法》第29条第（3）、（4）、（5）项规定中，据此，学校有招收学生或者其他受教育者，对受教育者进行学籍管理，实施奖励或者处分，对受教育者颁发相应的学业证书等权力。另一方面，学校与学生又是平等的民事主体，在民事法律领域享有同等地位，权利义务平等。学校在依据教育法律、法规行使教育职责时，还需要执行法律规定其应当履行的对学生安全教育、保护和管理方面的义务，相应地，学校也会因该项义务的履行不当而造成对学生人身、财产的损害后果承担法律责任，按照我国《侵权责任法》的规定，这是一种典型的民事法律领域中的侵权责任。由此可见，只有教育法律关系可以准确涵盖学校与未成年学生之间所形成的这种教育、管理和保护的关系，学校对学生有教育、管理的权利，同时对学生有保护的义务。

综上所述，就学生伤害事故而言，学校与学生之间应属于民事法律领域中的侵权法律关系应无疑义。

二、学生伤害事故的法律适用与学校责任的认定

（一）学生伤害事故案件的法律依据

法院在审理中小学学生伤害事故案件时适用的法律依据主要是《侵权责任法》第6条、第34条、第38条、第39条、第40条和第十一章，根据校园安全责任的不同情形分为学生非他人原因伤害、学生相互伤害、校园外人员伤害、校方人员伤害、校园物件损害等。

（1）学生非他人原因伤害、学生相互伤害的法律依据。这两种学生伤害情形，是学校安全责任事故中的主要发生类型。根据学生行为能力的差别，分别适用

① 陆伟明：《论学校与学生的行政合同法律关系》，载《海南大学学报（人文社会科学版）》2007年第6期。

不同的法律规范。

首先,《侵权责任法》第6条第1款规定,“行为人因过错侵害他人民事权益,应当承担侵权责任”。与《民法通则》第106条第2款规定一致,即“公民、法人由于过错侵害国家的、集体的财产,侵害他人财产、人身的应当承担民事责任”。这是侵权行为法律适用的一般规则,适用于已经具备完全民事行为能力的学生。该条文的适用在中小学范围内较少,一部分原因是中小学内已经成年的学生总数较少,大部分都在即将毕业的高中三年级阶段,另一部分原因是这些学生由于心智成熟,相较年龄较小的学生而言,对危险行为的判断能力和避险能力都要强,较少产生因儿童顽皮天性而发生的不计后果的意外伤害。

其次,《侵权责任法》第38条规定,“无民事行为能力人在幼儿园、学校或者其他教育机构学习、生活期间受到人身损害的,幼儿园、学校或者其他教育机构应当承担责任,但能够证明尽到教育、管理职责的,不承担责任”。该条限定适用的受害人主体是“无民事行为能力人”,由于《民法总则》降低了无民事行为能力人的年龄,该条文仅对小学产生影响。由于无民事行为能力人对其行为或者危险的认知能力不足,该条文通过强化学校责任的方式,对无民事行为能力人有教育、管理、保护职责的学校所应履行的法律义务提出了更高的要求。在一般情况下,只要无民事行为能力的学生在学习、生活期间受到的人身伤害,学校就需要承担责任,只有在学校证明其尽到教育、管理职责时,才能不承担责任。

最后,《侵权责任法》第39条规定,“限制民事行为能力人在学校或者其他教育机构学习、生活期间受到人身损害,学校或者其他教育机构未尽到教育、管理职责的,应当承担责任”。该条文限定适用主体为限制民事行为能力的学生,由于8周岁至18周岁的人正处于小学、初中、高中阶段的学校,因此,该条文是学生伤害事故中的主要法律适用依据。从条文逻辑结构上看,该条文与第38条的最大区别在于,不再预设学校承担学生伤害事故的责任,学校是否承担责任,需要先判断学校是否履行了教育、管理职责。

需要说明的是,《侵权责任法》变更了最高人民法院《关于审理人身损害赔偿案件适用法律若干问题的解释》中的适用规则,按照该解释第7条规定,“对未成年人依法负有教育、管理、保护义务的学校、幼儿园或者其他教育机构，未尽职责范围内的相关义务致使未成年人遭受人身损害，或者未成年人致他人人身损害的，应当承担与其过错相应的赔偿责任”。从中可见，司法解释没有区别学生的行为能力，将无民事行为能力和限制民事行为能力的学生置于同等法律框架下规范学校的安全责任，将学校对于两类学生的保护责任未做明显区分，且司法解释额外规定了未成年学生致他人损害的情形，学校对此也要承担与其过错相应的责任，而《侵权责任法》中并未对此予以规定。实际上，未成年学生对他人的侵权责任不与学校的对学生的安全责任相混淆是正确的，主要体现在，一是学校对未成年学生的安全保护责任与对防止未成年人学生对第三方的损害所具有的管理教育职责范围是不同的，前者的责任程度明显强于后者，这也是学校对学生履行管理保护职责的题中之意，而就学生对第三方的侵害行为而言，仅能就学校可控制的范围内来判断学校是否存在过错，例如，学生在校外与其他学校的学生打架致人伤害时，如果将学校应当教育学生不得伤害他人的管理职责与该事件后果认定为存在因果关系，无疑是严重扩大了学校的教育管理职责的范围，同时也可能使学生的监护人推卸责任，更怠于履行监护中的教育职责。二是学校对学生不存在监护责任，不应当对学生造成他人损害的后果承担责任。前文已述，在学校与学生法律关系上的监护说存在法律依据不足的问题，不能真正地体现两者之间的法律关系的本质，甚至加重了学校在对学生管理方面的义务，已不再是主流观点。司法解释将未成年学生对他人损害的责任强加于学校身上，无异于将学校作为学生的监护人对待，虽然该解释规定学校应当承担“与其过错相应的赔偿责任”，似乎与监护责任不考虑过错有所区别，但本质上并未抛弃从监护关系考虑学校责任的传统意识。《侵权责任法》则未再单独就未成年学生对他人造成损害问题规定单独的条款，而是将未成年学生作为一般侵权主体对待，对就损害后果可能存在过错的各方当事人依据法律的一般适用规则进行判定即可，无须单独规范。在具体案件中，由于未成年学生是侵权人，其自身应承担法律责任，监护人则以替代责任的方式成为实际赔偿义务人，学校可能因有能力实施而未能有效阻止侵害学生对外造成损害的事实而对他人损害具有一定过错，这已经与学校对学生的教育保护义务无关了。

（2）校外人员伤害的法律依据。《侵权责任法》第 40 条规定，“无民事行为能力人或者限制民事行为能力人在幼儿园、学校或者其他教育机构学习、生活期间，受到幼儿园、学校或者其他教育机构以外的人员人身损害的，由侵权人承担侵权责任；幼儿园、学校或者其他教育机构未尽到管理职责的，承担相应的补充责任”。由于该种情况有直接的侵权人，法律对学校的责任要求程度相对较低。

（3）校方人员致害的法律依据。《侵权责任法》第 34 条规定，“用人单位的工作人员因执行工作任务造成他人损害的，由用人单位承担侵权责任。劳务派遣期间，被派遣的工作人员因执行工作任务造成他人损害的，由接受劳务派遣的用工单位承担侵权责任；劳务派遣单位有过错的，承担相应的补充责任”。用人者责任在《民法通则》中没有相应的规定，最早出现在最高人民法院《关于审理人身损害赔偿案件适用法律若干问题的解释》第 8 条中，“法人或者其他组织的法定代表人、负责人以及工作人员，在执行职务中致人损害的，依照民法通则第一百二十一条的规定，由该法人或者其他组织承担民事责任。上述人员实施与职务无关的行为致人损害的，应当由行为人承担赔偿责任。”在该解释的第 9 条中又规定了劳动关系之外的雇主责任，“雇员在从事雇佣活动中致人损害的，雇主应当承担赔偿责任；雇员因故意或者重大过失致人损害的，应当与雇主承担连带赔偿责任。雇主承担连带赔偿责任的，可以向雇员追偿”。同时，司法解释还界定了“从事雇佣活动”，“是指从事雇主授权或者指示范围内的生产经营活动或者其他劳务活动”。雇员的行为超出授权范围，但其表现形式是履行职务或者与履行职务有内在联系的，应当认定为“从事雇佣活动”。由于司法解释将用人单位责任与雇主责任区别对待，在学界有一定争议，《侵权责任法》第 34 条最终将两者统一为用人者责任。由于用人者与工作人员之间具有劳动关系、劳务关系这种特定关系，工作人员为用人者的利益而工作，工作成果归属用人者，因此，《侵权责任法》遵从各国民法通例，规定用人者应对其工作人员的职务侵权行为承担替代责任。“替代责任”是与“自己责任”相对应的，其显著特点是，致害人与责任人脱离，赔偿义务人不是直接加害人，而是与加害人有特定关系的责任人。让处于相对优势地位的用人者承担替代责任，有利于对受害人进行救济，也促使用人者加强对工作人员的监管培训，或投保责任险以分散风险。[①]

（4）校园物件损害的法律依据。《侵权责任法》第十一章规定了“物件损害责任”，该章虽然名义上是规范“物件损害责任”，但并非将全部物件损害的类型都囊括其中，最主要的就是一般物件损害责任。从法律规定的整体性解释，物件损害侵权法律关系中，在一般情况下，物件的所有人或者管理人必然是侵权行为人，而“物件损害责任”章节是以规范特殊形式的物件损害为主要内容，因此，不能以该章未规定的情形就认为物件所有人或者管理人不承担一般物件损害责任。该章规定的特殊物件损害责任中，与学校有关的情形主要有：1）建筑物、构筑物或者其他设施及其搁置物、悬挂物发生脱落、坠落造成他人损害的。2）建筑物、构筑物或者其他设施倒塌造成他人损害的。3）从建筑物中抛掷物品或者从建筑物上坠落的物品造成他人损害的。4）堆放物倒塌造成他人损害的。5）因林木折断造成他人损害的。6）挖坑、修缮安装地下设施等，没有设置明显标志和采取安全措施造成他人损害的。值得注意的是，学校作为建筑物、构筑物和场地、设施等物的所有人和维护管理人，如果发生学生因学校所管理的物的范围内的物件损害后果，则会出现学校的物件损害责任与教育机构责任之间的竞合。在（2017）湘0723民初615号案件中，教室窗户玻璃在上课时发生脱落，造成割伤学生的后果，法院认为学校未尽到管理职责，对受伤学生的损害后果承担了全部责任，在裁判所引用的法律依据方面，既有教育机构责任的第39条，也有物件损害责任的第85条，然而，法院在阐明裁判理由时却未对此进行区分。虽然两者都属于“管理职责”，但教育机构责任中的管理职责首先应当是与教书育人有关，即其管理职责所针对的对象是学生，但物件损害责任中的管理职责显然是针对物件本身，两者不应当有所混淆。

（二）学校在学生伤害事故中的归责原则

归责原则是侵权责任法的核心问题，所谓归责，按照张新宝教授的说法，

---

① 潘杰：《〈侵权责任法〉上用人者责任制度的司法适用》，载《法律适用》2012年第2期。

即确认和追究侵权行为人的民事责任，而归责原则，"是指以何种根据确认和追究侵权行为人的民事责任，它所解决的是侵权的民事责任之基础问题。……侵权法的'归责'就是指加害人的某种行为被确认为侵权行为并应当由加害人承担相应民事责任的基础（可归责的事由）。就过错责任而言，侵权行为人承担民事责任的基础是其过错；就无过错责任而言，侵权行为人承担民事责任的基础不是过错而是其他事由。而侵权责任法中的'归责原则'，则是对于各种具体侵权案件的可归责事由（责任基础）进行的一般性抽象，抽象出同类侵权行为共同的责任基础"。[①]

我国《侵权责任法》对侵权行为承担法律责任的归责原则有四种，分别规定在《侵权责任法》第6条、第7条、第24条中。第6条第1款为过错责任原则，是侵权责任法的一般归责原则。第6条第2款为过错推定原则，即"根据法律规定推定行为人有过错，行为人不能证明自己没有过错的，应当承担侵权责任"。第7条为无过错责任原则，也称为严格责任原则，"行为人损害他人民事权益，不论行为人有无过错，法律规定应当承担侵权责任的，依照其规定"。过错推定是介于过错责任和无过错责任之间的责任，没有无过错责任那样的条件存在，而适用过错责任就过分加重了被侵权人的举证负担，在这种情况下就采用过错推定。[②]第24条为公平责任原则，"受害人和行为人对损害的发生都没有过错的，可以根据实际情况，由双方分担损失"。公平责任原则最早出现在《民法通则》第132条，"当事人对造成损害都没有过错的，可以根据实际情况，由当事人分担民事责任"，与《侵权责任法》的条文构造基本一致。

在学校对学生伤害事故的归责原则上，既包含一般归责原则中的过错原则，也包含特殊情形下的过错推定原则，在司法案例中也出现过用公平责任原则裁判的案例。

1. 过错原则

学生伤害事故中，学校所适用的过错原则有两种，一种是《侵权责任法》

① 张新宝：《侵权责任法原理》，中国人民大学出版社2005年版，第24-25页。

② 魏振瀛：《侵权责任方式与归责事由、归责原则的关系》，载《中国法学》2011年第2期。

第 6 条第 1 款所规定的一般过错责任，另一种则是第 39 条规定的适用于学校与限制行为能力学生之间的过错责任。两者的主要区别在于：（1）适用的学生行为能力有别。前者仅能在学生属于完全民事行为能力人的情况下适用，后者则限定学生为限制民事行为能力人。（2）学校的过错责任内容和程度不同。前者属于一般过错，其范围更广，后者将学校的过错规定为“未尽教育、管理职责”范围内的过错，当然，前者的过错实际上主要也可能是“未尽教育、管理职责”中的过错，但由于学生行为能力的差异，部分“未尽教育、管理职责”对成年学生而言就不再构成学校的过错，例如，学生在操场跑步锻炼的过程中发生摔伤的情形，成年学生由于其对自身后果具有完全认知的能力以及采取措施避免损害发生的能力，对其损害后果，学校仅能在已经超出成年学生认知和避险能力范围之外的某种情形下，方能构成过错，例如，场地损坏而未及时修整，场地上有可能引发危险的抛弃物、废弃物而未及时清理等，但对于未成年学生，即使操场不存在可归结为学校过错的客观情况，学校依然可能由于未能充分完全地告知学生跑步过程中的安全注意事项或者未在学生跑步时指派老师监督防护等行为构成“未尽教育、管理职责”的过错，显然，这种过错的内容对成年学生而言就不称为过错。这正是法律针对不同行为能力学生在过错责任中规范的差别。（3）举证责任的证明内容有所区别。这一点从《侵权责任法》的字面意思上就可以发现。虽然过错责任原则在民事诉讼过程中，均应当由受害人负责举证证明侵害人存在过错，但正是由于学校的过错责任内容和程度不同，成年学生伤害事故中，仅仅依据学校“未尽教育、管理职责”就认为学校存在过错是不充分的，毕竟学校绝大部分的“教育、管理职责”的内容只是起到了预防事故不发生的作用，并不能够完全阻止事故的发生，而成年学生伤害的举证内容必须要能够证明学校存在对事故伤害有一定推动作用或者促进作用的情况，才符合学校的过错程度。而未成年学生此时仅需要证明学校“未尽教育、管理职责”，即使这种职责本身并不能够避免事故的发生，也足以构成学校的过错。

2. 过错推定原则

过错推定责任是指损害发生后，基于某种客观事实或条件而推定行为人具有过错，如果行为人不能推翻该过错之推定即证明自己没有过错。[①] 过错推定原则是在过错原则的基础上演化出来，起初是被作为过错原则的一种特殊形式对待，后来也有学者将其作为一种独立的归责原则，我国《侵权责任法》将其视为过错责任原则的一部分，主要体现在第十一届全国人大常委会第六次会议上，法律委员会就《侵权责任法草案（第二次审议稿）》所作说明，该说明指出“我国侵权责任制度实行过错责任和无过错责任相结合的原则”，正是如此，第6条规定了过错责任，第7条规定了无过错责任原则。[②] 但无论如何，过错推定原则与过错原则在法条构造、司法适用中都有比较明显的区别。（1）过错推定原则的适用前提是法律必须有明确规定。与过错原则不同，由于其为侵权责任一般归责原则，在法律无其他规定情形下，均可以适用一般原则处理，而过错推定原则在具体条文中都会按照“应当承担侵权责任，但能够证明……不承担责任”或者“不能证明……应当承担责任”的语序，从法条构造上给侵害人附加了较重的不利责任，于是，法律规范上尽量减少过错推定责任的适用范围，因此，《侵权责任法》中适用过错推定原则的情形屈指可数，而学校对无民事行为能力学生伤害事故的责任则是其中之一。（2）过错推定原则在诉讼程序上适用举证责任倒置。在过错责任中，受害人证明侵害人承担侵权责任，需要证明侵权人符合侵权责任的构成要件，即侵害行为、损害后果、因果关系及过错。过错推定责任中，受害人则只需要证明前三个构成要件的存在即可，因为法律上已经推定侵害人存在过错，当然不再由受害人另行证明，侵害人如果想达到免责的法律效果，则必须自证清白，不存在过错，这种将改变一般证明责任的情形，就是程序法上的举证责任倒置。与过错推定原则一样，适用举证责任倒置也必须要有法律的明确规定，法官在诉讼中不得随意适用。按照《侵权责任法》第38条规定，无民事行为能力人只要在学校学习、生活期间受到人身损害的，就会推定学校承担侵权责任，只有学校能够证明其尽到教育、管理职责的，才不承担责任。这就要求主张不承担责任的学校，必须在诉讼程序中举证证明其对

---

① 程啸:《侵权责任法》，法律出版社2011年版，第146页。

② 梁慧星:《读法条　学民法》，人民法院出版社2014年版，第344页。

损害不存在“教育、管理职责”方面的过错。（2015）东民初字第00706号案件中，致害学生与受害学生在课间休息时玩飞镖，造成受害学生眼睛伤害，法院审理后认为，所谓“教育职责”是指：依法进行保护未成年人在学校人身安全日常教育的义务，包括应对自然灾害的教育、在特殊场所和地段的安全教育、饮食安全卫生教育、防止他人伤害及意外事故发生的教育等；所谓“管理职责”是指：教育机构为保护未成年在校学生人身安全依法应尽的安全保障和保护义务，包括提供符合规定标准的教学场所及设施、及时消除不安全隐患、建立健全各项安保制度、制订防止未成年在校学生伤害突发事件的预案及妥善处理未成年在校学生伤害事故等。学校为证明尽到了教育、管理职责，提供了2014年学校教师、班级进行安全教育的原始记录及2014年4月与学生家长（包括双方学生家长）所签订的安全义务告知书，对学校主张已经履行教育、管理职责的事实予以认定。在事发后，学校配合家长对受伤学生进行及时救治并配合相关机关对该事件的调查，未导致不良后果的加重，尽到了及时救护、妥善处理的义务，最终法院判定学校在本次事故中不承担责任。

3. 公平原则

有观点认为，在学生伤害事故案件中应当兼顾适用公平原则。[①] 所谓公平原则，或称衡平原则，是指当事人双方在对造成损害均无过错的情况下，由人民法院根据公平的观念，在考虑当事人的财产状况及其他情况的基础上，责令加害人对受害人的财产损失给予适当的补偿，以公平合理地分担损失的一种归责原则。[②]

在法律规定上，公平原则体现为一般适用原则和具体适用情形。其中，一般适用原则有两个具体条文，即《民法通则》第132条规定：“当事人对造成损害都没有过错的，可以根据实际情况，由当事人分担民事责任。”《侵权责任法》第24条规定：“受害人和行为人对损害的发生都没有过错的，可以根据实际情况，由双方分担损失。”具体适用情形在《侵权责任法》中则分为4个条文，分

① 袁古洁：《论学校在学生伤害事故中的法律责任》，载《体育学刊》2003年第5期。
② 王利明：《侵权行为法研究（上卷）》，中国人民大学出版社2004年版，第274页。

别是第23条“因防止、制止他人民事权益被侵害而使自己受到损害的，由侵权人承担责任。侵权人逃逸或者无力承担责任，被侵权人请求补偿的，受益人应当给予适当补偿”；第31条“紧急避险采取措施不当或者超过必要的限度，造成不应有的损害的，紧急避险人应当承担适当的责任”；第33条“完全民事行为能力人对自己的行为暂时没有意识或者失去控制造成他人损害有过错的，应当承担侵权责任；没有过错的，根据行为人的经济状况对受害人适当补偿”；第87条“从建筑物中抛掷物品或者从建筑物上坠落的物品造成他人损害，难以确定具体侵权人的，除能够证明自己不是侵权人的外，由可能加害的建筑物使用人给予补偿”。

在学生伤害事故中，有相当一部分，既非学校及教师行为，也非学校教师管理失职所致，同时也不存在致害者，受害学生也没有过错，是纯粹的意外事件。由于这些校园伤害事件本身责任难以认定，即双方对造成的损害事实均无过错，因此，法院往往运用公平责任原则来处理。在原告李某某与被告宜春百树外国语学校、中国人民财产保险股份有限公司南昌市分公司教育机构责任纠纷一案中，[①] 原告在学校组织的滑轮兴趣课上摔倒受伤。法院首先认定该摔伤属于非因当事人的故意或过失，由于当事人意外的原因，而偶然发生的意外事件；其次分析了《侵权责任法》第38条的责任方式，认为本案事故是在基本教学完成后学生自行练习中，原告在滑行转弯时自行摔倒，该滑行场地不存在缺陷或者隐患，况且轮滑项目本身存在风险，本案原告的举证不能证明被告百树学校存在故意或者过失，故被告百树学校不存在过错；最后根据依据《侵权责任法》第24条，依据当事人双方的客观实际综合考虑，确定原告的损失按照3∶7的比例分担，原告分担30%，被告百树学校分担70%。

由上述案例中可以看出，严格按照教育机构责任的规则，学校在该起学生伤害事故中不具有承担责任的归责事由，然而，依据公平原则裁判，学校依然

---

① 《江西省宜春市袁州区人民法院原告李某某与被告宜春百树外国语学校、中国人民财产保险股份有限公司南昌市分公司教育机构责任纠纷一案一审民事判决书》，资料来源于威科先行，最后访问时间：2018年5月29日。

承担了事故的主要责任。这正体现了公平原则存在的道德与文化心理需要，有学者认为，公平责任的主要目的并非如过错责任和危险责任那样来协调权益保护与行为自由的关系，而是通过模糊处理消除当事人之间的权利边界，起到维护社会和谐稳定作用。[①]但公平原则的适用弊端也是显而易见的，由于公平原则完全是以财产之有无、多寡作为责任分担的，是道德规范的法律化，实践的是分配正义而非矫正正义，[②]从表现形式上会造成有资力的一方当事人承担社会保障制度的任务。从学校与学生之间的关系来看，学校显然是有资力的一方，且案件中学校承担主要责任的结果，恐怕也是法院在衡平双方地位的基础上作出的主观判断，与公平原则中“双方分担”责任，特别是由无责任方对受害方进行分担的本意，进行了严重的曲解。可见，如果公平原则被司法滥用的话，教育机构责任中法律对其“教育、管理职责”的过错内容限定就将成为空中楼阁，学校也难以在个案中把握义务范围，无异于将教育机构责任的归责原则推向无过错责任原则，这与现行法律是相悖的。因此，对于教育机构责任，由于《侵权责任法》有明确的法律适用依据，不应当存在发挥公平原则作用的空间。

（三）学校在学生伤害事故中的主观过错

1. 侵权法上的过错类型

侵权责任法上的过错，主要可划分为故意、过失两大类。故意是行为人预见到自己行为的后果，仍然希望或者放任该后果发生的一种主观心理状态。故意又分为直接故意和间接故意，前者指行为人预见到自己行为的后果，仍然希望该后果发生的情形，后者指行为人预见到自己行为的后果并放任该后果发生的情形。[③]过失是指行为人对自己行为的后果应当预见或者能够预见而没有预见，或者虽然预见却轻信可以避免该后果发生的心理状态，应当预见或者能够预见而没有预见，属于疏忽大意的过失，虽然预见却轻信可以避免，则属于过

① 程啸:《侵权责任法》，法律出版社2011年版，第155页。
② 王泽鉴:《侵权行为》，北京大学出版社2009年版，第401页。
③ 杨立新:《侵权法论》，人民法院出版社2003年版，第185页。

于自信的过失。[①] 这种划分方式基本上沿袭了刑法学关于犯罪主观要件的理论，有学者认为，这样的理论表述对于界定过错和判断行为人有无过错具有重要意义，但是对于行为人应当承担责任的大小则无重大意义，而综观各国侵权责任法都不从这样的划分角度来确定责任，[②] 还需要借助于过错程度的讨论来解决责任问题。

过错程度将过错类型细化为恶意、一般故意、重大过失、一般过失和轻微过失。过错程度的重要性不言而喻，不同程度的过错在无意思联络的多数人侵权案件中，对多数人的责任份额的确定具有重要意义，但在大部分情况下，法律并未对某种侵权行为所应具有的过错程度作出界定，教育机构责任中，学校的教育、管理职责就不存在以达到某种过错程度，学校才承担责任的条件，但在具体适用法律裁判案件的过程中，这种过错程度的判断，决定了学校对学生伤害后果所应承担的责任大小。只是在大部分案件中，法院对过错程度的判断只体现为裁判结果中责任比例大小的区别，但在认定这一比例过程中对侵权人过错程度的具体分析则没有。（2016）豫 1081 民初 6764 号案件中，两名学生在课间玩耍过程中，受害学生摔倒导致牙齿损害，法院仅认为学校没有尽到管理、教育职责，就裁判认定学校承担了全部责任。这种认定结果与学校在事故中的过错程度是否匹配，以及法院对学校的过错程度是如何理解的，在判决书中都未论述，这也是我国法院判决书论理部分的一种缺憾。

2. 学校过错的判断标准

故意的判断标准有主客观说之分，主观说认为故意是一种意图，而意图是主观的而非客观的，客观说则认为故意是客观存在的，具有客观的内容，故意必须体现在对他人合法权益进行侵害的行为上。实际上，故意与过失在侵权责任判断标准上存在较大差别，故意就其本质而言是一种内在的追究或者放任自己行为造成损害后果的意图，是主观的不良心态，这种主观不良性通过对行为在实施行为前后的各种言论、行动加以研判，最终得出是否存在故意的结论。

---

① 王利明：《侵权行为法研究》，中国人民大学出版社 2004 年版，第 481 页。

② 张新宝：《侵权责任构成要件研究》，法律出版社 2007 年版，第 439 页。

因此，在判断是否存在故意时，以主观说标准更为恰当。在学生伤害事故中，学校对学生伤害后果所持的主观心理状态应较少情况下属于故意，且即使存在故意，也应是间接故意，即一种放任心态，如果学校的主观心态是直接故意，那么就不再是教育机构责任所规范的情形，此时的学校已经是直接侵权人，其所违反的义务不再属于教育、管理职责范围的内容，而是对学生生命权、健康权、身体权的直接侵犯。

过失的判断标准有主观标准说、客观标准说以及主客观混合标准说。主观标准说认为，过错是一种心理状态，所以在司法实践中，对行为人过错的认定就是这种心理状态的再现性描述。[①]如果行为人在主观上不能预见到所引起的后果，则不负任何责任，如果能够预见这种结果，就要承担责任，而能够预见或不能预见的标准是行为人自身诸如年龄、经验、学识等各种要素。客观标准说不是以行为人的预见能力或者识别判断能力作为过失的认定标准，而是以某种客观的行为标准来衡量行为人的行为，进而做出有无过失的判断，如果其行为达到了该客观行为标准的要求，则认定没有过失，反之则认为有过失。主客观混合标准说，通常是在坚持客观说的前提下，适当考虑当事人的某些主观因素，这些主观因素对于当事人而言，也是一种客观存在。从学生伤害事故案件的司法判决来看，我国法院对过错的认定多数采客观标准，少数采主观与客观相结合标准，个别判决单纯采主观标准。[②]

（四）学校在学生伤害事故中的侵权行为方式

侵权行为方式分为作为与不作为。作为是指行为人积极的举止动作，即有所为，外界对此能够加以识别。不作为是指不做某件事情，从外界表现来看，行为人是处于消极的静止状态。作为虽然是侵权行为中较常见的行为方式，但在教育机构责任中，学校较少有通过某种作为造成学生伤害的情形，特别是第三人介入情况下违反安全保障义务的侵权责任中，安全保障义务人

① 王卫国:《过错责任原则：第三次勃兴》，中国法制出版社 2002 年版，第 258 页。
② 曾大鹏:《第三人侵害学生事故中的学校责任》，载《法学》2012 年第 7 期。

与实施直接加害行为的第三人并未构成共同侵权行为。在大多数的第三人介入案件中，安全保障义务人只是消极地不作为，未尽到安全保障义务，损害后果的发生是由于第三人故意或者过失违反不得侵犯他人合法权利的义务。安全保障义务人与实施加害行为的第三人直接并无共同的故意或者过失的内容，而且一个积极的加害行为与一个消极的不作为行为也无法构成一个具有关联性的共同行为。[①] 常见的作为方式有老师体罚学生，学校提供不符合卫生安全标准的食品造成学生中毒，要求学生从事与其身体、年龄、心智不相符的活动等情形。

不作为构成侵权的前提是行为人应负有作为的义务，对于学校而言，作为义务主要来源于两个方面，一是法律的规定，这也是学校作为义务的主要方面，主要依据是《教育法》《义务教育法》《未成年人保护法》《学生伤害事故处理办法》等，在这些法律法规中就学校对未成年学生应当承担相应的管理职责作出了明确的规定。有些体现为学校对未成年学生的保护义务，如《义务教育法》第16条规定，学校建设应当符合国家规定的选址要求和建设标准，确保学生和教职工安全；《未成年人保护法》第22条规定，学校应当建立安全制度，加强对未成年人的安全教育，采取措施保障未成年人的人身安全，不得在危及未成年人人身安全、健康的校舍和其他设施、场所中进行教育教学活动，安排未成年人参加集会、文化娱乐、社会实践等集体活动，应当有利于未成年人的健康成长，防止发生人身安全事故。有些体现为教育、引导义务，如《义务教育法》第24条规定，学校应当建立、健全安全制度和应急机制，对学生进行安全教育，加强管理，及时消除隐患，预防发生事故；《未成年人保护法》第23条规定，学校应当根据需要，制订应对各种灾害、传染性疾病、食物中毒、意外伤害等突发事件的预案，配备相应设施并进行必要的演练，增强未成年人的自我保护意识和能力；《学生伤害事故处理办法》第9条规定，学校组织学生参加教育教学活动或者校外活动，应当对学生进行相应的安全教育，并在可预见的范围内采取必要的安全措施。有时体现为对未

---

① 张新宝：《我国侵权责任法中的补充责任》，载《法学杂志》2010年第6期。

成年学生的管理义务，包括制定校规校纪，通过给予惩处措施，对学生违纪进行惩戒等。

（五）学校在学生伤害事故中的责任形态

以保护权利、救济损害为目标，《侵权责任法》在构筑侵权责任要件的同时，以责任的具体承担方式为关注重点，专章对“责任构成和责任方式”予以规定。数人侵权情形下的责任形态，主要指侵权责任在不同的当事人之间进行分配的表现形式，解决侵权责任要件已经成立时，具体责任承担的问题。

责任形态问题意在数人侵权情形下实现以下功能：一是确保矫正正义的实现。通过责任在侵权人之间的分配，确保受害人得到恰当的赔偿，以实现矫正正义。以教育机构责任为例，确定学校、学生以及其他学生伤害事故的参与方之间责任形态最终目的在于确保受侵害权利人的损害得到弥补。二是预防受害人多重受偿。数个侵权责任人的行为很可能单独满足构成要件要求，如果不进行责任形态划分，会造成重复受偿情形发生。如果没有合理的责任分割，权利人分别提起诉讼以追求超出损害限度的赔偿，不利于实现正义价值。三是分担受偿不能风险及追偿请求权基础。确定责任形态，可以分配受偿不能风险，以保障受损害权利得到救济。同时，责任形态问题中对追偿请求权的规制，有利于确保真正侵权人最终承担责任。①

责任形态主要规定在《侵权责任法》第二章“责任构成与责任方式”中，分别有连带责任、按份责任与补充责任。

1. 连带责任

连带责任，即连带债务，是指因违反连带债务或者依法律的直接规定，多名赔偿义务人向赔偿权利人各负全部的赔偿责任，赔偿权利人有权要求一名或者数名赔偿义务人承担全部或者部分的赔偿责任，而一名或者数名赔偿义务人在承担全部赔偿责任后将免除其他义务人的赔偿责任。② 在侵权法律关系中，赔偿义务

---

① 王竹：《论数人侵权责任分担中最终责任份额的确定方式》，载《法商研究》2010 年第 6 期。

② 程啸：《侵权责任法》，法律出版社 2011 年版，第 248 页。

人是否应承担连带赔偿责任，主要依据法定规则，也称为法定连带责任，体现在《侵权责任法》第8条、第9条、第10条、第11条、第36条第2款、第51条、第75条等。连带责任是一种加重的责任承担，即行为人须超出自己应当承担的责任份额对共同侵权所造成的全部损害或者一部分损害承担赔偿责任，因此，法律对适用连带责任的情形进行了限制，从过错形式和作为方式来看，连带责任人通常是以故意实施某种作为方式的侵害行为，而学校在教育机构责任中没有连带责任的适用条件，主要在于学校的过错形式是过失，过错内容是未能履行教育、管理职责或者履行职责不当，而行为方式也以不作为为主。在我们筛选的1827个案例样本中，没有法院判决学校与其他侵权人承担连带责任的情形出现。

2. 按份责任

（1）按份责任的含义

按份责任有两种典型方式，一种是依据《侵权责任法》多数人侵权规定承担按份责任的方式，主要表现为无意思联络的多数人侵权，具体规定在第12条，即“二人以上分别实施侵权行为造成同一损害，能够确定责任大小的，各自承担相应的责任；难以确定责任大小的，平均承担赔偿责任”；另一种方式严格讲不属于多数人侵权的类型，《侵权责任法》第26条规定“被侵权人对损害的发生也有过错的，可以减轻侵权人的责任”，减轻侵权人责任的部分恰恰是受害人过错相应的责任部分，也可以认为是侵权人与受害人就损害分担的按份责任。

按份责任的承担方式是在多个当事人对侵害后果发生影响时，在整体判断的基础上，就单个侵害人的过错与行为造成的损害程度所作出的价值判断。与连带责任相比，侵权人仅需要承担与其侵权行为本身程度相当的赔偿责任，而无须就受害人的损害承担全部责任，使过错较小的侵害人不至于承担较重的责任。实践中，也会面临多个侵害行为难分伯仲的局面，《侵权责任法》第12条，对此进行了划分，即在能够确定责任大小时，按照各自的责任比例承担，如果难以确定时，各侵权人平均承担责任。在《侵权责任法》出台之前，我国法律上并没有平均承担责任的规则，通常情况下，如果无法区分过错大小时，法院常常以连带责任的方式裁判，然而，由于连带责任必须以有法律规定为前提，致使在应当承担按份责任的情况下，法院如此认定势必于法无据，《侵权责任法》

则弥补了这一缺憾。不过，从实际发生的案例来看，法院在适用该条裁判时，一般都会严格区分各侵权人的过错责任，即使从裁判结果上看，各侵权人似乎平均承担责任，但在论理部分，也会给出平均承担责任的理由，而非以难以确定责任大小为由，轻易裁判。我们可以理解为，法律需要对按份责任与连带责任作出必要区别，才对难以确定责任大小的情形规范了一个兜底性的规则，以避免混淆按份责任与连带责任的界限。

从责任人内部关系来看，在按份责任中，由于各侵权人是依据各自的过错被认定承担部分责任，当一方已经承担了己方责任之后，对其他侵权人所负责任部分，就不再有义务，意味着按份责任人内外部法律责任是统一的，不存在相互追偿的问题。而连带责任与之有别的，恰是连带责任人内部责任的区分，也就是说，某个连带责任人虽然在对外责任上应当承担全部责任，但对内关系上，则有向其他连带责任人就超出其所负赔偿的部分行使追偿的权利。鉴于连带责任对外部侵害结果来说是无法区分主次的，其内部责任一般都是平均承担。

（2）学校在学生伤害事故中的按份责任

《侵权责任法》第 12 条是无意思联络多数人侵权承担责任方式的原则性规定，其不构成单独的请求权基础，受害人要求各侵权人承担责任应当适用法律的具体规定，教育机构责任规定就是判定学校在学生伤害事故中是否有责任的具体规则，如果同一伤害事故中还存在其他侵权人时，其他侵权人的责任应当适用相应的请求权基础。这就需要法院在综合案件事实的基础上，就不同侵权行为人所负责任具体判断。例如，学生互相伤害案件中，致害方的学生是导致受害方学生伤害的直接原因，其应当按照《侵权责任法》第 6 条一般侵权行为归责原则判定是否承担责任，而学校基于教育、管理职责，则适用第 38 条、第 39 条的规范认定，受害方学生作为民事主体也需要以第 6 条、第 24 条规定来认定是否自负其责以减轻致害方的责任，法院分别根据上述规则决定哪一方或者哪几方最终应承担责任，然后在判断各方当事人的过错对损害后果的影响程度后，按照第 12 条规定就各方当事人所负责任比例进行认定，作出裁判。

我们在收集的2015年至2017年案例中，除涉及校外第三方侵害时学校承担补充责任之外，但凡以教育机构责任规则裁判的多数人侵害案件中，侵权主体都是以按份形式承担法律责任。（2016）吉0822民初1475号案件中，受害学生在下晚自习后遭受多名学生殴打，法院依据《侵权责任法》第38条的规定认为作为学校应当对学生的生命健康负有全面教育管理和高度谨慎注意的照顾义务，教师先于学生离开校园，对学生的反常举动未尽到职责范围内安全注意义务，履行教育、管理、保护责任不到位，导致学生在校园内发生打架事件，造成学生受到伤害，应承担主要责任，致害学生参与打斗的事实清楚，而受害学生属于限制民事行为能力人，具有一定的自我保护能力和认知能力，由于其疏于安全注意义务，未能与校方及时沟通，自身亦应承担一定的民事责任，由此裁判学校、致害学生和受害学生分别承担60%、30%、10%的责任。（2014）雁民初字第05443号案件中，受害学生与致害学生在体育课自由活动期间追逐打闹，造成受害学生摔伤，法院认为体育课自由活动时，体育老师应在学生中间密切观察学生活动，一旦发现追逐打闹的情况应及时制止并拉开，以避免学生伤害事故的发生，而本案中体育老师在两人追逐打闹时未尽到相应的监管责任，也未及时阻止，依据《侵权责任法》第38条，学校应当承担责任，同时，老师虽负监管义务，但受害学生受伤是因其与致害学生追逐打闹所致，因两方学生对自己的行为应当具有一定的认知和辨别能力，故二人对损害后果的发生亦存在一定过错，根据《侵权责任法》第6条、第26条、第32条，两方学生的监护人应各承担20%的责任，并以此确定学校承担责任的比例为60%。

3. 补充责任

（1）补充责任的法律含义

《侵权责任法》虽然在侵权责任形态中规定了补充责任，但没有给出确切的法律概念，其含义和外延有诸多观点。杨立新教授认为："侵权法上的补充责任，是指两个以上的行为人违反法定义务，对一个被侵权人实施加害行为，或者不同的行为人基于不同的行为而致使被侵权人的权利受到同一损害，各个行为人产生同一内容的侵权责任，被侵权人享有的数个请求权有顺序的区别，首先行使顺序在先的请求权，该请求权不能实现或者不能完全实现时，再行使其他请求权的侵权责任形态。”[①] 王利明教授认为：“补充责任，是指在不能够确定实际加害人或加害人不能够承担全部责任的情况下，由补充责任人在一定范围内对受害人直接承担赔偿责任的责任形态。”[②] 张新宝教授则认为：“在能够确定加害人时，由加害人或其他负有责任的人承担责任，安全保障义务人不承担责任；只有在加害人无法确定时，由安全保障义务人承担全部责任；如果能够确认加害人，但是加害人或者对损害负有赔偿责任的人的资力不足以承担全部责任时，则先由加害人或者对损害负有赔偿责任的人尽力承担责任，剩余部分由负有安全保障义务的人承担。安全保障义务人对此承担的是推定的过错责任：如果能证明自己没有过错则不承担责任。此外，在承担了补充责任之后，安全保障义务人获得对加害人或者其他赔偿义务人的追偿权。”[③] 由此可见，补充责任有如下特点：

首先，有两个或者两个以上责任主体应当对受害人的损害承担责任，是补充责任的适用前提，从表象上看，两个责任主体的地位是不同的，其中必然存在一个直接侵害主体，其与受害人或者其他责任主体对受害人的损害承担全部的责任，而承担补充责任的主体则对该直接侵害主体的责任承担相应的补充责任。

其次，两个或者两个以上责任主体对受害人的损害所负的法律义务是不同的，通常承担补充责任的主体对受害人具有避免其受到损害的安全保障义务，而该安全保障义务的履行实际上又无法完全避免受害人遭受直接侵权人的侵害，因此法律上给予其一个补充责任的形式来弥补受害人无法完全从直接侵权人处获得足够的赔偿，同时也是法律上对其安全保障义务履行的瑕疵所作出的消极评价。

再次，从字面意思上看，补充责任意味着对已经负担责任的主体未能实际负担的部分予以补充，作为受害人可以直接向补充责任的主体与直接侵害主体共同或者单独提起诉讼，但补充责任主体必然要有直接侵害主体承担责任作为

---

① 杨立新：《侵权法论》，人民法院出版社 2005 年版，第 643 页。

② 王利明、周友军、高圣平：《中国侵权责任法教程》，人民法院出版社 2010 年版，第 36 页。

③ 张新宝、唐青林：《经营者对服务场所的安全保障义务》，载《法学研究》2003 年第 3 期。

前提，从实际执行效果来看，法院也不宜在未对直接责任主体采取强制执行措施时，直接执行不补充责任主体的财产，只有在直接责任主体未能找到或者不能足额支付全部赔偿时，补充责任的主体才能实际支付赔偿。

最后，补充责任分为两种具体的形式，一种属于完全补充责任，另一种则是相应的补充责任。前者要求补充责任的承担范围与直接侵权人承担的范围一致，后者则是在直接侵权人承担范围内再根据过错大小、程度等事实，承担对应的补充责任，而非全部承担。

（2）学校在学生伤害事故中的补充责任

依照《侵权责任法》第 40 条规定，未成年学生在学校学习、生活期间受到校外第三人的人身伤害时，学校在其管理职责范围内对该第三人承担的责任承担相应的补充责任。本条的适用有以下几个关键问题：

第一，受害学生限于未成年学生。未成年学生由于其行为能力上的不足，其对来自校外第三方的侵害有一定的风险防范能力，但该能力不足以完全规避，法律上对学校附加了一个管理职责，来弥补未成年学生这方面的不足。

第二，直接侵害来源为校外第三人。校外第三人的范围不包括与学校形成劳动关系、劳务关系的个人、与学校形成教育管理关系的其他学生等，也就是说，与学校因素无关的任意第三人，有可能是其他学校的人员，也有可能是基于某种原因进入学校的人或者是学校组织校外活动过程中接触到的第三人，甚至包括学生家长。尽管学生之间发生侵害行为时，同校学生不作为校外第三人对待，实施侵害行为的学生应由其家长承担监护责任，但在家长对其他学生直接实施侵害行为时，由于家长与学校之间不具有法律关系，其应当作为一个独立主体存在，相对于与学校有关联的主体而言，家长就属于校外第三人的范畴。在样本案例中，我们发现，有法院将同校学生也作为校外第三人对待，这是与立法本意不符的。（2016）黔 0115 民初 1137 号案件中，受害学生在晚自习期间及下课走出教室过程中，分别受到同班其他同学的伤害导致眼睛受伤，法院在认定实施侵害行为的学生责任后，依据《侵权责任法》第 40 条判定学校承担相应的补充责任，将同校学生也作为校外第三人，显然该裁判对法律解释是有误的。而这种认识并非个例，（2015）三民初字第 00879 号案件中，受害学生与侵害学生因在体育课时发生争执，侵害学生翻墙外出购买菜刀后回到学校，径直进入受害学生班级将其砍伤，法院认为学校是对未成年人进行全面教育的场所，该学校对于学生除了具有教育的义务之外，对于就读于本学校的未成年人还具有保证其人身安全，维护其合法权益的义务。学生家长将孩子送入学校学习，实质上就在家长和学校之间形成了一种委托管理关系，父母将其部分管理职责委托给了学校，因此学校对于在校就读的未成年学生负有保护的义务，对于该学校未尽监管、保护职责而引起原告伤害，按照《侵权责任法》第 40 条的规定学校应当承担相应的补充责任。

第三，学校没有尽到管理职责是其承担补充责任的前提条件。本条没有沿用《侵权责任法》第 38 条、第 39 条中出现的教育、管理职责，从文意上解释，教育职责的对象应为学生，即教育学生为一定行为或者不为一定行为，而学校对校外第三人不存在教育关系，因此没有教育职责。但学校的管理职责的对象则不仅是校外第三人，也包括校内学生。学校管理职责在对外方面体现在，对校园范围内的管理是否尽到了避免无关外来第三人随意进入的职责，如果是与学校有关的外来第三人，其在校内的活动是否受到了学校足以避免发生学生伤害的约束；对内方面则体现在，对学生的管理是否能够足以避免其受到外来第三人的侵害，这与对学生的教育职责相区别的地方在于，学校应当履行一定行为作用于学生身上，使之与危险因素隔离，而非简单地告知学生应当远离危险因素。此时的管理职责在行为方式上主要表现为不作为，主观上存在过失。

第四，学校的补充责任是在直接侵害人所承担责任的基础上，基于其管理职责疏漏之处所承担的相应补充责任，而非全部责任。所谓补充，是补充第三人赔偿不足的份额，在第三人没有任何资产或者下落不明时甚至补充全部的份额。但是，此种补充责任可能导致教育机构的责任过重，承担远远超出其过错程度的责任，因此不能动辄就对安全保障义务人课以全部的补偿赔偿责任，必须考虑其能够防止或者制止损害的范围，[①]体现在侵权责任法的条款上就是以“相

① 黄松有主编：《最高人民法院人身损害赔偿司法解释的理解与适用》，人民法院出版社 2004 年版，第 110 页。

应”限制“补充”。此处所谓的“相应”是指赔偿的责任与自己的过错程度相应，即以教育机构违反法定教育、管理、保护义务的程度限制最终的赔偿数额。因此，相应的补充责任即在过错限度内承担补充性的责任。[①]（2014）滕民初字第1730号案件中，在受害学生在校学习期间，被告鲁南公司驾驶员驾驶机动车致其受伤，该行为是造成受伤的直接原因，被告鲁南公司亦无证据证明受害学生存有过错，故被告鲁南公司应对此次事故承担主要责任。该起事故发生当日，处于被告汇立公司在学校施工期间，被告汇立公司未在施工区域设置围档和警示标志，其不作为加大了该次事故发生的可能性，故本院酌定被告鲁南公司承担80%的责任，被告汇立公司承担20%的责任。上述二被告作为校园以外的第三人直接造成原告人身损害，依法应承担侵权责任。被告学校未采取有效措施将施工场地与学生活动场地隔离，其未尽到对本校学生的安全保护义务，故本院酌定被告学校根据其过错程度承担30%的补充责任。（2015）新民初字第129号案件中，法院认为校外人员进入学校将受害学生殴打致伤，侵犯了其身体健康权益，对其造成的损失应当承担直接侵权责任，学校作为封闭式学校，未能阻挡校外人员进入，未能及时制止殴打事件的发生，未尽到相应的管理职责，对学生的损害也具有一定的过错，法院酌情认定学校对学生的损失承担30%的补充赔偿责任，即校外人员不能履行赔偿义务时，由学校承担30%的补充赔偿责任。

第五，学校承担实际承担补充责任之后的追偿权问题。该问题有不同的观点，有的学者认为，学校享有追偿权，可以在对受害学生实际承担了补充责任之后起诉直接侵害的第三人，在学校已经承担责任的范围内对自己承担责任。[②]也有不同意见主张补充责任人不享有追偿权，因为“相应的补充责任是对补充责任的一种限制，补充责任承担的责任应与其过错相对应，并以此为限度……相应的补充责任人承担的相应的补充责任是对自己的过错行为承担的责任，因

① 马特:《学校事故责任辨析——侵权责任法第38、39、40条的解释论考察》，载《学术论坛》2012年第7期。

② 张民安:《侵权法上的作为义务》，法律出版社2010年版，第525页。

此相应的补充责任人承担责任后不享有追偿权”。[①]“《侵权责任法》未作与法释〔2003〕20号相同的规定，表明立法者并未接受司法解释中所提到的追偿权问题”。[②]对此问题，有学者以诉讼程序中确认责任与履行责任的两个阶段的区别加以分析，认为学校作为承担补充责任的主体，在这两个阶段有不同的意义。[③]在责任确认阶段，学校承担与其过错、原因力相应的责任有其合理性，此阶段分配了直接责任人、学校二者与受害学生之间的权利义务。在履行责任阶段，由直接责任人承担责任应为普遍化状态，这是直接责任人与承担补充责任的学校之间分配权利义务的结果，一旦学校承担了责任，则其享有对直接责任人的追偿权，并超脱于其本身的责任状态。如果不享有追偿权，则直接责任人不必承担终局责任，直接责任人因为学校的存在而免除了补充责任，无异于让直接责任人逃脱于惩罚之外，显然不是法律所追求的目标。因此，一旦学校代直接责任人履行了责任，则应当享有追偿权，可以以此为依据要求直接责任人在学校已经承担责任的范围内赔偿。

第三节　学校在学生伤害事故中的安全责任与合理限度

一、学校安全责任的法定减免事由

（一）减免责任事由的范围与适用

减免责任事由是依据法律规定，因某种情势的存在而使侵权行为不能成立，或者侵权行为虽然成立，但由于该种情势，应当减轻行为人所负责任的法律事实。《侵权责任法》出台以前，从四部专家意见稿和理论研究著作可见，学者们

---

① 郭明瑞：《补充责任、相应的补充责任与责任人的追偿权》，载《烟台大学学报（社会科学版）》2011年第1期。

② 全国人大常委会法制工作委员会民法室编：《侵权责任法立法背景与观点全集》，法律出版社2005年版，第634页。

③ 谢文哲、宋春龙：《补充责任适用程序研究——以〈侵权责任法〉第37条、第40条为核心》，载《云南大学学报（法学版）》2014年第5期。

在研究中往往采用“抗辩事由”或者“阻却违法性事由”的提法，并主张用“侵权责任构成”来统率归责原则、构成要件和抗辩事由。[①]而《侵权责任法》最终采用了减轻责任和免责事由的称谓。从不同概念的内涵来看，抗辩事由范围应当包含了减免责任事由，除此之外，抗辩事由还应当包含对侵权行为构成要件的抗辩。

学理上将免责事由的类型划分为两类。一类是排除过错型免责事由，即该事由的存在能够排除侵权行为人的过错，由于过错责任是侵权责任的基本归责原则，既然存在排除过错的事由，行为人当然就应免除侵权责任，这些事实包括：自助行为、正当防卫、紧急避险、受害人同意、行使权利、执行职务、不可抗力。《侵权责任法》第三章规定了其中三种，即正当防卫、紧急避险和不可抗力。另一类是中断因果关系型免责事由，即侵权行为实施之后，由于外在因素的介入，使侵权行为与损害后果之间的因果联系中断。如果外在因素的介入发生在侵权行为实施之前，不属于因果关系的中断，也就是说，因果关系的中断实际上是基于归责上的考虑因素而中断责任上的关联性，从而使行为人减轻责任或者免责。《侵权责任法》中规定的中断因果关系型免责事由有两类：受害人故意、第三人原因。[②]

前述减免责任事由是从侵权责任的一般法律规则角度所作出的规范，虽然从一般规定与特别规定的适用关系来看，教育机构责任应当适用特别规定，而《侵权责任法》第38条、第39条中并没有规定学校减轻、免除责任的事由，似乎预示着对学校而言，不存在前述五个方面免责事由的适用空间，特别是结合第40条在第三人原因造成学生伤害时，学校承担补充责任的规定，第三人原因并非有减免学校责任的效果，也能得出类似的结论。实际不然，从《侵权责任法》的整体解释这一问题就比较清晰，减免责任事由作为《侵权责任法》第三章的内容，具有一般适用效力是毋庸置疑的，而教育机构责任是否属于特殊规定则不能盖棺

---

① 李开国：《侵权责任构成理论研究——一种新的分析框架和路径的提出》，载《中国法学》2008年第2期。

② 程啸：《侵权责任法》，法律出版社2011年版，第215-216页。

定论，第38条、第39条、第40条被列入《侵权责任法》第四章，该章节标题为“关于责任主体的特殊规定”，意在表明其是对特殊主体承担责任的特别规定，而非侵权行为承担方式的特殊规则，而第五章至第十一章才属于侵权行为的特别规定，如果特别规定有别于一般规定时，应适用特别规定。如在“高度危险责任”中，具体条文在不同适用情形时都规定了减责或者免责的具体事由，此时，排除一般减免责任事由的适用应当毫无疑问。而教育机构责任中，仅以教育机构这一主体身份，适用不同的归责原则，而没有对其减免责任作出特别规范，此时，其一般减免责任事由显然能够适用。当然，在具体案件中，不同的减免责任事由对学校在学生伤害事故中的影响程度是不同的，这又另当别论。

（二）排除过错型免责事由

1. 不可抗力

我国法律上的不可抗力是指不能预见、不能避免并不能克服的客观情况。除非法律有明确规定，不可抗力是可以普遍适用于所有民事法律关系中的免责事由的。学理上和实践中得到普遍认可的不可抗力因素包括自然灾害和社会异常事件，自然灾害具体包括地震、海啸、台风、海浪、洪水、蝗灾、风暴、冰雹、沙尘暴、火山爆发、山体滑坡、雪崩、泥石流等，但并非一切自然灾害都能作为不可抗力而成为免责理由，一些轻微的、并未给当事人的义务履行造成重大影响的自然灾害，不构成不可抗力；社会异常事件则包括战争、武装冲突、罢工、劳动力缺乏、骚乱、暴动等，这些事件对发动者或制造者而言是能预见与避免的，而对私法行为的当事人而言则是既不能预见也不能避免与克服的。[①]《最高人民法院关于处理涉及汶川地震相关案件适用法律问题的意见（二）》第8条规定，“因地震灾害引起房屋垮塌、建筑物或者其他设施以及建筑物上的搁置物、悬挂物发生倒塌、脱落、坠落造成他人损害的，所有人或者管理人不承担民事责任”，第9条规定，“因地震灾害致使堆放物品倒塌、滚落、滑落或者树木倾倒、折断或者果实坠落致人损害的，所有人或者管理人不承担赔偿责任”，根据该司法解

---

① 刘凯湘、张海峡：《论不可抗力》，载《法学研究》2000年第6期。

释的规定，学校校舍、物品等发生前述范围的情形造成学生伤害时，学校作为建筑物所有人就可以依据不可抗力免除责任。但实践中发生能够符合不可抗力条件的客观情况较少，其法律适用空间有限。

2. 正当防卫

尽管我国《民法通则》《民法总则》《侵权责任法》中都规定有因正当防卫不承担责任的规定，但民事法律中并未给出正当防卫的概念，关于正当防卫的法律概念，见于我国《刑法》第 20 条第 1 款，“为了使国家、公共利益、本人或者他人的人身、财产和其他权利免受正在进行的不法侵害，而采取的制止不法侵害的行为，对不法侵害人造成损害的，属于正当防卫，不负刑事责任”。由于正当防卫构成要件中的对象要件必须是正当实施侵害行为的本人，而在教育机构责任中，学生由于学校或者其他学生的正当防卫行为而受到伤害的情形，只有在受伤学生自己是在先的不法行为侵害人时才能成立，例如，学生对老师或者学校的其他工作人员实施暴力侵害行为遭受正当防卫，或者在校园欺凌中，被欺凌的学生反抗欺凌实施行为人而成立正当防卫。姑且不论是否存在防卫过当的情形，在正常实施防卫行为而对在先侵害人造成伤害时，学校是否可以以正当防卫的事由存在而免除责任，在学校与学生关系中，并非能得出肯定的结论。如果学生因受到老师批评而怀恨在心，蓄意持刀在学校里对老师实施侵害，学校不能因老师的正当防卫行为而免除其教育、管理职责，一方面，对学生化解矛盾的处理方式也是学校教育的一部分，学生的不理智行为也能反映出学校教育的缺失；另一方面，对学生携带凶器进入学校，对其他人构成人身威胁的行为，学校也应当尽到校园安全管理职责，这两方面义务的违反，并不足以免除学校在此伤害事故中的责任。校园欺凌事件的发生，学校更有无法推卸的教育责任，受欺凌学生实施正当防卫行为仅能免除其自身的责任，而非是学校的免责事由。

3. 紧急避险

与正当防卫一样，民事法律规范中没有对紧急避险作出定义，在《刑法》第 21 条第 1 款中规定，“为了使国家、公共利益、本人或者他人的人身、财产和其他权利免受正在发生的危险，不得已采取的紧急避险行为，造成损害的，不负刑事责任”。《侵权责任法》则是在责任承担上作出了明确规定，其第 31 条规定，“因紧急避险造成损害的，由引起险情发生的人承担责任。如果危险是由自然原因引起的，紧急避险人不承担责任或者给予适当补偿。紧急避险采取措施不当或者超过必要的限度，造成不应有的损害的，紧急避险人应当承担适当的责任”，《民法总则》第 182 条与此规定内容一致。该规定也能看出，危险源来自自然与人。自然原因，是与人的行为无关的外界客观因素，如地震、海啸等，在这种情形下，紧急避险人不承担责任或者给予适当补偿，所谓给予适当补偿，是指紧急避险人因避险行为而保护其自身利益的同时又造成他人损害的，按照公平原则，分担受害人的一些损失；人的原因，是由于紧急避险人与受害人之外的第三人的行为引发的险情，危险来源的人对产生危险的情况具有法律上的过错，当然应由其承担责任。在学生伤害事故中，如果存在行为人为躲避危险而对学生造成伤害情形时，避险的受益人应当是学校，而基于学校对学生的教育、管理职责所引申出的保护义务，尤其将未成年学生这一应受特别保护的群体作为避险受害人，与法律上对其特别保护的根本目的相违背，我们认为，无论对于学校而言发生何种危险，都不应当将学生作为避险受害人，此种情况下，可以认定学校没有履行保护职责，而不能依据紧急避险的规则免除责任。

（三）中断因果关系型免责事由

1. 受害人故意

《侵权责任法》第 27 条规定：“损害是因受害人故意造成的，行为人不承担责任。”受害人故意给自己造成损害时，由于损害结果是受害人所追求的目的，加害行为与损害结果之间没有因果关系，行为人不承担侵权责任。受害人故意作为侵权人免责条件的前提是，受害人应当具有完全民事行为能力，即受害人应当能够判断和识别自己的行为。而未成年学生作为限制民事行为能力人和无民事行为能力人，法律上对其作出了不具有完全判断和识别行为后果的定性，因此，未成年学生在校园内自杀自伤案件中，学校理应不具有免责事由。（2017）豫 1522 民初 1530 号案件中，受害学生在厕所割腕自伤，法院认为事故发生前，受害学生已经出现异常，老师未加注意，亦未及时疏导，导致其在校园内割腕自伤，故学校存在过错，应承担相应的赔偿责任，对学校答辩主张无过错，不承担民事赔偿责任的意见，不予采纳，并根据案件情况，裁判学校承担50%的赔偿责任。由此案可见，学校的教育职责中本就包含对学生的心理疏导，和及时发现学生异常状态并予以特别关注，避免学生发生自杀自伤后果的内容，一旦学生在学校学习、生活期间出现此类状况，学校则难以适用受害人故意的免责事由。

2. 第三人原因

《侵权责任法》第28条规定："损害是因第三人造成的，第三人应当承担侵权责任。"第三人原因则有两种情形，一种是完全来源于第三人的行为所造成的损害后果，通常情况下，在法律没有特殊规则适用时，行为人可以依据前述第28条规定免责；另一种是行为人造成了损害，但第三人原因的介入使损害后果扩大了，行为人对受害人的损失可以主张减少相应责任。教育机构责任中关于第三人损害存在特殊规则，即《侵权责任法》第40条规定中，第三人造成学生伤害时，学校需要在管理职责范围内承担相应的补充责任，即学生伤害的损害来源完全是第三人时，学校依然有可能承担责任而不能依此免责。关于此问题，我们在第二节"补充责任"部分有详细阐述，此处不再赘述。

二、学校教育、管理职责的合理限度

（一）学校教育、管理职责的内容

教育机构责任中，由于学校并非对学生造成直接侵害的行为人，其基于教育、管理职责的疏忽，而对学生承担侵权责任，因此，学校究竟有什么样的教育、管理职责，其对学生的人身安全究竟应负怎样的法律责任，对学校是否应当承担责任的判断至关重要。根据我国有关法律法规，可以归纳学校的教育、管理职责包括以下七个方面：

1. 校园、校舍、场地及其他学校建筑物、构筑物、设施、设备的安全保障责任。《未成年人保护法》第22条第2款："学校、幼儿园、托儿所不得在危及未成年人人身安全、健康的校舍和其他设施、场所中进行教育教学活动。"《中小学幼儿园安全管理办法》第18条："学校应当建立校内安全定期检查制度和危房报告制度，按照国家有关规定安排对学校建筑物、构筑物、设备、设施进行安全检查、检验；发现存在安全隐患的，应当停止使用，及时维修或者更换；维修、更换前应当采取必要的防护措施或者设置警示标志。学校无力解决或者无法排除的重大安全隐患，应当及时书面报告主管部门和其他相关部门。学校应当在校内高地、水池、楼梯等易发生危险的地方设置警示标志或者采取防护设施。”第19条：“学校应当落实消防安全制度和消防工作责任制，对于政府保障配备的消防设施和器材加强日常维护，保证其能够有效使用，并设置消防安全标志，保证疏散通道、安全出口和消防车通道畅通。”

2. 建立各项安全保障和安全教育制度，并执行到位。《未成年人保护法》第22条第1款：“学校、幼儿园、托儿所应当建立安全制度，加强对未成年人的安全教育，采取措施保障未成年人的人身安全。”第23条：“教育行政等部门和学校、幼儿园、托儿所应当根据需要，制定应对各种灾害、传染性疾病、食物中毒、意外伤害等突发事件的预案，配备相应设施并进行必要的演练，增强未成年人的自我保护意识和能力。”《中小学幼儿园安全管理办法》第15条：“学校应当遵守有关安全工作的法律、法规和规章，建立健全校内各项安全管理制度和安全应急机制，及时消除隐患，预防发生事故。”第24条第1款：“学校应当建立学生安全信息通报制度，将学校规定的学生到校和放学时间、学生非正常缺席或者擅自离校情况、以及学生身体和心理的异常状况等关系学生安全的信息，及时告知其监护人。”第25条：“有寄宿生的学校应当建立住宿学生安全管理制度，配备专人负责住宿学生的生活管理和安全保卫工作。学校应当对学生宿舍实行夜间巡查、值班制度，并针对女生宿舍安全工作的特点，加强对女生宿舍的安全管理。学校应当采取有效措施，保证学生宿舍的消防安全。”第27条：“学校应当建立安全工作档案，记录日常安全工作、安全责任落实、安全检查、安全隐患消除等情况。”第32条：“学生在教学楼进行教学活动和晚自习时，学校应当合理安排学生疏散时间和楼道上下顺序，同时安排人员巡查，防止发生拥挤踩踏伤害事故。晚自习学生没有离校之前，学校应当有负责人和教师值班、巡查。”

3. 保证所招录的教师和其他工作人员符合相关法律法规的要求。《教师法》第14条：“受到剥夺政治权利或者故意犯罪受到有期徒刑以上刑事处罚的，不能取得教师资格；已经取得教师资格的，丧失教师资格。”《义务教育法》第 24 条第 3 款：“学校不得聘用曾经因故意犯罪被依法剥夺政治权利或者其他不适合从事义务教育工作的人担任工作人员。”

4. 提供符合安全标准的食品、药品、饮用水及教育教学和生活用具。《中小学幼儿园安全管理办法》第 21 条：“学校应当严格执行《学校食堂与学生集体用餐卫生管理规定》、《餐饮业和学生集体用餐配送单位卫生规范》，严格遵守卫生操作规范。建立食堂物资定点采购和索证、登记制度与饭菜留验和记录制度，检查饮用水的卫生安全状况，保障师生饮食卫生安全。”

5. 学校应当建立学生健康安全档案，配备必要的医疗救助机制，保障学生身心健康。《中小学幼儿园安全管理办法》第 23 条：“学校应当按照国家有关规定配备具有从业资格的专职医务（保健）人员或者兼职卫生保健教师，购置必需的急救器材和药品，保障对学生常见病的治疗，并负责学校传染病疫情及其他突发公共卫生事件的报告。有条件的学校，应当设立卫生（保健）室。新生入学应当提交体检证明。托幼机构与小学在入托、入学时应当查验预防接种证。学校应当建立学生健康档案，组织学生定期体检。”第 24 条第 2 款：“对有特异体质、特定疾病或者其他生理、心理状况异常以及有吸毒行为的学生，学校应当做好安全信息记录，妥善保管学生的健康与安全信息资料，依法保护学生的个人隐私。”第 37 条第 2 款：“学校对已知的有特异体质、特定疾病或者异常心理状况的学生，应当给予适当关注和照顾。生理、心理状况异常不宜在校学习的学生，应当休学，由监护人安排治疗、休养。”《学生伤害事故处理办法》第 15 条：“发生学生伤害事故，学校应当及时救助受伤害学生，并应当及时告知未成年学生的监护人；有条件的，应当采取紧急救援等方式救助。”

6. 尊重学生，禁止任何虐待、歧视、体罚等损害学生身体健康的行为。《义务教育法》第 29 条第 2 款：“教师应当尊重学生的人格，不得歧视学生，不得对学生实施体罚、变相体罚或者其他侮辱人格尊严的行为，不得侵犯学生合法权益。”《未成年人保护法》第 18 条：“学校应当尊重未成年学生受教育的权利，关心、爱护学生，对品行有缺点、学习有困难的学生，应当耐心教育、帮助，不得歧视，不得违反法律和国家规定开除未成年学生。”《中小学幼儿园安全管理办法》第35条第2款："学校教师应当遵守职业道德规范和工作纪律，不得侮辱、殴打、体罚或者变相体罚学生；发现学生行为具有危险性的，应当及时告诫、制止，并与学生监护人沟通。"

7.组织学生参加校内校外活动时，应当进行安全教育并采取安全管理措施。《中小学幼儿园安全管理办法》第29条："学校组织学生参加大型集体活动，应当采取下列安全措施：（一）成立临时的安全管理组织机构；（二）有针对性地对学生进行安全教育；（三）安排必要的管理人员，明确所负担的安全职责；（四）制定安全应急预案，配备相应设施。"第30条第2款："学校组织学生开展体育活动，应当避开主要街道和交通要道；开展大型体育活动以及其他大型学生活动，必须经过主要街道和交通要道的，应当事先与公安机关交通管理部门共同研究并落实安全措施。"

（二）学校教育、管理职责在学生伤害事故中责任边界

1.学校安全责任的现实困境

教育机构责任中，学校以教育、管理职责为责任内容，是有法律明确规定的，然而，司法实践中对教育、管理职责的认定却较为僵化。一方面，教育、管理职责中一些预防性的措施并不足以完全避免学生伤害事故的发生，毕竟未成年学生具有活泼好动的天性，注定其周围存在各种各样的风险，仅仅依靠学校、老师对学生自身安全意识的培养，难以避免，因为，既然从法律上看，未成年学生在对行为意识的认知能力上与成年人有差别，那么，在学校、老师对未成年学生进行安全意识培养方面，其接受能力一样存在不足。另一方面，当前法院以客观标准认定过错普遍适用于侵权行为责任的判定时，学生出现伤害事故的后果，往往作为认定学校未尽教育、管理职责的依据，使学校无论如何都难以避免在学生伤害事故中承担责任。例如，（2017）豫1381民初2540号案件中，受伤学生在校内如厕时不慎摔倒，当即腹疼，被送医救治，诊断为：闭合性腹部外伤，胰尾挫伤。法院在阐明事实中并未表述学生摔伤是否存在地面湿滑、其他外力因素等情形存在，仅依此就认定学校作为在校生的管理者，未尽到教育、管理职责，故应承担过错责任，即应承担90%的民事赔偿责任。该案的判决比

较具有代表性，体现在以客观标准认定行为人过错，且并不充分考虑学校教育、管理职责对事故伤害的程度，就将学校作为了主要责任人对待。将该案的事实放在任何一处公共场合，都能得出一系列不合理的结论，例如，在商场、饭店、酒店的厕所中摔伤，则意味着经营主体无一例外将承担主要责任，完全不考虑安全保障义务人并非直接侵权人的事实，以及安全保障义务的范围和程度，相应地，受害人虽然为限制民事行为能力人，但在如厕过程中其自身的安全注意义务同样是存在的，即使无民事行为能力，如厕作为一项基本的生存技能，其监护人也应当有安全注意的教育职责。前述法院的判决将受害学生自负的注意义务全部或者大部分转嫁给学校，从对学生自身责任的培养、家长注意义务的重视程度来说，都是有消极影响的。

在体育活动伤害事故中，过分苛责学校责任，其消极影响更明显。体育活动，包括体育教学、对抗性、竞技性体育比赛、学生的自由活动等形式，无论是单项活动还是多人活动，其都是以身体的运动为基本要素，而伴随身体运动，必然会出现各种损伤甚至意外，例如，较常见的在跑步过程中摔倒、在对抗性比赛中发生碰撞、在器械运动时受伤，甚至在活动过程中被其他学生踢飞的足球砸中受伤等。在本章第一节中，我们通过样本案例分析，发现法院在面对学生体育活动伤害案件中，大部分情形下都会裁判学校承担责任，学校承担全部和主要责任的案件数量达到了三分之二，严重性不言而喻。由此造成的负面影响也越来越凸显出来，有学者做过调查统计认为，在家长看来，43.8% 的家长认为体育意外事故的发生，应由学校负全部责任，37.5% 的家长认为应由学校负较大责任，只有 18.8% 的家长能客观地分析原因，正因如此，84.2% 的班主任和 63.2% 的学校领导认为体育教师尽量不要开设具有危险的技巧性和对抗性运动项目。另外，有 79% 的班主任和学校领导认为体育教师上课只要管理好学生不出事就好。[①] 从体育课完成质量统计来看，体育教师中有 46%降低体育课标准，有 21%没有按标准上体育课，很多教师的教案与实际授课的内容不符，为了学生不受伤，采取“放羊式”教学，教师认为只要自由活动，不碰任何器械，学生

① 张华艳、杨远飞：《高中体育意外伤害事故的成因和负面影响》，载《运动》2010 年第 10 期。

就不会在自己的课上发生事故，由此导致只有13.3%的学生能够掌握体育运动的基本技能、战术及比赛规则，有39.5%的学生不能掌握简单的田径技能，攀爬、跳跃、长跑等项目在体育课中更是很难看见。①

2. 学校安全责任边界的探讨

侵权法的目的是设定合理的利益界限。法院作为适用法律的机关，其在现实生活中通过大量的判决书形式将文字化的侵权法变得更加立体形象，对社会和人的影响更为直接。侵权纠纷产生的根源是利益冲突，法院解决侵权纠纷的行为则是一项利益平衡的作业——直接平衡当事人之间的利益，间接平衡社会一般人之间的利益。如何能够正确地进行利益平衡，这便有赖于侵权法为双方当事人划定合理的利益界限。只有当事人之间的利益界限明确，法院解决侵权纠纷的利益平衡才有法律上的依据。简单地说，法律虽然应当以保护受害人利益为其根本出发点，但不应不合理地偏向受害人，如果只考虑保护受害人的利益，但却极为苛刻地限制了行为人的行为自由，这样必定会使整个社会陷入畏首畏尾的境地。②

教育机构责任中，学校被赋予了教育、管理职责的义务，该义务作为学校过错的判断标准，过于笼统，但就立法本身，其仅能就此问题做这般高屋建瓴的规范，在具体适用法律过程中，由法院依据案件事实合理分配各方责任，以体现立法与司法的区别与统一。然而，如前所述，法院在庞大的案件审判工作中，并非能够细致地给出足够充分的判断理由，这就出现了相似案件裁判结果差异较大的情况，让当事人也无法合理预判其行为的后果。教育机构责任案件中，学校轻易能够被以“未尽教育、管理职责”的理由而认定承担侵权责任，但很多案件中，这种教育、管理职责究竟能否杜绝伤害后果的发生以及在多大程度上发挥作用，是难有统一标准和认识的，我们也仅从几个方面予以考量，以便为学校安全责任的范围划定一个可预期的限度。

（1）学校的安全责任应当以法律法规规定的教育、管理职责的内容为限。

---

① 石秀丽：《浅析学校体育伤害事故对体育教学的影响》，载《辽宁师专学报》2012年第9期。

② 纪红心：《对安全保障义务人因第三人侵权所承担责任的再探讨》，载《法学论坛》2008年第6期。

这里的法律法规是指《教育法》《义务教育法》《未成年人保护法》《中小学幼儿园安全管理办法》《学生伤害事故处理办法》等，主要涉及前述七个方面的内容。在判定学校是否应当对学生伤害后果承担责任时，应当根据这些法律法规的具体职责，对学校行为作出评价。只有存在违反这些职责的行为时，才能够被认为是未能履行教育、管理职责，如果不能从中找出对学校行为的否定评价，则不应当依据学生伤害的结果反推学校未能履行职责，因为，这个时候的未能履行职责中的职责显然是不在法定范围之内的。

（2）学校安全责任的判定应当考察教育、管理职责的履行是否能够杜绝事故伤害的发生或者在多大程度上能够避免发生。学校的教育职责是对学生安全意识的培养，通过学生自己强化安全意识，来确保不发生或者少发生伤害事故，管理职责则是学校施加一定的管理行为，减少学生伤害情况的发生。例如，学校告知学生应当注意走路安全，防止摔倒，这是教育职责的体现，而学校应当保证校园路面平整、无打滑因素则是管理职责。显然，教育职责意在学生脑海中根植一种观念，而管理职责则为通过学校一定行为直接避免造成学生伤害后果。前者观念的形成与践行是有差别的，这种安全观念能否落实，还需要看学生的接受程度和自律程度，仅依靠学校教育是难以完全杜绝安全事故发生的，如平地摔跤，在路面平整无湿滑的情况下，走路摔跤在所难免，学校无论如何履行教育职责也难以避免，此时，学校的教育职责对伤害后果之间已无必然联系，至少联系不再那么紧密，过分苛责学校承担责任，对学校也是不公平的。

（3）在考虑学校教育职责时，也应当同等考量监护人的教育职责，两者在部分伤害事故中对伤害的产生具有相似的作用。样本案例中，存在大量学生之间推搡、伸出腿去绊倒同学、相互追逐打闹甚至打架的情况，尽管发生在学校学习、生活期间，但友善待人，不去伤害他人的道德品德也同样应当是监护人教育职责的范围，苛责学校在这里应当承担的所谓安全责任，无异于将学生自身安全意识的培养和注意义务完全交托于学校，甚至将学校的人身安全保障责任凌驾于学生自身和监护人之上，颠倒了自身安全责任主体的顺序。

（4）学校在体育活动伤害事故中所负的安全责任应当与体育活动自身的特

点相结合方能作出公允的判断。体育活动与伤害事故相伴，目前尚未发现一种不会对参与人造成伤害的体育活动项目，在此情形下，要求学校完全避免学生在体育活动中的伤害事故发生，是没有道理的，司法判例中将体育活动伤害主要归责于学校的做法，无异于迫使学校减少甚至取消体育活动，从社会和人的发展角度及长远来说，是弊大于利的。当前，也有较少的法院注意到了体育活动伤害中过分判定学校责任的不合理之处。(2017) 内 0724 民初 868 号案件中，受伤学生与同学在上体育课踢足球时，在抢球时受伤学生不慎被绊倒，法院认为因足球运动本身具有较强对抗性及人身危险性，出现人身伤害事件属于正当的危险后果，案涉伤害是属体育活动中的意外事故，当事方在踢足球过程中不存在主观故意，在进行足球课时，体育教师没有擅自离开岗位，履行了必要的安全教育职责，在学生受伤后，也尽到了管理的义务，在该事件中无过错，故学校不承担赔偿责任。(2016) 渝 0151 民初 1395 号案件中，受伤学生在体育课做俯卧撑后受伤，法院认为因在初中阶段的义务教学大纲中，并没有明确禁止学生做俯卧撑等力量性练习，教师系正常教学，其行为并无不当，学生受伤应属意外事件。但这种对学校责任的理性判断并不常见，如 (2017) 鄂 2827 民初 134 号案件中，法院仅以学生受伤发生在学校读书期间，学校就应当承担全部责任，这种认定已脱离了法律适用的基本规则，仅凭生活经验判定责任的情况，超出了法律规定的责任范围，大大加重了学校责任，正是如此轻易的裁判，让学校逐渐走向故步自封，最终损害的仍是学生的身体素质。因此，在体育活动伤害事故中，法院适用法律在判定学校是否履行教育、管理职责时应当充分考虑到体育活动自身极易产生伤害后果的危险特性，即使学校确实存在职责缺失，也应有所区别，不应将全部或者主要责任强加于学校身上。

第七章

中小学校园安全事故纠纷解决机制

学校安全事故纠纷是在中小学校负有教育、管理责任的时间和空间范围内，由于发生学校安全事故而引起的学校、教师、学生和学生家长等相关教育主体之间的权利冲突和矛盾纷争。纠纷解决机制是一个社会为解决纠纷而建立的由规则、制度、机构（组织）及活动构成的系统。[①]中小学校园安全事故纠纷解决机制主要包括学校安全事故纠纷多元化法律救济机制和学校安全事故侵权损害赔偿责任分担机制构成，前者主要是回答学校安全事故纠纷发生后，可以采取哪些非诉讼救济途径化解纠纷；后者主要是回答学校安全事故纠纷发生后，如何通过将侵权损害赔偿责任进行社会化分担，合理降低学校、受害学生及其监护人的损失，最终达到化解纠纷的目的。不断健全和完善中小学校园安全事故纠纷解决与法律解决机制，为处理好、解决好相关教育纠纷提供路径保障和机制支撑，不仅关系到学校师生合法权益的保障和学校正常教育教学秩序的维护，还关系到教育公平的实现和社会关系的稳定。

第一节　校园安全事故纠纷解决机制现状与反思

学校安全事故纠纷多元化法律救济机制是在学校安全事故纠纷解决过程中，“各种纠纷解决方式和法律救济途径以其特定的作用和特征，协调并存、形成互补，从而达到满足纠纷当事人不同需要的程序体系和动态的调整系统”。[②]随着

① 康宝奇、杜豫苏:《当前中国多元化纠纷解决机制的冷与热》，载《人民司法》2008 年第 1 期。
② 周刘波:《教育纠纷的多元化解决机制构建问题研究》，载《现代中小学教育》2015 年第 6 期。

教育改革的不断深化和社会公众权利意识的高涨，各类教育主体的利益冲突日益复杂，学校与学生之间由于发生校园安全事故而引发的纠纷尤其显著，这也将学校安全事故纠纷多元化法律救济机制的优化置于依法治教和依法治校的重要环节。

一、校园安全事故纠纷解决机制现状

选择和使用不同的纠纷解决机制，往往会“因纠纷主体的不同，在纠纷解决程序、解决结果、反映意志等方面形成不同类型的纠纷解决方式”。①根据中小学各教育主体的法律关系和学校安全事故纠纷的性质，在我国现行法律框架下，学校安全事故纠纷法律救济机制主要包括当事人协商、教育申诉（校内申诉和教育行政申诉）、调解（教育行政调解和人民调解）、民事诉讼等途径和方式。详见图 7–1。

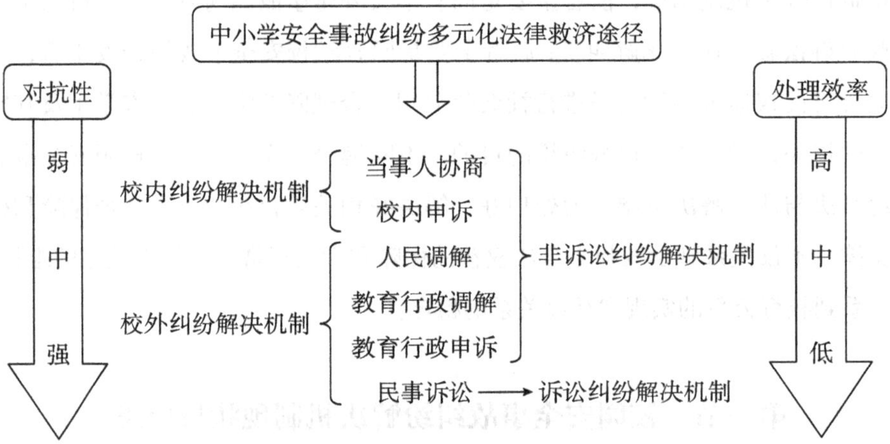

图 7–1　中小学校园安全事故纠纷法律救济机制

（一）当事人协商

当事人协商作为一种独立的纠纷解决方式，以没有第三方强制干预为基本表征，是指在发生学校安全事故后，事故各方当事人对事故处理和事故责任承

---

① 孙彩虹：《社会转型期我国民事纠纷解决机制研究》，中国政法大学出版社 2016 年版，第 81 页。

担等问题进行商讨，以及对发生分歧的意见进行协调、商谈并以达成解纷合意为目的化解纷争的一系列行为和活动。根据《学生伤害事故处理办法》第18条的规定，发生学生伤害事故，学校与受伤害学生或者学生家长可以通过协商方式解决。通过当事人协商解决学校安全事故纠纷，应当兼顾当事人意思自治原则和合法性原则。当事人意思自治原则强调学校安全事故纠纷是否通过协商解决、采取哪种方式或途径协商解决、协商解决的程序、内容和结果等，都应当在当事人意思自治的基础上进行，以当事人自愿为前提。合法性原则要求当事人协商解决学校安全事故纠纷必须尊重事实并根据法律的规定确定事故责任和赔偿形式与内容。

（二）教育申诉：校内申诉与教育行政申诉

教育申诉是指学生、教师等教育主体在其合法权益受到损害时，依法向学校或教育行政部门申诉理由，请求处理或者重新处理的制度。根据申诉受理机构的不同，可以分为校内申诉和教育行政申诉。教育申诉制度作为解决中小学校园安全事故纠纷的法律救济途径，是法律法规明确予以规范和确认的法定制度。我国《教育法》第42条明确规定，学生依法享有对学校给予处分不服向有关部门提出申诉，对学校、教师侵犯其人身权、财产权等合法权益，提出申诉或者依法提起诉讼的权利。

（三）调解：教育行政调解与人民调解

调解通常是指在“在第三方主持下，以国家法律法规、政策以及社会公德为依据，对纠纷双方进行斡旋、劝说，促使他们互相谅解，进行协商，自愿达成协议，消除纷争的活动”。[①] 中小学校园安全事故纠纷调解制度是指“在学校安全事故发生后，学校、受伤害学生及其监护人、应承担责任的其他人、有利害关系的第三人（如体罚学生的教职员工）等请求有关调解机构或者调解组织

---

① 李晓燕主编：《学生权利和义务问题研究》，华中师范大学出版社2008年版，第245页。

通过调解方式，解决学校安全事故赔偿等相关问题的法律制度”。[①]根据现行法律法规，我国学生安全事故纠纷调解制度主要包括教育行政调解和人民调解两种。《学生伤害事故处理办法》第18条至第21条规定了教育行政调解制度，受理学生伤害事故当事人调解申请的主体是教育行政部门。《人民调解法》将人民调解制度确定为及时解决民间纠纷的合法途径，而学校安全事故纠纷是民间纠纷的一种，当然可以通过人民调解制度进行纠纷解决。人民调解制度中受理学校安全事故纠纷当事人调解申请的主体是人民调解组织。

（四）民事诉讼

诉讼作为学校安全事故纠纷解决的最后一种方式，实践中通常呈现为民事诉讼的基本形式。民事诉讼是指“法院、当事人和其他诉讼参加人，在审理民事案件的过程中进行的各种诉讼活动，以及由这些活动产生的各种诉讼关系的总和”。而相关当事人依法提起民事诉讼的权利贯穿于学生伤害事故纠纷解决过程的始终。[②]根据《学生伤害事故处理办法》第18条、第20条和第21条的规定，首先，发生学生伤害事故后，成年学生或者未成年学生及其监护人可以依法直接提起诉讼；其次，学生伤害事故各方当事人有权在调解过程中自行起诉；最后，即使已经调解结束并达成调解协议，但是在一方当事人不履行调解协议或者反悔的情况下，另一方当事人有权依法进行起诉。

二、校园安全事故纠纷解决机制的不足

中小学安全事故纠纷解决的诉讼救济制度相对比较完善，非诉讼纠纷解决机制在一定程度上缺乏明确、具体、可操作性的法律制度支撑。所谓非诉讼纠纷解决机制也称为替代性纠纷解决机制，从广义上理解就是指诉讼制度以外的一切非诉讼纠纷解决程序或机制的总称。[③]结合前文对于学校安全事故纠纷法律救济机制的梳理，中小学校园安全事故纠纷非诉讼纠纷解决机制主要包括当事人协商、

---

① 方益权、尹晓敏等：《中国学校安全立法研究》，中国社会科学出版社2013年版，第316页。

② 余雅风编：《学生权利概论》，北京师范大学出版社2009年版，第342-343页。

③ 范愉：《非诉讼纠纷解决机制研究》，中国人民大学出版社2000年版，第10页。

教育申诉（校内申诉、教育行政申诉）和调解（教育行政调解和人民调解）。

（一）校内申诉制度普遍缺失

校内申诉制度是中小学师生合法权益保障与救济的制度基础和重要途径。我国《教育法》第 43 条第 4 项规定，受教育者对学校给予的处分不服，有权向有关部门提出申诉，对学校、教师侵犯其人身权、财产权等合法权益，有权提出申诉或者依法提起诉讼。立法的明确规定为建立健全中小学学生校内申诉制度提供了政策保障和法治基础，但由于法律内容的宏观性和立法的原则性，也只是为中小学学生校内申诉制度提供了实体法支撑，对于学生校内申诉制度的具体内容并不涉及。学生校内申诉的受理机构及其成员构成、申诉事由与申诉时效、申诉处理程序等，恰恰是中小学校探索构建校内申诉制度以化解教育纠纷的关键性问题和操作难点。

（二）教育行政调解制度立法模糊

在我国现行教育法律法规中，涉及教育行政调解的法律法规乃至法规条文少之又少，仅在《学生伤害事故处理办法》的第 18 条、第 19 条和第 20 条有所提及。根据以上三个条款，教育行政调解的调解范围仅限于学校安全事故纠纷，调解主体是学校的主管教育行政部门，申请调解的主体必须是学校与受伤害学生或未成年受伤害学生监护人，申请调解的程序是双方自愿书面申请，调解时限为 60 天，调解因诉讼终止，调解结果以调解协议呈现且不具有强制执行力。《学生伤害事故处理办法》的以上规定虽然涉及了教育行政调解制度运行的部分内容，但在教育行政调解实体和程序方面仍存在一定不足。如书面调解申请具体由主管教育行政机关的哪一部门或组成机构受理？调解成员如何构成？受理机构组织开展行政调解的具体规则和调解程序是什么？调解过程如何监督？当事人在调解中享有哪些权利承担何种义务？行政调解协议的执行效力如何保证？由于立法对于教育行政调解制度规定的不完善，导致实践中教育行政调解制度在学校安全事故纠纷解决中的功能性不高、区域差异较大。

（三）人民调解工作机制不健全

人民调解，是指通过人民调解委员会的说服、疏导等方法，促使当事人在平等协商基础上自愿达成调解协议，解决民间纠纷活动。中小学安全事故纠纷解决的人民调解工作机制，就是在人民调解工作机制的基础上，充分考量教育纠纷的特殊性而确立的一种专门领域的调解机制，其必须建构在法定的人民调解功能与程序的基础之上。当前，中小学安全事故纠纷人民调解工作机制的不足主要体现在：一是教育纠纷人民调解缺少专门的调解组织建立制度，调解人员专业性不高且人数不稳定；二是缺少规范化的操作程序制度，纠纷调解程序随意性较大；三是调解缺少经费保障制度支撑；四是调解结果权威性和认可度低。

（四）行政申诉制度有待完善

教育行政申诉权是学生和教师享有的法定权利，教育行政申诉制度也是解决教育纠纷的法定途径之一。根据《教育法》第 43 条第 4 项的规定，受教育者对学校给予的处分不服的，有权向有关部门提出申诉；对学校、教师侵犯其人身权、财产权等合法权益，有权提出申诉或者依法提起诉讼。《教育法》对教育行政申诉制度的规定过于宏观，可操作性不强。虽然《普通高等学校学生管理规定》在第六章专章规定了学生校内申诉制度和学生教育行政申诉制度，但该规定的适用范围仅限普通高等学校、承担研究生教育任务的科学研究机构对接受普通高等学历教育的研究生和本科、专科（高职）学生（以下称学生）的管理。实践中，中小学生教育行政申诉制度可以参照该规定，但不能当然适用该规定。而且，《普通高等学校学生管理规定》对高等学校学生申诉制度的申诉主体、受理机构、处理结果、主要程序等作了基本规定，其内容相对原则和笼统，实践中高等学校学生申诉制度的具体实施程序和细节内容还有赖于各地方教育行政部门、高等学校自行制定和执行。总的来说，目前立法仅确认了中小学教师和学生的教育申诉权利，但该权利具体如何行使、如何保障，教育申诉制度如何运行等内容并不明确。

三、校园安全事故纠纷化解机制的优化

“任何法律制度和司法实践的根本目的都不应当是为了确立一种权威化的思想，而是为了解决实际问题，调整社会关系，使各种关系比较协调，达到一种制度上的正义”。[①]从这个角度看，“社会纠纷的解决应当从纠纷各方的对抗对决走向对话协商、从单一价值走向多元化、从胜负决斗走向争取双赢”。[②]因此，中小学安全事故纠纷多元化法律解决机制的构建和完善，其核心目的是解决纠纷的同时维护生校、师校、师生等教育主体间和谐、融洽、亲密的学习和工作关系。

（一）健全和完善校内协商制度

建立健全中小学安全事故纠纷解决的校内协商制度，增加和疏通教师和学生在尊重学校办学自主权的基础上，在学校内部寻求权利救济的渠道，将教育纠纷和矛盾在学校教育系统内部消解掉。不仅有利于完善学校内部监督机制和纠错机制，还能够最大限度地维护和恢复教师与学校、学生与学校之间相对和谐的学习、工作关系。

校内协商制度主要是通过纠纷双方（学校与学生、学校与教师）的友好沟通和平等谈判，最终对纠纷处理结果达成合意的一种活动。校内协商作为一种学校内部组织的、对抗性弱、相对柔和并且程序灵活的教育纠纷解决方式，通常是学校和学生家长解决学生伤害纠纷的首要选择。

中小学校要建立健全纠纷解决的校内协商制度，一是要按照纠纷的不同特点，遵循及时、高效的原则将其纳入校内协商制度中去解决，从程序上可以将纠纷解决的校内协商制度作为校内申诉制度的前置程序。二是根据学校办学实际，明确校内协商的具体办事机构或组织，并科学配置协商成员。如有必要且条件允许，中小学校可以成立相应的校内教育纠纷调解委员会或者校内纠纷解

---

① 苏力：《法治及其本土资源》，中国政法大学出版社2004年版，第29页。
② 范愉主编：《ADR原理与实务》，厦门大学出版社2002年版，第7-8页。

决协商组织。[①]学校纠纷解决协商主体的明确有利于提高纠纷解决的针对性和纠纷解决的效率。三是重视发挥家长委员会制度、学校法律顾问制度对校内协商的积极作用。

（二）推动校内申诉与行政申诉的法治衔接

申诉制度是中小学推进依法治校工作深入开展，健全学校教师、学生权利保障与救济机制的重要途径，包括校内申诉制度和教育行政申诉制度两种。应从申诉主体、申诉程序、主体权利保障、申诉受理范围等方面优化和完善中小学校内申诉制度。

第一，关于申诉主体。首先，对于申诉人，通常是权利受到损害的中小学生，未成年学生应由其监护人代理实施申诉行为。其次，对于申诉受理组织，校内申诉受理机构应是相对独立的申诉处理组织，如学生申诉处理委员会；教育行政申诉的受理机构是教育行政机构，机构内部负责具体申诉事务的内设部门通常是法制部门，申诉受理后，应当组织成立专门的申诉处理委员会。最后，申诉处理组织的成员构成应具有专业性、中立性、代表性和权威性。校内申诉处理委员会成员应包括学校行政主管人员代表、申诉人所在群体代表（如教代会代表、家委会代表、学生代表）、学校法律顾问或相关法治工作人员等，且代表人数构成应科学合理。教育行政申诉中的申诉处理委员会成员应包括教育专家、法律专家、申诉受理机关工作人员等。

第二，关于申诉程序。首先，申诉处理程序应包括提出申诉、受理申诉、审查申诉内容、作出申诉处理结果、告知或送达申诉当事人等环节，且每个环节应有明确的时限要求以及明确超出时限的后果等。其次，申诉处理程序和规则应当符合正当程序原则，充分保证当事人的知情权、抗辩权等合法权益。在申诉处理过程中，应当建立并积极运用回避制度、听证制度，答辩制度、代理人制度、书面告知制度等，保证申诉处理程序的合法、合规、公开、公正。

第三，关于申诉受理范围。学生校内申诉制度的受理范围应当包括受到学

① 李祥：《试论中小学校内纠纷解决机制的依法构建》，载《现代中小学教育》2014年第5期。

校处分，人身权、财产权受到侵害等情况。“这里的处分主要是指学校给予的警告、严重警告、记过、留校察看等。学校可以根据实际情况进一步细化可受理的申诉，如教师纪律管理和处理不当、违纪处理不当、教师没收私人物品等。”①教育行政申诉的受理范围应符合《教育法》等法律法规的规定。

（三）畅通人民调解制度化解纠纷的法治渠道

首先，关于调解主体。一方面，学校安全事故纠纷人民调解制度的受理组织应当是中小学所在地的街道、乡镇人民调解组织。学校所在区、县的人民调解组织负责统筹协调相关工作，同级区、县教育行政部门和司法行政部门应当协调指导涉校纠纷人民调解工作的具体开展。另一方面，人民调解员的构成应当兼具专业性、教育性和稳定性，调解员中应有一定比例的律师、在职或退休教师等，同时应“健全人民调解员的职业保障，定期组织人民调解员参加专业培训，并注重对突出调解案例的总结、提炼和应用”。②

其次，关于调解程序。调解的申请应是当事人自愿申请，一般采取书面形式。调解时限应当明确具体，一般以调解机构收到调解申请之日起计算时间。在调解过程中，学校安全事故纠纷若涉及学生人身伤害保险理赔或校方责任险理赔事项的，人民调解组织应当书面通知相关保险公司作为有利害关系的第三人参加调解。

最后，关于调解协议。一方面，纠纷调解达成合意的，应当及时制作书面调解协议。调解协议能及时履行且各方当事人均认可无须制作书面调解协议的，可以达成口头调解协议，人民调解员应当备案并记录协议内容。另一方面，根据《最高人民法院关于人民调解协议司法确认程序的若干规定》，调解协议的司法确认时限应当明确具体；调解协议中的赔偿金额达到一定数额的，人民调解员有义务引导各方当事人调解委员会所在地的人民法院或其派出法庭申请司法确认。此外，书面调解协议符合法律法规规定和保险合同约定的，应当可以作为

---

① 许江晖：《“无救济则无权利”中小学学生申诉制度探索》，载《上海教育》2016 年第 4 期。

② 杨瑜：《完善教育纠纷的人民调解员队伍建设》，载《智富时代》2016 年第 4 期。

保险公司理赔的依据。保险公司可根据保险合同和相关法律法规重新核定金额后进行理赔。

（四）大调解机制下推进教育行政调解主体专业化和独立化

教育行政机关依法调解学生伤害纠纷，在一定程度上增加了纠纷解决的权威性、公信力和执行力，是中小学校和学生家长首要选择的校外纠纷解决途径。教育行政调解主体专业化移转就是将学校安全事故教育行政调解的主体由教育行政部门移转至独立的第三方调解组织。如广东省单独设立学校安全事故调解委员会，由教育行政部门的法制工作部门管理，并出台相应的部门规章或地方规范性文件对此项工作机制予以政策保障[①]。太原市则是将人民调解制度和教育行政调解制度有效衔接，单独设立学校安全事故人民调解委员会，由市级教育行政部门和市级法律援助中心负责管理具体事务。[②]为了提高学校安全事故纠纷调解制度的专业性和权威性，有必要确立区域性、地方性的学校安全事故纠纷第三方调解机制。

第二节　校园安全事故纠纷校内协商解决机制

基于“没有准确的概念，明晰的思想和文字也就无从谈起”[③]之考虑，在探讨如何构建和优化学校安全事故纠纷校内协商制度之前，应当对其概念进行辨析和界定。学校安全事故当事人协商制度，是指发生学校安全事故后，当事人双方或多方（如学校、受伤害学生及其监护人、应承担责任的其他人等）在非由第三方主导的情况下，针对学生伤害事故赔偿的赔偿方式、赔偿金额、支付方式和期限等一系列问题，在自愿、平等、互相尊重的基础上，通过协商达成

---

① 详见《广东省教育厅学生伤害事故处理办法实施细则》。

② 《我市成立学生伤害事故调解委员会》，资料来源于搜狐新闻网，最后访问时间2019年1月2日。

③ ［德］沃尔夫冈·布列钦卡：《教育科学的基本概念分析、批判和建议》，胡劲松译，华东师范大学出版社2003年版，第11页。

协议的纠纷解决方式。[①]

一、构建校内协商解决机制的必要性与可行性

中小学校园安全事故纠纷校内协商解决机制是指中小学校确立的为当事人处理、化解和解决学校安全事故纠纷的协商方式、协商程序、协商要求等途径和制度的总和。校内协商可以分为单纯的当事人之间的协商和有第三者促成的协商，这里的第三者并非以权威的调解者身份出现，通常只是起到协助作用或者作为一方当事人的代理人出现。[②]

（一）中小学依法治校的必然要求

首先，构建校内协商解决机制是学校妥善处理学生伤害事故的法定途径。根据《学生伤害事故处理办法》第18条的规定："发生学生伤害事故，学校与受伤害学生或者学生家长可以通过协商方式解决。"北京市、上海市、浙江省等地出台的相关学生伤害事故处理的地方性法规和规范性文件中，也明确了当事人协商解决是学生伤害事故处理的法定途径之一。

其次，健全学校安全事故纠纷校内协商解决机制是中小学依法治校工作的必然要求。《全面推进依法治校实施纲要》提出，中小学校在日常办学过程中应当把法治作为解决校内矛盾纠纷和冲突的基本方式，建立并综合运用信访、调解、申诉、仲裁等各种争议解决机制，依法妥善、便捷地处理学校内部各种利益纠纷。以该纲要为上位法依据，我国部分省、市相继出台了地方性中小学依法治校指导意见或评估指标体系等规范性文件，用以指导和规范本行政区域内中小学推进实施依法治校工作的有序开展。其中，江苏省、四川省、成都市、上海市、天津市[③]出台的中小学依法治校评估标准等文件均将学校依法依规及时

---

① 吕芳、王航英：《学生伤害索赔技巧和赔偿计算标准》，法律出版社2015年版，第51页。

② 范愉：《非诉讼纠纷解决机制研究》，中国人民大学出版社2000年版，第168–169页。

③ 相应的文件分别为：《江苏省中小学依法治校示范校评估指标体系》《四川省中小学校依法治校示范学校评估指标体系》《成都市中小学校依法治校评价指标体系》《上海市中小学校依法治校创建指标体系》《天津市中小学依法治校示范校标准》。

妥善处理学生伤害事故或建立校内纠纷解决机制列为独立的评估指标。

最后，构建学校安全事故纠纷校内协商解决机制是中小学校章程有效实施的必要环节。章程是中小学校基于法定的职责和权限而对学校重大问题作出规定的纲领性文件，是学校依法自主办学和实施管理的基本准则。如果说章程的依法制定是推进中小学依法治校的重要抓手和关键环节，那么章程的全面、高效、有序实施就是中小学依法治校得以真正落实的核心路径。中小学章程实施的要求之一就是以学校章程为依据和“母法”，做好校内各项制度的制定、修改和废止系列工作。制定校内纠纷解决机制是健全学校校内规章制度的内容，也是保障教师、学生以及学校合法权益的重要措施。

（二）保障当事人私力救济权利的有效渠道

发生学校安全事故后，基于私法自治的基本法理原则，当事人各方享有依法自主维权、化解纠纷等私力救济权利。所谓当事人私力救济，是指“当事人认为权利遭受侵害，在没有第三方以中立名义介入纠纷解决的情形下，不通过国家机关和法定程序，而依靠自身和私人力量，解决纠纷，实现权利”。[①] 根据纠纷解决的方式不同，当事人私力救济可以分为当事人单方自决与当事人双方和解两种形式。当事人单方自决强调一方当事人凭借自己的力量强行使对方当事人服从其对于纠纷解决的单方决定；当事人双方和解是指纠纷双方主体在纠纷解决过程中相互协商、妥协和让步，最终对于纠纷解决达成合意。

构建学校安全事故纠纷校内协商解决机制，明确学校处理校园安全事故及其纠纷的组织机构、协商人员、协商程序等内容，可以为学校安全事故当事人之间进行平等协商化解纠纷与矛盾并最终达成和解提供有效的沟通渠道，为保障和实现当事人通过自主协商解决纠纷的权利提供了机会和可能。

（三）契合教育制度伦理的价值取向

基于教育关系对于学生及其家长、教师、学校等相关主体相互之间长期保

---

① 徐昕：《论私力救济》，中国政法大学出版社2005年版，第102页。

持相互友好、和谐关系的伦理要求与特点，在学校安全事故处理过程中，各方当事人对于纠纷处理程序和纠纷处理结果都有其特殊性要求。学校安全事故纠纷主体“有自身的特殊性以及相互关系的紧密型与持续性，中小学校作为儿童和青少年学习、成长的主要场所，学校与学生及其家长往往需要保持长期的紧密、友好关系，当事人希望纠纷的解决不至于导致和谐关系的破裂”。①

通过协商途径解决纠纷，其肯定性的结果就是双方当事人就纠纷解决达成和解协议。和解“往往不会伤害纠纷主体之间的感情，能够维持纠纷主体之间原有的关系。和解不仅使社会矛盾在形式上、行为上，而且在心理上、情感上都能够得到消解。和解一般是化解社会冲突震荡最小、成本最低的解决方式”。②因此，通过构建学校安全事故纠纷校内协商解决机制，可以为纠纷当事人之间通过平等协商、和谐谈判达成和解协议提供平台和契机，更加契合教育纠纷解决制度政策伦理的价值取向。

（四）协商解决纠纷是学校安全事故当事人的首要选择

关于主体选择纠纷解决方式的研究表明，协商解决纠纷通常是当事人自主独立解决纠纷的首要选择。美国学者埃尔曼（Elman）将纠纷解决方式及其主体选择顺序概括为两类，“一是冲突的当事人通过协商自行确定后果，这并不排除作为调解人的第三人介入；二是将冲突交付裁决，这意味着由一位理想的不偏不倚的第三人来作出裁决；两种方式有时交叉”。③布莱克（Blake）的观点与此相近，他认为“人在因受到不公正待遇而产生不满情绪时，常常选择以下方式解决冲突问题：自我帮助、逃避、协商、通过第三人解决纠纷、忍让”。④

为了从实证研究方面了解学校安全事故纠纷主体对于纠纷解决方式的选择和诉求，笔者以天津市中小学校和学生家长作为调查对象，分别对天津市 84

---

① 阮李全：《中小学教育纠纷解决机制探析》，载《教学与管理》2008 年第 11 期。

② 孙彩虹：《社会转型期我国民事纠纷解决机制研究》，中国政法大学出版社 2016 年版，第 100 页。

③ [美] 埃尔曼：《比较法律文化》，贺卫方、高鸿钧译，清华大学出版社 2002 年版，第 132 页。

④ [美] 唐·布莱克：《社会学视野中的司法》，郭星华等译，法律出版社 2002 年版，第 81-82 页。

所样本中小学校和80位学生家长进行了问卷调查和抽样访谈。调查结果显示，92.8%的学校和90.79%的家长对于处理学校安全事故纠纷的首要选择均是“双方协商”。

二、校内协商解决机制的运行模式

学校安全事故纠纷校内协商解决机制的构建，就是要以现行法律法规和学校章程规定为依据，将纠纷解决实体设置和运行程序有机结合，构建起合法、便捷、高效、规范、合理的解决学生伤害纠纷的规范体系。

（一）健全组织机构，构建学校多元灵活的协商模式

学校可以设立专门性、独立性校园安全事故纠纷处理机构，如学校安全事故纠纷协商委员会或者学校安全事故纠纷协商小组，并确立学校安全事故纠纷信访与协商联动机制，学校信访部门接待、接收的学校安全事故纠纷案件可以直接移交至该专门协商机构。首先，学校安全事故纠纷校内协商组织的成员构成应当多元化，包括学校、教师、学生、学生家长等不同教育主体的成员代表，学校方面的协商组织成员应当包括校长、书记、主管德育的副校长等成员；其次，校内纠纷协商组织在具体纠纷解决过程中应当充分发挥教职工代表大会、家长委员会和学校法律顾问在处理纠纷中的作用；最后，根据纠纷的程度、类型和主体的不同，学校纠纷协商组织可以自主确定代表学校参与纠纷协商的人员，“涉及第三方介入时，应选择具有较高法律素养、道德品质的教师、专业人士参与”，[①] 提高校内协商机构及其协商结果的当事人认可度和可执行性。

（二）明晰工作制度，确立以权利保障为核心的协商程序

当事人私下协商可能会因为纠纷当事人之间存在愤怒、敌意等情绪性障碍因素而使双方的沟通、交涉和谈判陷入僵局，而合法、科学、公平、公正的解纷程序及其有序运行，能够在制度设计层面化解和弥补当事人协商制度的“先

① 李祥：《试论中小学校内纠纷解决机制的依法构建》，载《现代中小学教育》2014年第5期。

天不足”。

校内协商制度要切实保障当事人在协商解决纠纷过程中的参与权、知情权、表达权、陈述权等基本的程序性权利，以及在协商过程中各方当事人可以聘请代理人、律师等专业人员参加协商的权利；另外，学校应根据其是否作为纠纷主体参与协商程序而确立不同的协商策略。通常情况下，学校作为校园安全事故纠纷主体参与协商，应当将《侵权责任法》中关于学校侵权责任的规定和当前司法实践中学校承担侵权责任的总体情况综合考量，在此基础上确定己方的协商策略和赔偿责任底线；个别情况下，如果学校不是安全事故纠纷主体（如第三方侵权导致的学生伤害事故），学校可以根据纠纷的实际情况，主动请求并经过纠纷主体同意或者根据纠纷主体的要求而作为无利害关系的第三方见证人参加到协商过程中。

学校安全事故纠纷校内协商制度应当保障各方当事人对于纠纷处理结果的二次选择权，对难于在校内完全解决的纠纷，学校应当按照法定程序，及时告知纠纷当事人并经各方当事人同意，提交教育行政机关、仲裁机构、人民调解组织依法调解或仲裁，学校可以直接提起诉讼解决争议。与此同时，各方当事人不得在随后的调解、仲裁或者审判程序中将协商过程中制作的记录、当事人为达成和解协议而作出的让步或承诺、当事人发表的任何意见或建议等作为证据提供。[①]

（三）重视过程管理，明确程序性和具体化的协商记录要求

首先，在协商过程中，只要学校参与或列席了纠纷协商过程，学校应当就协商具体情况，如协商时间、地点、协商参与人员、协商内容、协商阶段性成果等有详细记录。条件允许的，应当对协商情况进行录像留存影像资料。协商情况记录可以为学校校内纠纷解决机制的完善积累经验，为学校总结形成多元化纠纷解决机制提供素材和基础。

其次，学校作为当事人参加协商程序的，协商成功后应当制作书面的协商

---

① 常怡主编：《中国调解制度》，法律出版社 2013 年版，第 57–58 页。

和解协议书。和解协议书的内容包括：各方当事人的基本情况（姓名、性别、身份证号、联系方式等），学校安全事故的“发生原因和发生、发展过程，事故的损害情况，对事故各方当事人的责任认定，协商确定的赔偿方式、数额，协议的约束力，协议的生效时间等，并由各方当事人在协议书上签名、盖章。如果受伤害学生是未成年人，其监护人有多人的（如父亲和母亲），该多位监护人和受伤害学生本人都应当作为协商当事人一方，在协议上签名、盖章”。[①]

最后，学校作为第三方见证人参加协商程序时，实践中和解协议当事人尤其是学生家长往往会请求学校作为第三方见证人对和解协议出具见证证明或者作为见证人在和解协议中签字盖章。此种情况下，学校作为无利害关系的第三方见证人通常对和解协议的签订和达成进行形式见证，只见证和解协议签订的过程，不见证和解协议的内容是否合法，也不见证协议双方当事人的意思表示是否真实。此种情况下，学校出具的见证证明的基本内容通常表述为：协议双方所有当事人的身份信息（学生及其父母的姓名、身份证号）于某年某月某日在某地签订某某协议一份，双方在某某协议上的签字为双方亲笔所签，手印为本人亲自所捺。

三、校内协商解决机制有效运行的建议

任何一项制度或者规范的有效实施或运行都需要主体、程序、效果等不同层面和不同角度的价值追求和伦理取向。校内协商机制作为中小学校依法解决学校安全事故纠纷的校内制度规范，从主体角度应当遵循当事人自愿原则，从程序角度应当遵循合理合法原则，从效果角度应当做好督查回访与责任追究等工作。

（一）当事人自愿原则应贯穿校内协商机制的运行始终

当事人自愿原则强调必须是学校安全事故各方当事人自愿同意通过协商方式解决纠纷，而且当事人可以自愿选择和确定以何种方式进行协商、对纠纷的哪些内容进行协商以及协商处理结果的具体内容。

根据当事人自愿原则，在纠纷协商解决过程中，任何一方当事人都不能以欺

---

① 方益权、尹晓敏：《中国学校安全立法研究》，中国社会科学出版社 2013 年版，第 316 页。

诈、胁迫、乘人之危等不当方式使对方当事人接受某一纠纷解决方案或条件，否则将承担相应的法律责任和不利后果。一方面，根据《合同法》第54条的规定，对于一方当事人以欺诈、胁迫等手段或者乘人之危，使对方当事人在违背真实意思的情况下达成的“和解协议”，受损害方有权请求人民法院变更或者撤销“和解协议”。此外，如果“和解协议”的一方当事人能够证明其签订“和解协议”是由于重大误解或者在订立合同时显失公平的，可以依法请求人民法院对该“和解协议”变更或撤销。另一方面，根据《学生伤害事故处理办法》第36条和《治安管理处罚条例》第19条的规定，在学校作为伤害事故责任主体参与纠纷协商过程中，如果事故对方当事人及其亲属或者其他相关人员，在协商解决纠纷过程中无理取闹，扰乱学校正常的教育教学秩序，或者侵犯学校、学校教职工或者其他工作人员的合法权益的，学校应当报告公安机关依法处理；造成损失的，可以依法要求赔偿。公安机关接到报警后，应当及时制止扰乱学校正常教育教学秩序或者侵犯学校、教职工合法权益的行为，并进一步调查事故原因和造成损失的具体情况。

（二）合法合理是校内协商机制运行的基本要求

纠纷处置的合法性原则是法治社会的基本规则要求。在学校安全事故纠纷校内协商解决机制的构建和运行中，合法合理原则强调在协商解决纠纷过程中要做到以事实为依据，以法律为准绳，解纷程序灵活自主，解纷结果合法合理，

一方面，协商解决纠纷程序的合法与合理要求当事人确定的纠纷解决方式或途径不能违反法律的禁止性规定，符合法治社会公序良俗的基本要求。通常情况下，发生学生伤害事故后，各方当事人会根据《侵权责任法》《学生伤害事故处理办法》等法律法规的规定，对己方依法享有的权利和应承担的责任进行理性分析，并以此为基础确定己方在后续纠纷解决过程中可以采取的不同解纷策略和最优化的纠纷解决方式或途径。另一方面，参照《最高人民法院关于建立健全诉讼与非诉讼相衔接的矛盾纠纷解决机制的若干意见》第17条的规定，当事人协商解决纠纷结果的合法与合理是指当事人通过协商达成的和解协议的内容在不违反法律法规的强制性规定的前提下，可以参照行业管理、村规民约和当地善良风俗等行为规范而达成和解协议。

（三）督查回访与责任追究是校内协商机制有序运行的制度保障

在学校安全事故纠纷协商解决过程中，学校应当及时对造成安全事故的原因进行分析、整改，及时消除安全隐患，积极听取事故当事人的意见反馈，关注安全事故校内相关当事人（主要是学生和教师）的心理动态，如果相关当事人对于事故的处理结果不服或者不满意，学校应当及时进行开导与说服教育，从而从主体认知角度彻底化解纠纷，并从根源上避免同类事故的发生。

确立学校安全事故责任追究制度也是校内纠纷解决机制的主要内容。学校应当制定和落实学校安全工作责任制，校长是学校安全工作和安全事故纠纷解决的第一责任人，将学校安全事故的预防和处理纳入学校安全事故管理制度之中，对学校安全事故的类型和级别进行科学合理划分，并确定不同类型、级别的安全事故的具体责任追究主体和责任形式，从制度约束和责任承担角度避免学生伤害事故及其纠纷的发生。

第三节　学生伤害事故纠纷第三方调解机制

由于传统教育行政调解（即《学生伤害事故处理办法》规定的教育行政调解）在主体、程序和调解结果等方面可操作性有待加强，而人民调解在解决学校安全事故纠纷中的专业性和权威性不足，因此，有必要在法治框架内对传统调解制度进行创新和突破，构建一种与学生伤害纠纷解决需求相适应，能够兼具教育性和法律性，且综合诉讼与教育行政救济各自优势的新型调解制度，即区域性学生伤害纠纷第三方调解制度。学生伤害纠纷第三方调解制度，就是在现行教育行政调解制度的基础上，进一步优化纠纷调解的组织机构和运行模式，完善调解程序和监督保障措施，通过教育、司法等多部门有机联动，构建起区域性独立的第三方调解组织对学生伤害纠纷进行依法调解，最终化解矛盾、解决纠纷。

一、学生伤害事故纠纷第三方调解机制的实践基础

为了了解学生伤害纠纷第三方调解机制的实践基础，笔者分别采用了司法案例检索法、问卷调查法、访谈法等调查方法进行统计分析。

（一）学生伤害纠纷案件数量基数大且逐年递增

学生伤害纠纷案件数量基数大且呈现逐年递增的趋势，是构建学生伤害纠纷第三方调解机制不可忽略的现实基础。近年来为了间接了解学生伤害纠纷案件数量的变化情况，笔者以学生伤害纠纷诉讼裁判文书作为检索对象，以“威科先行法律信息库”为检索平台进行案例检索。为了避免出现检索数据不全面的情况，笔者将案件搜索范围设置为“裁判理由及依据”，将检索关键词分别确定为“《学生伤害事故处理办法》”“《侵权责任法》第 38 条”“《侵权责任法》第 39 条”和“《侵权责任法》第 40 条”[①]进行检索，总结出 2010 年至 2017 年我国学生伤害纠纷诉讼案件的数量变化趋势，详见图 7–2。

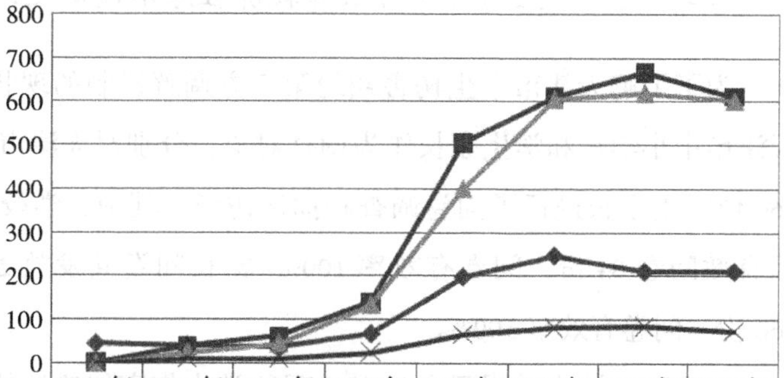

	2010年	2011年	2012年	2013年	2014年	2015年	2016年	2017年
《学生伤害事故处理办法》	46	42	38	69	199	249	212	212
《侵权责任法》第38条	1	40	62	140	506	614	669	614
《侵权责任法》第39条	0	26	46	135	401	607	621	603
《侵权责任法》第40条	0	11	11	26	66	82	85	75

图 7–2　2010 年至 2017 年学生伤害纠纷诉讼案件数量分类统计图[②]

---

① 司法实践中，根据受伤学生是否具备民事行为能力以及具备民事行为能力的程度不同，法院审理中小学、幼儿园学生伤害事故纠纷案件所引用和依据的规范性法律文件主要分为《学生伤害事故处理办法》、《侵权责任法》第 38 条、《侵权责任法》第 39 条、《侵权责任法》第 40 条。一般情况下，以上条款在一个裁判文书中不同时适用。

② 由于法院司法实践中只能适用已经生效实施的法律法规作为裁判依据，而《侵权责任法》于 2010 年的 7 月 1 日生效实施，受法律法规生效时间的限制，2010 年法院裁判文书中引用《侵权责任法》的案例数量较少甚至数量为零。

如图 7-2 所示，学生伤害纠纷诉讼案件数量在 2010 年至 2015 年呈现逐年快速增加的趋势，学生伤害纠纷往往具有较高的纠纷关联性、矛盾聚合性和社会敏感性，从而凸显了构建学生伤害事故多元化纠纷解决机制的急迫性和现实性。随着学生伤害纠纷的妥善处理和依法解决问题越来越受到关注，国家和部分省市相继出台了预防学生伤害事故以及学生伤害纠纷非诉讼调解制度的法规文件，相关政策措施的落地实施已经逐步取得实效，在一定程度上提高了通过非诉讼途径解决学生伤害纠纷的案件数量，从而降低了学生伤害纠纷诉讼案件的比重。图 7-2 中 2015 年至 2017 年学生伤害纠纷诉讼案件数量逐年缓慢递减，在一定程度上表明国家和地方关于学生伤害纠纷调解机制的探索初步取得一定效果。

（二）现行学生伤害纠纷法律救济程序不能满足纠纷解决需求

为了了解天津市学生伤害纠纷第三方调解机制的现状与主体诉求，笔者以天津市中小学校和学生家长作为调查对象，分别对天津市 84 所样本中小学校和 266 位学生家长进行了问卷调查和抽样访谈。其中，学校问卷共发放 84 份，收回有效问卷 84 份，问卷有效率 100%；家长问卷共发放 266 份，收回有效问卷 266 份，问卷有效率 100%。

一方面，调查结果显示，对于现行学生伤害纠纷法律救济程序，学校和家长的选择存在“诉求异化”。调查结果显示，如果协商不成，学校和家长在后续纠纷解决程序的选择上出现了“诉求异化”，73.81% 的学校协商不成后的纠纷解决程序选择的是“诉讼”，51.98% 的家长对于协商不成后的纠纷解决程序选择为“向教育行政部门寻求帮助”。详见表 7-1。

表 7-1　学生伤害纠纷法律救济程序的主体诉求

题目	选项	学校问卷		家长问卷	
		频数	百分比	频数	百分比
双方协商不成后，更倾向于采取哪种方式解决纠纷？	协商不成时，己方妥协解决	45	53.57%	41	16.27%
	协商不成时，向教育行政部门寻求帮助	58	69.05%	131	51.98%

续表

题目	选项	学校问卷		家长问卷	
		频数	百分比	频数	百分比
	协商不成时，向法院诉讼解决	62	73.81%	54	21.43%
	协商不成，寻求媒体舆论的支持和帮助			18	7.14%

另一方面，现行学生伤害纠纷解决机制不能完全满足实践需求。调查结果显示，民事诉讼和教育行政救济在学生伤害纠纷解决程序中均存在优势和不足。对于诉讼而言，10.71% 的学生家长认为通过诉讼解决纠纷的相对优势在于“法院判决生效后具有强制执行力”，其劣势往往在于司法资源的有限性和诉讼审理时间较长导致的纠纷解决效率低下，以及在诉讼过程中纠纷双方的强对抗性而可能破坏双方基于教育关系所需要保持的和谐、友好关系。对于教育行政救济的优势而言，38.89% 的学生家长认为通过教育行政部门解决纠纷的优势在于“教育行政部门的处理结果能够兼顾教育性和法律性”；教育行政救济的劣势在于，10.32% 的学生家长认为通过教育行政部门解决纠纷的不足在于“教育行政部门的公平性不能保证”，5.56% 的家长则认为“教育行政部门的专业性不够”。详见表 7-2。

表 7-2　民事诉讼与教育行政救济的优势与劣势的主体认知情况

题目	选项	家长问卷	
		频数	百分比
您向法院提起诉讼的主要考量原因是?	法院判决结果更加公正	25	9.92%
	法院判决生效后具有强制执行力	27	10.71%
	法院审理时间较短，效率更高	2	0.79%
您向教育行政部门寻求帮助的主要考量原因是?	教育行政部门的处理结果更加权威	17	6.7.5%
	教育行政部门的处理结果更加公正	20	7.94%
	教育行政部门的处理结果能够兼顾教育性和法律性	98	38.89%
	教育行政部门处理纠纷的效率较高	12	4.76%

续表

题目	选项	家长问卷	
		频数	百分比
您不向教育行政部门寻求帮助的原因是?	教育行政部门的专业性不够	14	5.56%
	教育行政部门的权威性不够	5	1.98%
	教育行政部门的效率不高	2	0.79%
	教育行政部门的公平性不能保证	26	10.32%

（三）构建学生伤害纠纷第三方调解机制的主体诉求明确

首先，学校和家长对于构建学生伤害纠纷第三方调解机构的认可度较高。调查结果显示，96.4% 的学校和 83.46% 的家长均希望由教育行政部门、司法行政部门牵头设立独立的第三方纠纷调解机构。结合访谈信息，大部分学校和家长均认为有必要通过构建地方性学生伤害纠纷第三方调解机制，将民事诉讼和教育行政救济解决学生伤害纠纷的优势有机融合，满足纠纷主体对于纠纷解决机构专业性、权威性、强制力、公平性、效率性、兼顾教育性与法律性等方面的需求。

其次，地方性学生伤害纠纷第三方调解组织的职能主要是围绕"定分止争"展开，具体包括"促进各方达成调解协议解决纠纷""督促各方自觉履行协议"和"对伤害事故的责任进行认定"三项职能。调查结果显示，98.81% 的学校和 71.8% 的家长认为地方性学生伤害纠纷调解组织的首要职能是"促进各方达成协议解决纠纷"，另外两项核心职能依次是"督促各方自觉履行调解协议"和"对学生伤害事故中的各方主体的责任进行依法划分"。详见表 7–3。

表 7–3　地方性学生伤害纠纷调解组织职能和作用的主体认知情况

题目	选项	学校问卷		家长问卷	
		频数	百分比	频数	百分比
如果成立专门的学生伤害事故调解委员会，您希望它的主要作用是什么?	对伤害事故的责任进行认定	79	94.05%	166	62.41%
	促进各方达成协议解决纠纷	83	98.81%	191	71.8%

续表

题目	选项	学校问卷		家长问卷	
		频数	百分比	频数	百分比
	督促各方自觉履行调解协议	80	95.24%	172	64.66%

最后，对于第三方调解机构的成员构成，由于学校和家长在纠纷解决中的立场不同，双方诉求差异较大。学校问卷中，选择比重较高的三类成员依次是教育管理部门人员、学校代表和学生家长代表，占比分别为100%、98.81%和98.81%；家长问卷中，选择比重较高的三类成员依次是医疗鉴定人员、学生家长代表和教育管理部门人员，占比分别为91.73%、89.85%和85.34%。结合访谈信息，大部分学校和家长认为学生伤害事故调解组织的成员构成还应包括公检法或人民调解委员会从业人员、法律专业人士如法学教授、优秀律师、公检法退休人员等，此外，纠纷当事人可以聘请律师作为代理人参与到调解程序中。

二、构建学生伤害事故纠纷第三方调解机制的意义

构建地方性学生伤害纠纷第三方调解机制，在国家、教育、学校等不同层面均有明确的政策依据和法治基础。

（一）学生伤害事故纠纷调解机制是国家多元化纠纷解决体系的组成部分

学生伤害纠纷作为社会矛盾纠纷在教育领域的主要体现，其纠纷化解机制应当纳入法治国家多元化矛盾纠纷解决机制之中。2014年发布的《中共中央关于全面推进依法治国若干重大问题的决定》从推进法治社会建设的高度，提出要建立多元化的纠纷解决机制，即“健全社会矛盾纠纷预防化解机制，完善调解、仲裁、行政裁决、行政复议、诉讼等有机衔接、相互协调的多元化纠纷解决机制。加强行业性、专业性人民调解组织建设，完善人民调解、行政调解、司法调解联动工作体系”。该规定为在教育领域构建具有专业性、行业性

的纠纷调解组织，将现行人民调解制度和教育行政调解制度有机融合，构建新型的学生伤害纠纷调解机制提供了宏观政策依据。此后，中共中央办公厅、国务院办公厅发布了《关于完善矛盾纠纷多元化解机制的意见》（中办发〔2015〕60号），提出要“坚持依法治理、完善制度，运用法治思维和法治方式化解各类矛盾纠纷；坚持以人为本、高效便民，把群众满意作为出发点和落脚点，为群众提供多元、便捷的矛盾纠纷解决方式；坚持三调联动、形成合力，鼓励通过先行调解等方式解决问题，完善人民调解、行政调解、司法调解衔接联动机制”。该规定进一步突出了调解在纠纷解决中的先行地位和制度优势，为实现人民调解与教育行政调解有机联动，创新学生伤害纠纷多元化法律救济途径夯实了政策基础。

（二）创新学生伤害事故纠纷调解机制是推动实施依法治教的必要环节

我国学生伤害纠纷行政调解制度的基本模式和运行程序是由《学生伤害事故处理办法》（教育部令12号）所基本确立的。根据该办法第18条至第22条，发生学生伤害事故后，学校与受伤害学生或者学生家长在双方自愿的基础上，可以书面请求主管教育行政部门进行调解。教育行政部门收到调解申请后对于是否组织开展行政调解具有一定的“自由裁量权”，对于有必要进行调解的，可以制定专门人员进行调解，并应当在受理申请之日起60日内完成调解。通过行政调解双方就事故处理达成一致意见的，应当签订调解协议。该办法第19条中教育行政部门“认为必要的，可以指定专门人员进行调解”的规定，为构建专业的第三方学生伤害纠纷调解机构奠定了法理性基础。

为了进一步健全学生伤害纠纷的依法解决，教育部于2015年颁布的《依法治教实施纲要（2016—2020年）》中明确提出，要“建立健全学生伤害事故调解制度，鼓励在市（地）或者县（区）设立由司法、教育部门牵头，公安、保监、财政、卫生等部门参加的学校学生伤害事故调解组织，吸纳具有较强专业知识和社会公信力、知名度，热心调解和教育事业的专业人员、家长代表等，组成调解委员会，发挥人民调解在学校学生伤害事故认定和赔偿中的作用”。该规定以国家部委规范性文件的立法形式初步确定了“行政推动、部门联动、各方协调、专门组织”的学生伤害纠纷调解机制的运行模式，通过强调专门调解组织的专业性和行业性，指出调解委员会的基本成员构成应当包括教育专业人员、法律专业人员和家长代表等，是对《学生伤害事故处理办法》确定的教育行政调解制度的优化和提升，为构建由地方教育行政部门牵头的学生伤害纠纷联动调解机制提供了法源性依据。

（三）创新学生伤害事故纠纷调解机制是学校安全风险防控体系的关键节点

一方面，学生伤害纠纷调解制度是学校安全管理工作的重要环节。笔者对我国13个省市[①]已发布的学校安全地方性法规文本进行系统分析发现，其中8个省市[②]的地方性法规中规定了学生伤害纠纷行政调解制度，其运行模式基本上是根据上位法《学生伤害事故处理办法》而确定，只在调解期限的规定有所区别，如辽宁省、邢台市规定教育行政调解的调解期限为受理后30日，邯郸市、呼和浩特市规定学生伤害纠纷教育行政调解的调解期限为受理后20日。

另一方面，学生伤害纠纷的合法、有效化解是学校安全风险防控工作的重要组成部分。《国务院办公厅关于加强中小学幼儿园安全风险防控体系建设的意见》（国办发〔2017〕35号）规定，要健全学校安全事故责任追究和处理制度。“积极利用行政调解、仲裁、人民调解、保险理赔、法律援助等方式，通过法治途径和方式处理学校安全事故，及时依法赔偿，理性化解纠纷。”以该文件规定为基础，黑龙江省、新疆生产建设兵团、青岛市、甘肃省、上海市相继发布了中小学幼儿园安全风险防控体系建设的地方性法规文件，明确提出要积极构建学校依法处理安全事故的支持体系，其中的关键点之一就是由教育、司法等行政部门探索建立独立的学校安全事故调解委员会，依法调解学校安全事故民事赔偿纠纷。

---

① 13个省市包括：天津市、武汉市、黑龙江省、云南省、辽宁省、宁波市、大连市、邢台市、呼和浩特市、邯郸市、东营市、威海市、四川省。

② 8个省市包括：天津市、武汉市、黑龙江省、辽宁省、宁波市、邢台市、呼和浩特市、邯郸市。

三、我国学生伤害事故纠纷调解机制的立法现状与区域创新

学生伤害事故纠纷调解机制是从2000年开始逐渐建立起来的，目前已基本形成了我国各级学生伤害事故调解机制立法体系的雏形，调解类型主要包括行政调解、人民调解以及在二者基础上进行区域创新的新型调解制度。

（一）我国学生伤害事故纠纷调解机制的立法现状

首先，从形式层面来看，我国学生伤害纠纷调解机制法律法规涵盖从中央到地方，法律、行政法规、部门规章、地方性法规、地方政府规章、地方规范性文件等多个立法层级。其次，从内容层面来看，以2011年实施的《中华人民共和国人民调解法》为节点，前期立法多为地方性法规，主要涉及人民调解和行政调解制度，且原则性条款较多；后期立法多为地方规范性文件，涉及人民调解制度的内容更加具体而可操作。如上海市2001年实施的《上海市中小学校学生伤害事故处理条例》只是原则上规定："当事人不愿协商或者协商不成的，可以向学校所在地的区、县教育行政部门要求调解。"但在2013年出台《关于发布规范人民调解组织参与涉校纠纷调解若干意见的通知》则对目的、范围、分工、程序、时限等作出了具体规定。再次，从进程层面来看，近五年来主要体现在市县两级地方政府的配套规范性文件开始逐渐增多和完善起来，如2014实施的《大庆市校园纠纷人民调解工作实施方案》明确了工作目标、工作原则、职责分工、工作措施、工作要求等；2016年浙江省嘉兴市嘉善县实施的《关于进一步加强学生伤害纠纷人民调解工作的意见》就包括工作目标、工作原则、工作机制、工作要求等。最后，从效力层面来看，目前学生伤害纠纷调解机制主要是在效力位阶较低的行政规章和地方规范性文件上作了专门规定，一般也比较笼统，缺乏对调解各要素如主体、程序、保障等的完整规定，制约了相关机制的有效运作，导致人民调解的权威性不强，强制执行力不足。

综观我国学生伤害纠纷调解机制的立法进程，基本可以分为三种立法形式。

一是以2003年实施的《学生伤害事故处理办法》为法律依据的地方教育行政部门组织调解的教育行政调解制度，地方教育行政部门对于是否组织调解、

如何组织调解的自由裁量权力相对较大，且教育行政部门作为本行政区域内各级各类学校的行政主管部门，其作为调解组织应具备的中立性和公正性无法得到有效的保障。

二是以 2011 年实施的《人民调解法》为法律依据的基层人民调解委员会调解制度。学生伤害事故纠纷往往具有较高的纠纷关联性、矛盾聚合性和社会敏感性，需要调解组织成员具有教育、法律、医疗鉴定、纠纷调解等多元化的专业知识，基层人民调解委员会能够保证调解组织的中立性需求，但不能满足纠纷调解的专业性、行业性需求。

三是以 2014 年发布的《中共中央关于全面推进依法治国若干重大问题的决定》和 2015 年颁布的《依法治教实施纲要（2016—2020 年）》等国家和教育系统政策法规为依据的，教育行政调解与人民调解有机融合的“多元化、联动式、创新型”第三方调解制度。

（二）地方学生伤害事故纠纷第三方调解机制的区域创新

结合我国部分省市已有法治探索和实践创新，地方创新型学生伤害纠纷调解机制可以分为四种运行模式：一元化、依附式行政调解模式，多元化、独立式行政调解模式，多元化、融入式人民调解模式和多元化、独立式联动调解模式。

1. 一元化、依附式行政调解模式

一元化、依附式行政调解模式是将学生伤害纠纷调解纳入教育行政调解制度之中，由教育行政部门设立专门的学生伤害事故调解组织，学生伤害事故调解组织的人员设置、日常管理等由教育行政部门负责和决定。如《广东省教育厅〈学生伤害事故处理办法〉实施细则》专门规定了学生伤害事故的行政调解机制。该办法规定，由教育行政部门设立学生伤害事故处理调解委员会，学生伤害事故处理调解委员会由教育行政部门的法制工作部门管理。调解人员可以由教育行政部门的工作人员担任，也可以聘请法律专家、教育专家和退休法官担任调解员，教育行政部门对于调解人员的聘任有自主决定权。

此种调解模式将学生伤害纠纷调解组织的设置、人员聘用、调解程序要求等集中赋予教育行政部门，通过充分发挥教育行政调解在行政权威性、教育专

业性等方面的优势，提高地方性学生伤害纠纷调解机制的运行效率。但是，由于学生伤害事故调解组织的人员配置、日常事务、经费使用等均由教育行政部门管理，其只是形式上的独立，本质上仍然依附于教育行政部门。

2. 多元化、独立式行政调解模式

多元化、独立式行政调解模式是在《学生伤害事故处理办法》确定的学生伤害纠纷教育行政调解制度的基础上，由地方各级政府法制部门、教育行政部门牵头，司法、公安、卫生等多部门联合成立各级学生伤害事故调解组织，调解员由各级调解组织自行聘任。如《杭州市中小学校学生伤害事故调解委员会工作规程》（杭政办函〔2003〕245 号）规定，杭州市设立市中小学校学生伤害事故调解委员会，负责杭州市属学校及市政府交办的学生伤害事故的处理调解工作，指导各区、县（市）中小学校学生伤害事故调解委员会的调解工作。中小学校学生伤害事故调解委员会是专门调解所辖范围内中小学校发生的学生伤害事故纠纷的群众性组织。事故调解委员会根据本规程可以聘任调解员若干人，所聘调解员应报市事故调解委员会备案。

此种模式是对一元化、依附式行政调解模式的发展和创新。一是多元化的组织机构通过行政权力的分散、制衡与监督提高了行政调解的公正性和中立性，二是学生伤害纠纷调解组织在调解员聘用方面获得了自主权力，减少了行政因素对于调解行为的干预和影响可能，一定程度上提高了调解组织的独立性。

3. 多元化、融入式人民调解模式

多元化、融入式人民调解模式是将学生伤害纠纷调解融入人民调解制度之中，地方司法行政部门和教育行政部门有机配合，以现有人民调解组织网络为基础，积极推进人民调解组织参与学生伤害纠纷调解。如上海市司法、教育等部门联合发布的《关于发布规范人民调解组织参与涉校纠纷调解若干意见的通知》（沪司规〔2013〕5 号）第 4 条规定，涉校纠纷人民调解工作主要由学校所在地的街道、乡镇人民调解委员会承担。同时，该规定还明确了教育行政部门转委托人民调解的工作机制，即“教育行政部门可以在征得各方当事人同意的基础上，将已经受理的涉校纠纷行政调解案件委托给人民调解组织调解”。另外，根据《浙江省司法厅、浙江省教育厅关于进一步加强学生伤害纠纷人民调解工作的意见》（浙司〔2013〕153号）的要求，宁波市发布的《关于建立健全学生伤害纠纷人民调解机制的实施意见（试行）》规定，学生伤害纠纷人民调解工作应当坚持“属地管辖”原则，根据需要和人民调解法等有关法律规定，设立开展县（市）区学生伤害纠纷人民调解委员会，也明确了教育行政部门转委托人民调解的条件和要求。

此种模式依托于现行人民调解制度产生和运行，有利于充分利用人民调解制度在机构设置、人员配备、调解程序等方面的既有经验和优势，提高学生伤害纠纷依法调解的效率。但是，由于现行人民调解制度在涉及教育纠纷尤其是学生伤害纠纷调解时，“有些具体问题没有合理的法规制度可以遵循，仍存在诸如缺少专门的调解组织建立制度、缺少规范化的操作程序制度、调解员缺乏相关领域的专业录用考核制度、缺乏调解的财力保障制度支持”[①]等不足。

4. 多元化、独立式联动调解模式

多元化、独立式联动调解模式，就是地方教育行政部门、法院等与学生伤害事故处理实务的相关机构联合成立区域性独立的第三方学生伤害纠纷调解组织，该调解组织下设常设机构自主运行。如《关于建立青岛市校园伤害纠纷联动调解机制的实施意见》规定，青岛市教育局、青岛市中级人民法院、青岛市关工委联合成立“青岛市校园伤害纠纷调解委员会”，调解员以既有的青岛市关工委法制团人员和青岛市民商法研究会法律专家和法律工作者为主体，组织一批老法官、老检察官、老警官、老教育工作者、法律专家教授、优秀律师、仲裁员参与调解工作。该规定还明确了调解组织协助当事人对调解协议申请司法确认的程序，即“当事人可以申请人民法院对调解协议书进行司法确认，可由调解组织在收到申请之日起三日内将调解卷宗移送纠纷发生地基层人民法院少审庭办理司法确认事宜”。此外，该规定还确立了法院委托调解的形式和调解效力，即“对人民法院已经立案受理的校园伤害事故纠纷，受人民法院委托，校调会可以参与或受理调解，调解成功，由人民法院下达调解书”。

此种调解模式在确保调解人员专业性的前提下，实现了现有在职法律从业

---

① 杨瑜：《教育纠纷的人民调解路径分析》，沈阳师范大学2016年硕士学位论文。

人员的使用效率最大化，同时提高了调解协议进行司法确认的效率，疏通了调解委员会参与学生伤害纠纷诉讼过程中司法调解的渠道，较大程度上推动了学生伤害纠纷的行政调解、人民调解与司法调解的高效联动。

四、地方学生伤害事故纠纷第三方调解机制的主要内容

根据现行学生伤害纠纷调解机制相关法律法规的规定，结合天津市学生伤害纠纷调解机制的现状调研和主题诉求分析，参照外省市已开展的学生伤害纠纷第三方调解机制的实践，天津市学生伤害纠纷联动调解机制的构建和有效运行，应当确立多元化的组织领导体系、独立运行的调解组织、专业化的调解人员、合法适当的调解原则、明确具体的调解范围、合法规范的调解职能、科学高效的调解程序、实效性的调解结果、多方位的保障措施等内容。

（一）多元化的组织领导体系

多元化的组织领导体系有利于通过行政权力的分散、制衡与相互监督，提高学生伤害纠纷调解组织及其运行的公正性和中立性。

结合调研情况和天津市实际，参照《依法治教实施纲要（2016—2020年）》关于构建学生伤害纠纷联动调解机制的规定，天津市学生伤害纠纷调解机制的运行模式可以确定为多部门有机联动的第三方调解模式，即由教育行政部门牵头，司法、公安、保监会地方监管局参与配合，设立独立的学生伤害事故调解组织。

（二）独立运行的调解组织

调解组织的中立性是有效调解的基本前提，调解组织的独立性是实现调解组织中立性的基础。

设置天津市学生伤害纠纷调解委员会作为独立的第三方调解组织，可以“解决调解主体设置的两大要求：其一，专门的内设机构，保证了职责分明、责权统一，可以专注于学生伤害事故赔偿纠纷的处理及经验总结，防止推诿及不作为情形的发生；其二，法律专家、教育专家、退休法官担任调解员，可以有效梳理教育活动中的管理责任和法律责任，有利于协议的达成并促进教

育管理规范化”。[①]

（三）专业化的调解人员

天津市学生伤害事故第三方调解组织的成员构成应当兼顾专业性、权威性、客观性和独立性要求，同时应有利害关系人群体代表。

“专业性”要求具有教育、法律、教育法学等专业和领域的从业或退休人员；“权威性”要求具有相关教育、司法（法院）等部门或机构代表的参与；“客观性”要求具有医疗鉴定人员、社区代表、公安人员等学生伤害纠纷非利害关系方的人员或机构代表参加；“独立性”要求调解组织中具有专门从事学生伤害纠纷调解的专职或兼职工作人员；“利害关系人群体代表”要求具有学生代表、教师代表和学校代表等，涉及学生伤害事故赔偿保险理赔事项的，还应当邀请相关保险公司作为有利害关系的第三方参加调解活动。

（四）合法适当的调解原则

调解应当遵循自愿、合法、平等、保密、及时等原则。其一，只有学生伤害事故各方当事人自愿同意进入调解程序，并提交书面调解申请，调解组织才可按照规定受理申请并进行调解。其二，调解程序和调解协议的内容应当合法。调解程序合法强调的是调解主体、调解范围、调解规则等程序性事项在遵循法律法规规定的基础上，可以有一定的灵活性和非程式化特点；调解协议内容的合法是指当事人之间的调解协议在不违反法律、行政法规强制性规定的前提下，可以参考行业惯例、村规民约、社区公约和当地善良风俗等行为规范而达成。其三，当事人地位平等和调解组织的公正性是实现有效调解的重要因素，调解机构在调解过程中“不能偏向任何一方，既要兼顾各方当事人的合法权益，又要说服各方当事人互谅互让、相互理解，公平、公正地化解争议纠纷”。[②]其

---

① 窦玉前、郭丹：《学生伤害事故赔偿行政调解制度存在的问题及对策建议》，载《教育探索》2014年第12期。

② 邓刚宏：《行政调解制度研究》，中国政法大学出版社2017年版，第96页。

四，保密原则强调“调解的过程不向公众和社会公开；当事人不得在随后的审判程序中将调解过程中制作的笔录、当事人为达成调解协议而作出的让步或者承诺、调解人员或者当事人发表的任何意见或者建议等，作为证据提供；调解人也负有为当事人保密的义务”。[①]其五，调解应当遵循及时、便民的原则要求，重视调解过程和结果的效率性。调解受理环节、调解进行环节、调解协议生效环节、调解结果履行环节均应当设置明确时限，避免相关主体怠于履行职权或行使权利。

（五）明确具体的调解范围

天津市学生伤害纠纷调解组织的调解范围是在中小学校、幼儿园负有教育、管理责任的时间和空间范围内发生学生伤害事故而产生的纠纷。具体来说，就是在中小学校、幼儿园实施的教育教学活动或者学校组织的校外活动中，以及在学校负有管理责任的校舍、场地、其他教育教学设施、生活设施内，发生了造成在校学生人身损害后果的事故而产生的纠纷。纠纷主体一般是双方或多方，如学校与受伤学生及其家长的双方纠纷，受伤学生及其家长与致害学生及其家长的双方纠纷，学校、受伤学生及其家长、致害学生及其家长的三方纠纷等；纠纷内容一般是对伤害事故的责任认定、损害赔偿的数额等认识不一。

（六）合法规范的调解职能

学生伤害纠纷调解组织的职责应当包括定分止争、事故预防教育、督促事故赔付等内容。具体来说，定分止争就是要对学生伤害事故中的各方主体的责任进行依法划分，促进各方达成调解协议，防止事故纠纷激化；事故预防教育就是通过调解工作的开展，间接宣传纠纷调解相关的法律法规和政策文件，向纠纷当事人普及预防学生伤害事故以及依法处理学生伤害事故的法律知识和实践做法；督促事故赔付就是在达成调解协议之后，及时通知和协助各方当事人自觉

---

① 常怡主编：《中国调解制度》，法律出版社 2013 年版，第 57-58 页。

履行调解协议或者及时就调解协议申请司法确认，提高调解协议的履行效率和效益。

（七）科学高效的调解程序

调解程序包括调解申请、调解受理、调解规则、调解环节、调解终止、调解协议的执行等程序。学生伤害纠纷调解实行一调终局制，调解过程中应当切实保障调解当事人的知情权、抗辩权，允许各方当事人聘请1—2位律师或其他专业人员作为代理人参加调解，对于调解委员会的成员应当设置回避制度，保证调解人员的中立性要求。“通过调解解决的优势在于解纷的效率与效益，解决过程也能够切实体现当事人意思自治精神，解决方案也会更多地包含当事人的真正需求，处理结果易于令当事人满意。”[①] 调解一般不公开，当事人另有约定的除外。

（八）实效性的调解结果

调解协议的有效执行是实现调解目的的关键环节。首先，调解成功的，各方当事人应当及时签订调解协议，并自觉履行到位。学生伤害纠纷经调解达成协议后，一般应即时结清尾款。不能即时履行的，调解员应当督促各方当事人按照调解协议约定的期限履行调解协议。其次，各方当事人可自调解协议生效之日起30日内共同向调解委员会所在地基层人民法院申请司法确认，学生伤害调解委员会应当协助。根据最高人民法院发布的《关于建立健全诉讼与非诉讼相衔接的矛盾纠纷调解机制的若干意见》以及《民事诉讼法》第194条的规定，经过学生伤害纠纷调解组织调解并达成书面调解协议的，自调解协议生效之日起三十日内，调解组织应当督促双方当事人共同向调解组织所在地基层人民法院申请司法确认调解协议，从而赋予调解协议以强制执行效力。此外，各方当事人还可以在调解协议中“设定一个反悔期，书面列明如果在反悔期内当事人一方或双方反悔的，视为调解无效，当事人可以通过诉讼等其他途径解决纠纷；

① 史长青：《现代调解制度：法制与自治》，上海三联书店2015年版，第3页。

逾期未提出反悔，且也不主动要求法院确认的，则视为其放弃纠纷解决的相应诉权，其申请司法确认的权利可由调解组织代理行使，调解组织可直接要求法院审核调解协议书并赋予其强制执行力”。[①]

（九）多方位的保障措施

首先，组织体系保障方面，重视地方性法规的规范和指导作用，确立多部门协同配合的工作推进模式。相关行政机关应当分工负责，在做好相关调研的基础上，依法联合出台关于学生伤害纠纷调解的地方性政策法规文件。法规文件中应当列明学生伤害纠纷的调解范围、调解机构的设置及其成员构成、调解员的条件要求、基本调节程序、调解协议的生效与执行、调解终止、保险理赔等内容，作为开展地方性学生伤害纠纷调解实践的合法性依据和政策指导。

其次，人员专业保障方面，应当建立长效性调解人员教育培训制度，增强调解人员的专业性和业务能力，不断提高化解学生伤害纠纷的水平和效果。

最后，经费保障方面，一是学生伤害纠纷调解不收取任何费用，最大限度地降低相关主体进行纠纷调解的金钱成本投入；二是学生伤害纠纷调解组织的工作经费由教育行政部门提请地方政府财政予以保障；三是随着学生伤害纠纷调解机制的运行与实践，探索设立社会爱心人士募捐、政府、相关部门支持相结合的“学生伤害救助专项基金”，用以解决学生伤害纠纷案件调解中出现的特殊问题，如伤害方没有赔偿能力或伤害方怠于履行赔偿责任时，调解组织可依照法定程序确定由“学生伤害救助专项基金”先行代为支付赔偿款。

第四节　校园安全事故侵权损害赔偿责任分担机制

传统的侵权损害赔偿救济是通过侵权责任确定行为人对受害人进行补偿，由于社会风险的波及范围不断扩大、影响程度不断增加以及风险的不予预知性越来越明显等原因，传统的、单一的侵权损害赔偿法律救济机制不能完全满足

---

① 郝淑华、赵世谦：《教育行政调解的功能优势与制度完善》，载《教学与管理》2016年第9期。

风险社会对于“完全损害赔偿”①的基本要求，责任保险、第一方保险、公益救助基金等逐渐发展成为侵权损害赔偿责任分担和损失转移的重要途径，各国逐渐形成了多层次、综合性的侵权损害赔偿救济体系。从学理上划分，主要包括公共赔偿体系和私人赔偿体系两大部分。公共赔偿体系主要由来源于税收和其他费用的社会保险及公益基金组成，具有公法上的强制性特点；私人赔偿体系主要是由第一方保险、侵权责任制度和责任保险等组成，这三者具有私法自治特点。②侵权损害赔偿综合性救济体系是学校安全事故侵权损害赔偿责任分担机制的理论基础。

一、校园安全事故侵权损害赔偿责任分担机制概述

根据侵权损害赔偿综合性救济体系理论，我国学校安全事故侵权损害赔偿综合性救济体系也可以划分为公共赔偿体系和私人赔偿体系两个方面（详见图7-3）。公共赔偿体系包括社会保险制度和学校安全事故公益救助基金制度，私

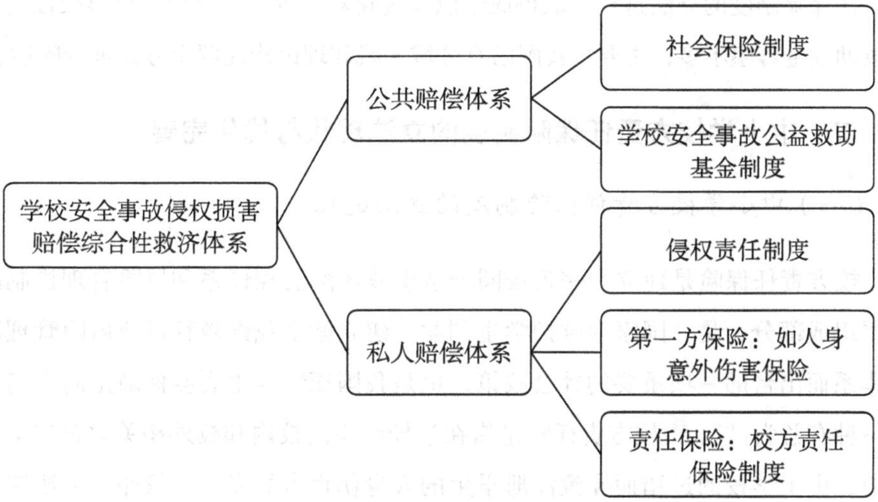

图 7-3　学校安全事故侵权损害赔偿综合性救济体系

---

① 王泽鉴:《损害赔偿》，北京大学出版社 2017 年版，第 13 页。

② 杨帆:《风险社会视域中侵权损害赔偿与责任保险的互动机制》，中国社会科学出版社 2016 年版，第 11 页。

人赔偿体系包括侵权责任制度、第一方保险（如人身意外伤害保险）和责任保险（校方责任保险制度）。其中，侵权责任制度和校方责任保险制度是学校安全事故中受害学生进行权利救济和损失填补的最基本的法律救济途径，学校安全事故公益救助基金则是重要的补充救济途径。

广义的学校安全事故侵权损害赔偿责任分担机制主要是指除学校安全事故侵权责任制度以外的其他侵权损害赔偿救济制度的统称。狭义的学校安全事故侵权损害赔偿责任分担机制主要是指校方责任保险制度和学校安全事故公益救助基金制度。本部分主要从狭义角度对学校安全事故侵权损害赔偿救济体系中的校方责任保险制度和学校安全事故公益救助基金制度进行讨论，这两项制度也是学校安全事故侵权损害赔偿责任分担机制的核心内容。

相较于已经发展多年并不断完善的校方责任保险制度，学校安全事故公益救助基金在我国作为一种新生事物，基金的筹集、管理、使用、代付与追偿等问题还有待进一步完善和发展。[①] 结合已有理论研究和实践探索，本部分重点探讨校方责任保险制度的立法进程、取得成效以及优化对策等，对学校安全事故社会公益救助基金着墨不多，主要从我国已有区域实践和理论构建两个方面进行阐述。

二、中小学校方责任保险制度的立法现状与优化完善

（一）中小学校方责任保险制度的立法进程

校方责任保险是建立和完善校园安全事故风险防控体系和风险管理机制的重要组成部分，是“国家为维护学生利益、建立健全我国教育行业风险管理服务体系而出台的一项重要的社会政策，也是我国探索学生利益保障走向市场化的一种有益尝试”。[②] 校方责任险是指在学校组织的校内和校外相关教育教学活动中，由于学校的过错而导致注册学生的人身伤亡事故发生，依照相关法律法

---

① 李敏：《赔偿基金在大规模侵权损害救济中的定位与制度构想》，载《西北大学学报（哲学社会科学版）》2012 年第 4 期。

② 牟永福：《全日制中小学校方责任保险的制度设计及其存在的问题》，载《教育学术月刊》2010 年第 2 期。

规应当由学校承担直接经济损失赔偿责任，保险公司依照约定赔付保险金的商业性保险。①

1. 校方责任保险制度发端于学生伤害事故处理地方立法

我国校方责任保险的“地方立法”实践早于国家层面的“立法”实践，最初始于 2000 年 10 月 8 日中国保监会批准的“校（园）方责任保险条款”。2001 年 7 月，《上海市中小学校学生伤害事故处理条例》颁布实施。根据该条例第 22 条的规定，由上海市或者该市各区、县为单位，组织学校投保责任险。同年 9 月，上海市教育委员会发布了《关于贯彻执行〈上海市中小学校学生伤害事故处理条例〉的通知》，明确由上海市教委为该市中小学校统一投保校方责任险，用以解决学校责任引起的伤害事故的赔偿。实践中，由中国平安保险公司跟上海市人民政府合作设立学校责任保险，上海市教委统一为中小学校投保，由平安产险上海分公司承保。至此，开创了我国校方责任保险地方立法与区域实践探索的先河。

2. 校方责任保险制度推进于学生伤害事故处理国家立法

为了合理预防和妥善处理学校伤害事故，教育部于 2002 年 9 月发布了《学生伤害事故处理办法》，该办法首次以部门规章的形式对校方责任险进行了立法规定。该办法第 31 条提出，对于有条件投保校方责任险的学校，根据保险法的规定进行投保是强制性的；对于无条件或者条件不充分的学校，教育行政部门可以根据实际情况，采取多种措施鼓励中小学参加校方责任保险。2006 年 6 月，教育部等十部委联合发布了《中小学幼儿园安全管理办法》，该办法在第 14 条规定：“有条件的，学校举办者应当为学校购买责任保险。”以上立法内容将任意性规范和强制性规范相结合，可以窥见国家关于校方责任保险的立法意图，即国家层面立法的主要目的在于宏观引导，赋予地方政府对于校方责任保险的立法内容和立法形式等更多的自主选择权。2011 年修订的《学生伤害事故处理办法》没有修改校方责任保险的规定，也进一步印证了以上观点。总的来说，

① 任洁、俞群俊、杨国华：《中小学学生校方责任保险经营管理实证分析》，载《保险职业学院学报》2018 年第 1 期。

以教育部部门规章形式颁布实施的《学生伤害事故处理办法》和《中小学幼儿园安全管理办法》，为各省市推进实施校方责任保险制度提供了国家层面的法律依据，为我国校方责任保险制度的广泛推广和发展奠定了立法基础。

3. 校方责任保险制度发展于校园伤害事故风险管理机制专项规范文件

2008年4月，教育部、财政部、中国保险监督管理委员会联合发布了《关于推行校方责任保险完善校园伤害事故风险管理机制的通知》，首次以国家部委规范性文件的形式对我国校方责任保险的投保范围、责任范围、赔偿范围及经费保障等作了详细的规定。其一，我国校方责任保险的投保范围是国家或社会力量举办的全日制普通中小学校（含特殊教育学校）、中等职业学校。其二，校方责任保险的保险责任范围是因校方责任导致学生的人身伤害，依法应由校方承担的经济赔偿责任。其三，对于校方责任保险的经费保障，九年义务教育阶段学校投保校方责任保险所需费用，从学校公用经费中支出，每年每生不超过5元。其他学校投保校方责任保险的费用，由省、自治区、直辖市教育行政部门、财政部门和保险监管机构联合确定。其四，校方责任保险的责任限额由各地结合本地经济、社会发展实际情况自主制定。2017年4月，国务院办公厅发布了《关于加强中小学幼儿园安全风险防控体系建设的意见》，该意见将校方责任保险制度纳入学校安全事故多元化风险分担机制之中，进一步明确了校方责任险的经费来源和出资主体。根据该意见，学校举办者应当为学校购买校方责任险，其中，义务教育阶段学校投保校方责任险所需经费从公用经费中列支，其他学校投保校方责任险的费用由各省（区、市）按照国家有关规定执行。

（二）中小学校方责任保险制度的发展成效

我国校方责任保险的发展至今，校方责任保险的投保地域基本覆盖全国，保险类型逐渐增多，保险范围逐渐扩大，保险经费来源和缴费主体逐渐明确，目前已基本形成校方责任保险“主险 + 附加险”和新兴学校责任保险相辅相成的综合性学校责任保险体系。

1. 校方责任保险的保险范围逐步扩大

从中国保险监督管理委员会官网的备案记录来看，近年来备案的校方责任保险产品总量增多。一方面，现有 38 家财产保险公司备案校方责任保险，占总备案的财产保险公司的 58.46%，近 8 年增加了 11 家，说明我国校方责任保险的经营主体正在逐渐增加。另一方面，截至 2014 年 3 月 31 日，已备案校方责任保险的总数为 420 个，其中附加险增加了 225 个，主险增加了 126 个。①

校方责任保险附加险产品种类的增加，扩大了校方责任保险的保险范围，缓解了最初校方责任保险的保险范围过窄的问题，如不能赔付在学校没有过错或者承担严格责任时的人身损害赔偿费用、不能赔付师生人身损害时的精神损害赔偿费用等。通过对中国保险行业协会官方网站中备案的校方责任保险及其附加险条款等进行整理，将不同保险公司的校方责任保险附加险条款的具体内容进行同类合并与系统分类，对于校方责任保险附加险条款，其中附加校方无过失责任保险条款、附加精神损害赔偿责任保险、附加注册学生第三者责任保险等较为常见。北京市、天津市、贵州省、青岛市等已相继发布规范性文件，明确在中小学校推广附加校方无过失责任保险。新兴学校责任保险主要有 3 个类别，分别是校园足球运动责任保险及其附加险条款、学生营养餐责任保险和学校食品卫生责任保险等。详见表 7-4。

表 7-4　我国现行中小学校方责任保险附加险及新兴学校责任保险种类②

保险类型	校方责任保险附加险条款	新兴学校责任保险
保险条款	1. 校（园）方责任保险附加境外责任保险条款 2. 校（园）方责任保险附加注册学生第三者责任保险条款 3. 校（园）方责任保险附加错误和遗漏保险条款 4. 校（园）方责任保险附加违反条件保险条款 5. 校（园）方责任保险附加不受控制保险条款	1. 校园足球运功责任保险及其附加保险条款

① 唐金成、林娟远：《平安中国视角的校方责任保险发展研究》，载《西南金融》2018 年第 6 期。

② 不同保险公司在是否承保校方责任险等相关保险、承保哪些校方责任保险附加险条款等方面均存在差异，本表中的保险条款是将中国保险行业协会网站财产险产品信息库中列明的全部校方责任保险附加险和新兴学校责任保险进行汇总整理所得，并未区分不同保险公司的具体承保情况。

续表

保险类型	校方责任保险附加险条款	新兴学校责任保险
保险条款	6. 校（园）方责任保险附加预先支付赔款保险条款 7. 校（园）方责任保险附加指定公估人保险条款 8. 校（园）方责任保险附加时间调整保险条款（72 小时） 9. 校（园）方责任保险附加罢工、暴乱、民众骚动及恶意破坏保险条款 10. 校（园）方责任保险附加校际交流学生或实习生保险条款 11. 校（园）方责任保险附加恶劣天气保险条款 12. 校（园）方责任保险附加抢救优先原则保险条款（可免查勘） 13. 校（园）方责任保险附加异地索赔处理保险条款 14. 校（园）方责任保险附加县级以下医疗机构保险条款 15. 校（园）方责任保险附加被保险人雇员（在职教职工）因公人身伤亡赔偿保险条款 16. 校（园）方责任保险附加新增学生自动纳入保险条款 17. 校（园）方责任保险附加保密保险条款 18. 校（园）方责任保险附加应急预付赔款保险条 19. 校（园）方责任保险附加严格责任赔付保险条款 20. 校（园）方责任保险附加财产损失保险条款 21. 校（园）方责任保险附加精神损害赔偿责任保险条款 22. 校（园）方责任保险附加自然灾害保险条款 23. 校（园）方责任保险附加校方无过失责任保险 24. 校（园）方责任保险附加集体活动扩展条款	2. 学生营养餐责任保险 3. 学校食品卫生责任保险

2. 校方责任保险的保费标准趋于统一

校方责任保险的保费标准逐渐趋于统一。保费是被保险人依据保险费率在参加保险时向保险人交付的费用。由于《关于推行校方责任保险完善校园伤害事故风险管理机制的通知》对生均保费的额度进行了明确规定，要求各地方对于中小学校校方责任险的保费每年每生不得超过 5 元。该规定作为国家部委的规范性文件，其在全国范围都有适用效力。以该通知为依据，北京市规定 2017—2018 年度中小学、幼儿园校方责任保险保费 5 元 / 生，校方责任保险附加险 5 元 / 生，合计 10 元 / 生。天津市规定 2018—2019 年中小学、幼儿园、中等职业学校每生每年校方责任保险保费 4 元，其中校方责任保险主险 3 元，附加险 1 元，天津市普通高等院校、高等职业院校、独立学院每生每年校方责任保险保费 6 元，其中校方责任保险主险 5 元，附加险 1 元。青海省 2017 年校方责任保险及其附加险保费合计 7 元 / 生，保险金额每生每次 80 万元。贵州省 2016—2017 年高等学校、省属中等职业学校、厅属普通高中校方责任保险及附加无过失责任保险的缴费标准为每生每年 10 元，其中校方责任险 5 元，附加无过失责任保险 5 元。[①]

3. 校方责任保险的经费来源逐渐明晰

在现行法律法规框架下，中小学幼儿园校方责任险的缴费主体是学校的举办者，学校性质不同则校方责任保险的经费来源也存在差异。一方面，公办中小学、幼儿园的举办者通常是学校所在区县的教育行政部门，故其缴费主体通常是区县教育行政部门。公办中小学、幼儿园的校方责任保险经费来源渠道主要有两种：一种是公办中小学校、幼儿园的校方责任保险所需经费从学校共用经费中列支，另一种是由学校所在区县的教育行政部门统一支付。另一方面，由社会力量举办的中小学校、幼儿园，其校方责任保险的缴费主体为学校的举办者，由学校举办者负责筹措和缴纳投保校方责任保险所需费用。

（三）中小学校方责任保险制度的不足

实践中，我国校方责任保险主要在立法和实施两个层面存在不足，立法层面主要针对购买校方责任保险的必要性问题，实施层面则是购买校方责任保险的具体操作问题。前者表现为校方责任保险立法规定的强制执行力和普遍约束力较弱，后者表现为校方责任保险的实施政策“区域差异”显著，受害人的第三方直接请求权难以有效落实等。

---

① 以上数据来源分别为以下文件：《北京市教育委员会关于做好 2017—2018 学年度校方责任保险及附加无过失责任保险工作的通知》（京教函〔2017〕465 号）、《天津市教育委员会关于做好天津市 2018—2019 学年度校方责任保险工作的通知》（津教委办〔2018〕80 号）、《青海省教育行业校（园）方责任保险工作管理办法》、《贵州省教育厅、中国保险监督管理委员会贵州监管局关于完善校方责任保险推行校方责任险附加无过失责任保险工作的通知》（黔教安稳发〔2016〕214 号）。

1. 校方责任保险国家立法的普遍规范性不强

国家层面对于校方责任保险的立法规定主要以部门规章为主，其立法内容回答了“购买校方责任保险的必要性”这一问题。《学生伤害事故处理办法》和《中小学幼儿园安全管理办法》采取了“任意性规范和强制性规范相结合”的立法形式，将任意性规范作为强制性规范的必要条件，导致其强制执行力和普遍规范性较弱。

《中小学幼儿园安全管理办法》第 14 条第 3 款规定，“有条件的，学校举办者应当为学校购买责任保险”。对于本款规定，“有条件的”具有任意性规范属性，“应当”属于强制性规范范畴，前者是后者的必要条款。简言之，只要肯定了“有条件”，购买校方责任保险就是应当和必需的。根据这一立法逻辑，科学合理的界定“有条件”是明确购买校方责任保险的关键环节。一方面，界定是否“有条件”的主体通常是作为保费出资方的学校举办者。实践中，公办中小学校的举办者通常是地方教育行政部门或地方政府等行政机构。另一方面，界定是否“有条件”的标准通常有主观和客观两项因素，主观因素是学校举办者对于校方责任保险的重视程度，客观因素是学校所在地方的区域经济发展水平。实践中，这两项因素都具有很强的差异化趋势，导致不同举办者、不同地方的学校购买校方责任保险的情况存在较大差异。

2. 校方责任保险的区域执行政策差异显著

由于国家层面校方责任保险立法普遍规范性不足，使得校方责任保险制度的推广和实施更多地依赖于地方政府和地方教育行政部门的区域性政策，进而产生校方责任保险在执行和实施层面具有明显的“区域差异”，主要体现为校方责任保险的保险金额省域差距明显，投保类型县域和校际差异突出。目前，校方责任保险的购买方式主要是以省市、区县等为单位，采取招标的方式选择保险公司进行投保，不同省市、同一省市的不同区县购买校方责任保险及其附加险的内容、保险金额等会存在一定的省域差异或县域差异。为了相对清晰地了解校方责任保险及其保险金额的区域发展情况，笔者通过检索校方责任保险纠纷诉讼判例，对 2018 年发布的部分案例的裁判文书中载明的校方责任保险及其保险金额的情况进行了整理分析。详见表 7–5。

表 7–5　2018 年校方责任保险省域、县域发展情况统计（部分地区）[①]

省市	区县	保险类型	保险金额		保险期间（年—年）
			每人 / 次	每校 / 次	
河北省	赵县	校方责任保险	20 万		2017—2018
	冀州市	校方责任保险	50 万（医疗费限额 8 万）		2015—2016
	迁安市	校方责任保险	50 万（医疗费限额 50 万）	1200 万	2016—2017
安徽省	庐江县	校方责任保险	30 万	450 万	2016—2017
		附加校方无过失保险	10 万（医疗费限额 2 万）	100 万	
	太和县	校方责任保险	30 万		2016—2017
		附加校方无过失保险	10 万		
		附加精神损害赔偿责任保险	5 万		
河南省	孟州市	校方责任保险	30 万	450 万	2016—2017
		附加校方无过失保险	15 万（医疗费限额 3 万）	150 万	
	清丰县	校方责任保险	30 万	450 万	2017—2018
	西华县	校方责任保险	30 万		2016—2017
		附加校方无过失保险	15 万		
湖南省	永兴县	校方责任保险	30 万（医疗费限额 1 万）	200 万	2016—2019
		附加校方无过失保险	8 万（医疗费限额 1 万）	100 万	

① 表中相关数据整理截止日期为 2018 年 11 月 1 日。

续表

省市	区县	保险类型	保险金额		保险期间（年—年）
			每人 / 次	每校 / 次	
湖北省	崇阳县	校方责任保险	50 万（精神损害赔偿 5 万）		2016—2017
	襄阳市	校方责任保险	50 万	100 万	2017—2018
		校（园）方责任保险附加注册学生第三者责任保险	20 万	200 万	

一方面，校方责任保险的保险金额存在明显的省域差异。河北省、湖北省校方责任保险的保险金额普遍高于安徽省、河南省，其中，河北省部分地区校方责任保险的保险金额可每校每次事故 1200 万。另一方面，校方责任保险及其附加险的投保类型县域差异显著，大部分地区采取了“校方责任保险 + 附加险”的综合投保形式。在投保的校方责任保险附加险的投保类型中，附加校方无过失责任保险、附加精神损害赔偿责任保险和附加注册学生第三者责任保险较为常见。此外，校方责任保险的保险金额中对医疗费的赔付限额县域差异较大。医疗费是指受害人遭受人身损害之后为使身体恢复健康而接受医学治疗以及后续的康复治疗过程中所必需支出的合理费用。根据《侵权责任法》第 16 条和《最高人民法院关于审理人身损害赔偿案件适用法律若干问题的解释》第 17 条的规定，一般性（非致残、死亡）人身伤害案件的损害赔偿费用主要包括医疗费、护理费、交通费、误工费、住院伙食补助费和必要的营养费等。通常情况下，医疗费在这些赔偿费用中所占比重较大，校方责任保险的保险金额中对于医疗费赔付金额的限制，往往会直接影响学校伤害事故中受伤害的学生能否实际获得与其受到损害相应的等额、全面赔偿，进而影响校方责任保险及其附加险的实际保险效用。

3. 校方责任保险理赔中第三人直接请求权难以有效落实

保险理赔是指保险人处理有关保险索赔责任的程序和具体实现经济补偿的

工作，是保险人履行保险合同义务的一个关键环节。[①]在校方责任保险理赔过程中，校方责任保险能够及时、高效和充分地理赔，不仅有利于保险人良好商业声誉的形成和维护，还有利于减轻和分担学校致人损害所应当承担的赔偿责任，通过转移侵权责任赔付主体以维护学校正常的教育教学秩序。更重要的是，校方责任保险的有效理赔，关系到作为受害人的学生所遭受的人身损害及由此产生的财产损失能够得到及时、足额的“填补”与救济，这也是责任保险制度越来越突出的基本功能。

“责任保险‘填补损害’的功能，从填补被保险人因赔偿受害人导致的损害，逐渐转移至填补保险合同第三人的损害。这种理念变迁和发展趋势可以说是责任保险领域最大的变化。”[②]虽然责任保险的价值关注已经逐渐向填补第三人所受损害转移，但立法往往具有一定的“滞后性”，我国责任保险立法虽然涉及了第三人的直接请求权，但主要是原则性和抽象性的规定，其具体行使仍然存在操作障碍。根据我国《保险法》第65条前两款[③]之规定，受害人作为责任保险的第三人，其直接请求权的行使是“依附式”和“附条件”的。

一方面，“依附式”是指责任保险中第三人直接请求权的实现依赖于保险人的直接赔偿行为。其一，对于被保险人对第三人造成的损害，保险人有权自主选择是否直接向受害第三者赔偿保险金，保险公司既可以选择直接向第三人赔偿，也可以选择不赔。其二，在被保险人对第三者应负的赔偿责任确定，且被保险人明确提出由保险人直接向第三人进行赔付的请求时，保险人应当直接向受害第三人赔付赔偿金。此种情况下保险人具有向第三人直接赔付的法定义务。另一方面，“附条件”是指责任保险中第三人直接请求权的实现受制于法律规定的两个条件：一是被保险人的赔偿责任是“确定”的，这里的“确定”包括责任

---

① 孙积禄：《保险法》，高等教育出版社2008年版，第94页。

② 刘宗荣：《保险法》，台湾三民书局1995年版，第35页。

③ 《中华人民共和国保险法》第65条前两款规定为：保险人对责任保险的被保险人给第三者造成的损害，可以依照法律的规定或者合同的约定，直接向该第三者赔偿保险金。责任保险的被保险人给第三者造成损害，被保险人对第三者应负的赔偿责任确定的，根据被保险人的请求，保险人应当直接向该第三者赔偿保险金。被保险人怠于请求的，第三者有权就其应获赔偿部分直接向保险人请求赔偿保险金。

划分的确定和赔偿金额的确定两方面；二是“被保险人怠于请求”，而实践中如何界定“被保险人怠于请求”的标准仍不够明确，导致第三人直接请求权的行使障碍重重，不利于受害第三人及时获得足额救济。

在校方责任保险理赔过程中，受害学生的第三人直接请求权同样是“附条件”的。一方面，学校赔偿责任的“确定”是受害学生行使直接请求权的前提条件。实践中对于“确定”赔偿责任的主体，往往是需要人民调解机构、教育行政部门、仲裁机构或法院等经过调解、裁定或判决程序后予以确定，而等待“确定”赔偿责任期间会进一步消耗已经遭受人身伤害的学生及其监护人的时间和精力，无形中增加了校方责任保险受害第三人的既有损失。另一方面，即使学校作为被保险人的赔偿责任已经确定，学校“怠于请求”是受害学生行使第三人直接请求权的另一个必要条件。而如何界定学校“怠于请求”也没有明确标准，难以操作。如果受害学生及其监护人不能证明学校“怠于请求”保险人赔付，保险公司就可以拒绝直接向受害学生赔付赔偿金。

（四）中小学校方责任保险制度的优化与完善

我国中小学校方责任保险发展至今，立法的内容和形式逐渐优化和完善，在妥善处理校园安全事故，构建多元化的学校安全事故侵权赔偿风险分散和责任分担机制起到了积极作用。但在实践操作过程中，也出现了制度性障碍和不足，使其分散和化解学校侵权责任风险的功能未能充分发挥。因此，应当在立足于我国责任保险法治基础和发展现实的基础上，探寻优化校方责任保险制度的新途径和新方法。中小学校方责任保险制度的优化与完善，可以从远期愿景和近期对策两个层面分析。远期愿景层面，通过在立法层面探索构建中小学校方强制责任保险制度，并以该制度为基础明晰校方责任保险第三人直接请求权的实施条件与内容，赋予学校安全事故中受害学生及其监护人实质上的、可操作的、无附加条件的第三人直接请求权。近期对策层面，主要从中小学校、保险公司和教育行政管理机构等相关主体角度，提出进一步推动和完善校方责任保险的对策和措施。

1. 探索构建中小学校方强制责任保险法律制度

在国家层面出台关于学校责任保险的执行主体和协助方职责与责任范围等

的专项法律规范，通过构建中小学校校方强制责任保险制度，明确界定和细化相关主体在学校安全风险管理中的角色和责任，明确相关主体在学校责任保险制度中的法律地位及相应的权利义务，充分结合法律强制和行政规范手段，调动各方主体参与学校安全综合治理的积极性，规范其推动学校责任保险制度实施的法律行为，实现“政府—社会—学校—保险公司”共同协作的格局。

2. 畅通第三人直接请求权的行使渠道

由于我国现行《保险法》中确定的第三人直接请求权是“确定了具有担保属性并受保险契约约束的直接请求权，必须以侵权责任的存在为前提和基础，没有过多考虑以保护受害人的权益为目的的强制责任保险要求”。[①] 因此，有必要通过构建中小学校方强制责任保险法律制度，进一步明确第三人直接请求权的具体内容和权利行使方式，这是实现学校责任保险立法目标的制度基础。学校强制责任保险中的受害人第三方直接请求权，是指在学校强制责任保险中，基于保险人和被保险人之间的责任保险合同的约定，一旦发生学生伤害事故造成人身和财产损失的，当被保险人不能行使或怠于行使损害赔偿时，受害第三人即可基于法律的规定或合同的约定直接向保险人请求赔偿的权利。受害人的第三方直接请求权的内容是所有属于责任保险标的或者保险人保险责任范围中的所有选项，包括财产损失、人身伤害赔偿和诉讼费等其他损失。受害人的第三方直接请求权行使方式包括直接进行事故报告、直接请求伤害赔偿、直接提起诉讼等途径。[②]

3. 理顺学校责任保险的运行机制

中小学校应当定期梳理和综合学校安全管理中的“风险点”，对学校存在的不安全因素及时整改，从根本上减少学校安全事故的发生以及校方责任保险的出险与理赔。教育行政部门应当进一步理顺校方责任保险的保费出资模式，对于保费收入较低、教育条件较差的地区，应当给予经费与政策上的支持与引导，

---

① 陈亚芹：《论责任保险第三人直接请求权的立法模式——对直接请求权理论基础的新解读》，载《保险研究》2011 年第 1 期。

② 杨定玉：《中小学强制责任保险制度研究》，西南交通大学出版社 2017 年版，第 176–177 页。

进一步扩大校方责任保险的覆盖范围，提高校方责任保鲜的运行实效。对于保险公司而言，一是要不断创新和丰富学校责任保险产品种类，提高责任保险覆盖范围，满足不同区域学校差异化的保险产品需要，在拓宽服务内容的基础上刺激有效购买需求。二是要不断提高学校责任保险经纪人的专业素质和职业能力，优化学校责任保险的服务质量。三是明确学校责任保险投保、出现、理赔等各个环节的时效标准。如探索对部分短期理赔案件的自动处理和审批，提高理赔时效；积极实现集中转账支付或第三方、网银支付方式等理赔方式，提高理赔效率。四是改进虚报机制，根据学校的索赔记录确定续期保费，对出现次数少、赔付金额小的学校给予次年保费优惠的激励政策。①

三、校园安全事故公益救助基金制度的探索

国务院办公厅于2017年发布的《关于加强中小学幼儿园安全风险防控体系建设的意见》中提出，鼓励各种社会组织设立学校安全风险基金或者学生救助基金，健全学生意外伤害救助机制。所谓学校安全事故公益救助基金，是指“专项用于救济或赔偿学校安全事故侵权事件的受害人人身、财产损失的基金”。② 结合当前的地方实践探索和理论探讨，笔者认为，我国中小学校园安全事故公益救助基金主要可以分为中小学学生伤害事故专项资金和学校安全事故社会救助基金两种形式。

（一）中小学学生伤害事故专项资金的区域实践

关于中小学学生伤害事故专项资金运行管理的地方实践，我国杭州市和上海市浦东新区分别于2003年、2013年出台了地方性规范文件，对本地区中小学学生伤害事故专项资金的管理实施进行了规定。根据《杭州市教育局直属学校学生伤害事故专项资金使用暂行管理办法》（以下简称杭州市文件）和上海市《浦东新区中小学校学生伤害事故专项资金管理实施细则》（以下简称浦东新区文件）

---

① 任洁、俞群俊、杨国华：《中小学学生校方责任保险经营管理实证分析》，载《保险职业学院学报》2018年第1期。

② 杨帆：《风险社会视域中侵权损害赔偿与责任保险的互动机制》，中国社会科学出版社2016年版，第14页。

的规定，笔者分别从学生伤害事故专项资金的资金来源、资金使用条件、资金支出项目、资金具体金额和申请程序五个方面，对学生伤害事故专项资金的运行管理体制进行梳理与比较。

第一，学生伤害事故专项资金的资金来源以财政拨付资金为主，其他资金为辅。其中，浦东新区学生伤害事故专项资金的财政拨付资金纳入教育经费预算，其他资金是学校自行筹集的学生伤害事故资金，该部分资金由学校实行专款管理，区教育局负责监管。杭州市学生伤害专项资金的财政拨付资金由市教育局提出意见后，经市财政局审核后拨付，使用后的缺口，由市财政局在第二年预算中补足。

第二，学生伤害事故专项资金的使用条件在于，申请专项资金的学生伤害事故必须是在学校实施的教育教学活动或者学校组织的校外活动中，以及在学校负有管理责任的校舍、场地、其他教育教学设施、生活设施内发生的，造成在校学生人身损害后果的事故，并且学校的赔偿费用已经明确后，方可由学校向相关机构提出申请。在这里，“学校的赔偿费用已经明确”是学校申请专项资金的前提条件，其认定标准具有地方差异。浦东新区文件的规定是“得到保险公司确认校方责任，并明确赔偿费用”，杭州市文件对此则没有明确规定。

第三，学生伤害事故专项资金的支出项目包括差额补足（差额补缺）和其他支出两大类。差额补足（差额补缺）是指在学生伤害事故处理过程中，用于弥补校方责任险的赔偿与依法实际处理之间的差额部分；其他项目支出是指涉及处理学生伤害事故必须开支的经费，如司法处理过程中涉及的应由学校支出的诉讼费等。实践中，差额补足（差额补缺）项目的实际支出金额会小于校方责任险的赔偿与依法实际处理之间的差额。

第四，学生伤害事故专项资金具体金额地区差异显著。浦东新区文件规定专项资金中的行政拨款金额为2000万元，杭州市文件规定专项资金中行政拨款的金额为100万元。这里需要注意的是，杭州文件的发布时间早于浦东新区文件整整十年。不同历史阶段社会经济发展水平的不同，是确定学生伤害事故专项资金金额的重要经济背景和社会基础。因此，杭州文件中专项资金的金额必然会远远少于浦东新区文件中的金额。

第五，学生伤害事故专项资金的申请主体和款项接受主体都是学校，审定机构为学生伤害事故专项资金专门管理机构，或者由教育行政部门和财政管理部门进行审定。

（二）学校安全事故社会救助基金制度的理论探讨

学校安全事故社会救助基金的性质是作为学校安全事故侵权责任制度、学校责任保险制度的重要补充。同时，社会公益救助基金在本质上属于典型的公法救济，基金与民事诉讼等救济途径的平衡原则和思路也需要进一步细化。[①]

研究者根据《社会救助暂行办法》及相关法律法规的规定，对构建学校安全事故社会救助基金制度进行了理论探讨，对学校安全事故社会救助基金的适用条件、救助内容、资金来源、管理机构和申请主体等作了较为详细的分析论述。[②]第一，学校安全事故社会救助基金的适用条件严苛具体。只有在学校安全事故的侵害人不明、侵害人逃逸、侵害人缺乏赔偿能力、损害是由意外事件所致等情形下，致使对受害学生赔偿不能、赔偿不足，并且受害学生无力自救或者自救后生活困难的，受害学生才可以申请学校安全事故社会救助基金，对自己所受损失进行救济。第二，学校安全事故社会救助基金的救助内容仅限于受害学生遭受的人身伤害，不包括财产损失和精神损害。第三，学校安全事故社会救助基金的资金来源主要有四个方面，具体包括财政拨款、社会筹集款项、救助基金的孳息和投资运行收入、救助基金管理机构依法向学校安全事故侵权赔偿责任人追偿的资金。第四，学校安全事故社会救助基金的管理机构是各地教育行政部门，其申请主体即学校安全事故社会救助基金的请求权人是受害学生及其法定代理人，特殊情况下还可以是受害学生的近亲属，受害学生的父母所在单位，受害者住所地的居民委员会、村民委员会或者民政部门，受害学生就读的学校，对受害学生进行积极救治的由财政拨款的医疗机构。

---

① 张新宝、岳业鹏:《大规模侵权损害赔偿基金：基本原理与制度构建》，载《法律科学》2012年第1期。

② 方益权、廖钰:《论学校安全事故社会救助基金制度的构建》，载《温州大学学报（社会科学版）》2015年第11期。

后 记

依稀记得四年前那个炎热的夏季，埋头撰写全国教育科学规划课题的申请论证书，当时选题时脑海中闪过若干关键词，但最终定格在了“校园安全”上。校园安全似乎是个永远不会“过时”的话题，之所以让人一直关注，总在思考，是因为在我们身边不断发生着或大或小的校园安全事故。校园欺凌、拥挤踩踏、食物中毒、幼儿园虐童……媒体不间断地对校园安全事件的报道，让人触目惊心，更让人心痛不已。

校园，本应是最安全、最阳光的地方，是我们大众所认为的教书育人、不沾染世尘的“象牙塔”。然而，随着风险社会的来临，随着现代科学技术的发展和信息社会的快速到来，校园安全的风险来源日益多样化、复杂化，进而给校园安全治理带来相当大的挑战。这几年，基于课题研究的需要，我们查阅了很多校园安全的相关文献，关注了很多涉及校园安全的新闻事件，阅读了大量关于校园安全事故的裁判文书，也走访了很多基层学校，我们发现，校园安全的风险防控远非我们所想象的那么简单，也远非学校这个单一主体能够完成的。

随着我国社会结构的转型与变动，社会的专业化分工与现代信息技术的快速发展，学校原有的单一主体的“控制式”“命令式”治理方式在应对校园安全的复杂局面及校园安全事故的纠纷解决方面都极易产生新的次生危机。中小学校园安全治理作为公共治理的重要组成部分，需要调动政府、学校、企业、家庭、社会的多元参与，充分发挥各个层次主体的积极作用，构成多元主体协同护校的模式。也正是基于此，在撰写此书的过程中，为了构建尽可能完整而科学的校园安全风险规制体系，课题组的成员们几经讨论，一致认为，校园安全风险的规制不仅需要明确政府的法定职责，学校的风险内控标准，还要突破传统思维，引入市场机制，让法律顾问、校园保安、先进的物防技防企业等市场主体参与其中。除此之外，我们还想到校园安全相关主体的作用，比如，媒体在校园安全舆论中的定位，如何发挥家庭与社区的作用等。

与此同时，我们在研究的过程中还发现，一旦发生了校园安全事故，学校与学生及家长之间基于责任认定往往频起纷争。特别是对于学校责任的认定，很多家长认为只要孩子在学校出了事儿，学校必须负全责，这也导致了实践中不少学校开始选择消极防范措施，从而影响到教育教学的实效性。基于此，我们选择了通过司法判例大数据的研究方法，展示了不同类型学生伤害事故中法院对学校责任的判定情况，并由此提出学校在学生安全事故中承担责任的合理限度，为实践中学校安全的风险防范提供了具有可操作性的指导建议。

本书作为国家社会科学基金教育学青年课题“依法治教视域下中小学校园安全风险防控机制研究”的主要结题成果，凝结了课题研究的主要内容，其中部分研究成果也获得了相关决策采纳和转化。如关于校园欺凌的对策研究，成为天津市地方性法规《天津市预防和治理校园欺凌若干规定》的重要立法参考；关于体育运动风险防范的对策研究，获得了上海市副市长的批示；关于中小学校园安全标准化的研究，转化成了天津市地方政策文件。

感谢本课题的课题组成员们，是大家共同的努力和思考，才促成了今天这本研究成果的最终出版。本书的具体分工如下：第一章、第二章、第四章、第五章由天津市教育科学研究院的方芳老师撰写；第三章由东北师范大学的王箭老师撰写；第六章由天津唯睿律师事务所的陈涛律师撰写；第七章由天津市教育科学研究院的汪莉老师撰写。此外，天津市教育科学研究院的赵亮老师和汪莉老师还分别撰写了第一章第三节理论基础部分和第五章第一节法律顾问部分内容。

书稿付梓之时，也有些许遗憾，囿于时间有限，所思有限，我们也发现了一些未能及时深入研究的问题。不过，学术研究永无止境，校园安全问题的探讨还大有空间，权当本书抛砖引玉，希望学界同人们可以继续就这一问题深入研究，为实践中校园安全治理的相关主体提供更多有益的对策建议。

感谢中国法制出版社的编辑老师，是你们严谨的工作态度和专业的工作方式得以使本书顺利出版，谢谢你们为此付出的辛苦和汗水。

此时，正值立春时节，又逢农历新年，伴随着人们对新的一年的憧憬和希望，让我们一起继续前行。

2019 年 2 月 10 日

图书在版编目（CIP）数据

中小学校园安全风险规制研究 / 方芳等著 . —北京：中国法制出版社，2019.9

ISBN 978-7-5216-0487-0

Ⅰ . ①中…　Ⅱ . ①方…　Ⅲ . ①中小学—学校管理—安全管理—研究　Ⅳ . ① G637.4

中国版本图书馆 CIP 数据核字（2019）第 186707 号

责任编辑：侯鹏　　　封面设计：杨鑫宇

中小学校园安全风险规制研究

ZHONGXIAOXUE XIAOYUAN ANQUAN FENGXIAN GUIZHI YANJIU

著者 / 方芳等

经销 / 新华书店

印刷 / 人民日报印刷厂

开本 / 710 毫米 ×1000 毫米　16 开　　　印张 / 20.75　字数 / 316 千

版次 / 2019 年 9 月第 1 版　　　2019 年 9 月第 1 次印刷

中国法制出版社出版

书号 ISBN 978-7-5216-0487-0　　　定价：69.00 元

北京西单横二条 2 号　邮政编码 100031　　　传真：010-66031119

网址：http://www.zgfzs.com　　　**编辑部电话：010-66060794**

市场营销部电话：010-66033393　　　**邮购部电话：010-66033288**

（如有印装质量问题，请与本社印务部联系调换。电话：010-66032926）